孟子集注

誦讀版（上）

（戰國）孟子／著
（南宋）朱熹／集注
刁子曦／校、誦

金城出版社
GOLD WALL PRESS
·北京·

圖書在版編目（CIP）數據

孟子集注：誦讀版 /（戰國）孟子著；（南宋）朱熹集注；刁子曦校、誦 .—北京：金城出版社有限公司，2023.6
ISBN 978-7-5155-2482-5

Ⅰ. ①孟… Ⅱ. ①孟… ②朱… ③刁… Ⅲ. ①儒家②《孟子》—注釋 Ⅳ. ① B222.52

中國版本圖書館 CIP 數據核字（2023）第 090291 號

孟子集注誦讀版

作　　者　（戰國）孟子 / 著；（南宋）朱熹 / 集注；刁子曦 / 校、誦
責任編輯　歐陽雲　車　帥
責任校對　楊　超
責任印製　李世傑
開　　本　710 毫米 ×1000 毫米　1/32
印　　張　15.25
字　　數　240 千字
版　　次　2023 年 6 月第 1 版
印　　次　2023 年 6 月第 1 次印刷
印　　刷　天津旭豐源印刷有限公司
書　　號　ISBN 978-7-5155-2482-5
定　　價　98.00 圓（全二冊）

出版發行　金城出版社有限公司　北京市朝陽區利澤東二路 3 號
郵編：100102
發 行 部　（010）84254364
編 輯 部　（010）64214534
總 編 室　（010）64228516
網　　址　http://www.jccb.com.cn
電子郵箱　jinchengchuban@163.com
法律顧問　北京植德律師事務所　（電話）17600603461

出版説明

《集註》乃朱子畢生心力灌注之作，號稱一字不能易。於其點校正音固不敢稍有過差。

本書於句讀斷續處多從底本，唯於其過於瑣碎及明顯訛誤處則不從。

凡句末爲『何有』『矣』『乎』之類，於時行標點如何標註多有異見。整體而言，聖人隱惡揚善，讚美口吻多確定無疑，批評口吻多存疑待考。且夫子待人，親疏賢愚各有不同，寬嚴並濟，故凡模棱兩可之處：於疏者愚者寬，其善者每每不吝稱讚，其不善者多有避諱，故歎美者多以『！』示感歎，批評者或以『？』示存疑或以『。』示鋪陳；於親者賢者嚴，其善者每每勉勵更進，於不善者則惰直言責之，故歎美者多以『。』示鋪陳，批評者或以『！』示批駁或以『？』示反問。然總體而言，孟子語勢多強於孔子，故稍多用『！』。

《集註》多音字取次要義時通常註音，未注音者卽讀常用義之音，若各義皆常用則均註音。然而亦有例外。譬如『原泉混混，不舍晝夜』，『混』字未註音。然而據註意，『混混』爲『湧出之貌』，當從音『袞』，與滾同。又如『鄉黨自好者不爲』，『好』字未註音，然而據註意，『好』爲『愛』義，則當爲去聲。

依《集註》本文確難決疑者，則參考朱子其他著作。譬如『《詩》云：‘憂心悄悄，慍于群小。’』之『悄』，據《詩集傳》註『七小反』。仍存疑者，復考《論孟集註考證》《四書集註大全》《四書辨證》等理學典籍，或直取其校音，或據其註義推定。

癸卯春刁子曦於姑蘇憂樂齋

上冊目錄

下冊目錄

孟子序說

史記列傳曰：『孟軻，

『騶人也。

『受業子思之門人。

『道既通，

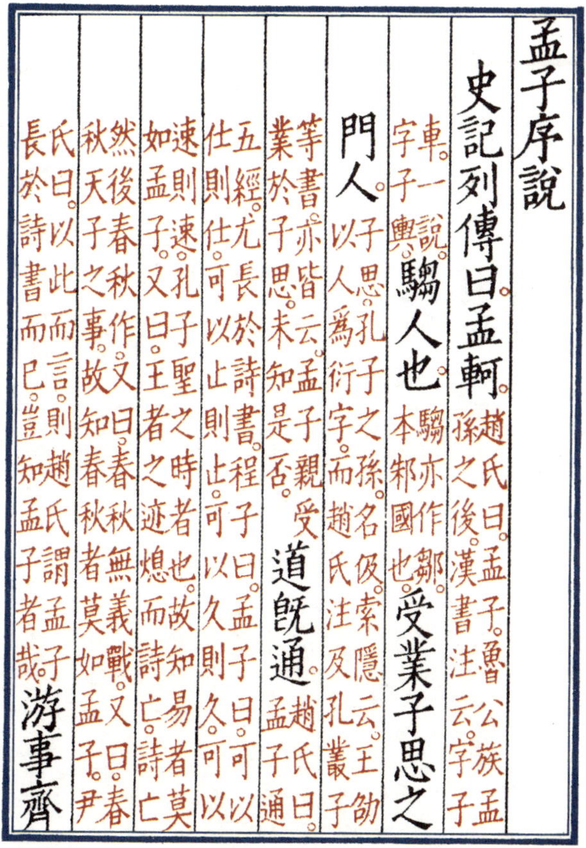
孟子序說

史記列傳曰。孟軻。趙氏曰。孟子。魯公族孟孫之後。漢書注云。字子車。一說。字子輿。騶人也。騶亦作鄒。本邾國也。受業子思之門人。子思。孔子之孫。名伋。索隱云。王劭以人爲衍字。而趙氏注及孔叢子等書亦皆云。孟子親受業於子思。未知是否。道既通。趙氏曰。孟子通五經。尤長於詩書。程子曰。孟子曰。可以仕則仕。可以止則止。可以久則久。可以速則速。孔子聖之時者也。故知易者莫如孟子。又曰。王者之迹熄而詩亡。詩亡然後春秋作。又曰。春秋無義戰。又曰。春秋天子之事。故知春秋者莫如孟子。尹氏曰。以此而言。則趙氏謂孟子長於詩書而已。豈知孟子者哉。游事齊

『遊事齊宣王，宣王不能用。適梁，梁惠王不果所言，則見以爲迂遠而闊於事情。

『當是之時，秦用商鞅，楚魏用吳起，齊用孫子、田忌。天下方務於合從連衡，以攻伐爲賢。而孟軻乃述唐虞三代之德，是以所如者不

宣王。宣王不能用。適梁。梁惠王不果所言。則見以爲迂遠而闊於事情。桉史記梁惠王之三十五年乙酉。孟子始至梁。其後二十三年。當齊湣王之十年丁未。齊人伐燕。而孟子在齊。故古史謂孟子先事齊宣王。後乃見梁惠王襄王齊湣王。獨孟子以伐燕爲宣王時事。與史記荀子等書皆不合。而通鑑以伐燕之歲爲宣王十九年。則是孟子先游梁而後至齊見宣王矣。然考異亦無他據。又未知孰是也。當是之時。秦用商鞅。楚魏用吳起。齊用孫子田忌。天下方務於合從連衡。以攻伐爲賢。而孟軻乃述唐虞三代之德。

合。退而與萬章之徒序詩書，述仲尼之意，作孟子七篇。』

韓子曰：『堯以是傳之舜，舜以是傳之禹，禹以是傳之湯，湯以是傳之文、武、周公，文、武、周公傳之孔子，孔子傳之孟軻，軻之死不得其傳焉。荀與揚也，擇焉而不精，語焉而不詳。』

是以所如者不合。退而與萬章之徒序詩書。述仲尼之意作孟子七篇。趙氏曰。凡二百六十一章。三萬四千六百八十五字。韓子曰。孟軻之書。非軻自著。軻既沒。其徒萬章公孫丑相與記軻所言焉耳。愚按二說不同。史記近是。

韓子曰。堯以是傳之舜。舜以是傳之禹。禹以是傳之湯。湯以是傳之文武周公。文武周公傳之孔子。孔子傳之孟軻。軻之死不得其傳焉。荀與揚也擇焉而不精。語焉而不詳。程子曰。韓子此語。非是蹈襲前人。又非鑿空撰得出。

又曰：『孟氏醇乎醇者也。荀與揚大醇而小疵。』

又曰：『孔子之道大而能博，門弟子不能遍觀而盡識也，故學焉而皆得其性之所近。其後離散，分處諸侯之國，又各以其所能授弟子，源遠而末益分。惟孟軻師子思，而子思之學出於曾子。自孔子沒，獨孟軻氏之傳得其宗。故求觀聖人之道者，必自孟子始。』

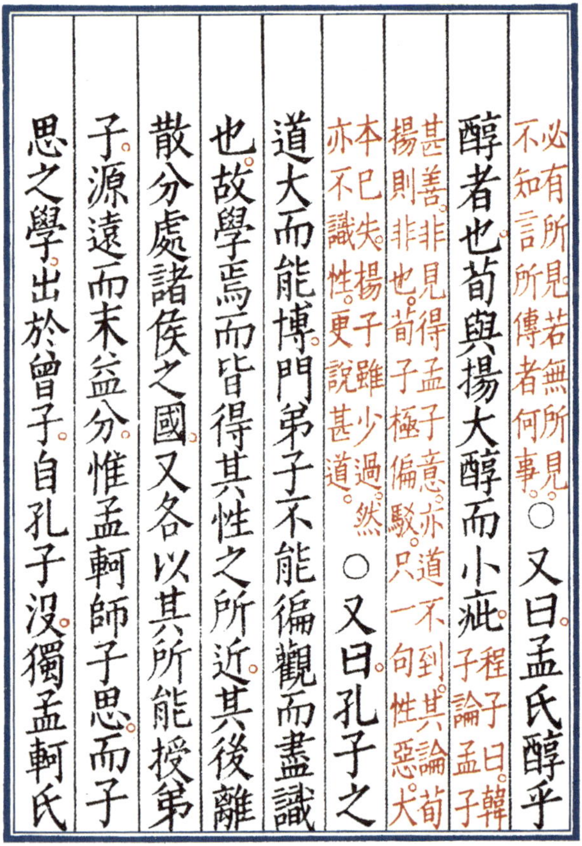
必有所見若無所見不知言所傳者何事。○又曰孟氏醇乎醇者也荀與揚大醇而小疵程子曰韓子論孟子甚善非見得孟子意亦道不到其論荀揚則非也荀子極偏駁只一句性惡大本已失揚子雖少過然亦不識性更說甚道。○又曰孔子之道大而能博門弟子不能徧觀而盡識也故學焉而皆得其性之所近其後離散分處諸侯之國又各以其所能授弟子源遠而末益分惟孟軻師子思而子思之學出於曾子自孔子沒獨孟軻氏

又曰：『揚子雲曰：「古者楊墨塞路，孟子辭而闢之，廓如也。」夫楊墨行，正道廢。孟子雖賢聖，不得位。空言無施，雖切何補？然賴其言。而今之學者尚知宗孔氏，崇仁義，貴王賤霸而已。其大經大法，皆亡滅而不救，壞爛而不收。所謂存十一於千百，安在其能廓如也？然向無孟氏，則皆服左衽而言侏離矣。故愈嘗推尊孟氏，以爲功不在禹下者，爲此也。』

之傳得其宗。故求觀聖人之道者。必自
孟子始。程子曰。孔子言參也魯。然顏子沒後。終得聖人之道者。曾子也。觀其啓手足時之言。可以見矣。所傳者子思孟子。皆其學也。○又曰。
揚子雲曰。古者楊墨塞路。孟子辭而闢
之。廓如也。夫楊墨行。正道廢。孟子雖賢
聖。不得位。空言無施。雖切何補。然賴其
言。而今之學者。尚知宗孔氏。崇仁義。貴
王賤霸而已。其大經大法。皆亡滅而不
救。壞爛而不收。所謂存十一於千百。安

或問於程子曰：『孟子還可謂聖人否？』程子曰：『未敢便道他是聖人，然學已到至處。』

程子又曰：『孟子有功於聖門，不可勝言。仲尼只說一箇仁字，孟子開口便說仁義。仲尼只說一箇志，孟子便說許多養氣出來。只此二字，其功甚多。』

在其能廓如也。然向無孟氏，則皆服左衽而言侏離矣。故愈嘗推尊孟氏，以爲功不在禹下者，爲此也。

或問於程子曰：孟子還可謂聖人否。程子曰：未敢便道他是聖人，然學已到至處。愚按至字恐當作聖字。

○程子又曰：孟子有功於聖門，不可勝言。仲尼只說一箇仁字，孟子開口便說仁義。仲尼只說一箇志，孟子便說許多養氣出來。只此二字，其功

又曰：『孟子有大功於世，以其言性善也。』

又曰：『孟子性善、養氣之論，皆前聖所未發。』

又曰：『學者全要識時。若不識時，不足以言學。顔子陋巷自樂，以有孔子在焉。若孟子之時，世既無人，安可不以道自任？』

又曰：『孟子有些英氣。纔有英氣，便有圭角，英氣甚害事。如顔子便渾厚不同，顔子去聖人只豪髮閒。孟子大賢，亞聖之次也。』或曰：『英氣見於甚處？』曰：『但以孔子之

甚多○又曰孟子有大功於世以其言
性善也○又曰孟子性善養氣之論皆
前聖所未發○又曰學者全要識時若
不識時不足以言學顔子陋巷自樂以
有孔子在焉若孟子之時世既無人安
可不以道自任○又曰孟子有些英氣
纔有英氣便有圭角英氣甚害事如顔
子便渾厚不同顔子去聖人只豪髮閒
孟子大賢亞聖之次也或曰英氣見於

言比之，便可見。且如冰與水精，非不光。比之玉，自是有溫潤含蓄氣象，無許多光耀也。』

楊氏曰：『孟子一書，只是要正人心，教人存心養性，收其放心。至論仁、義、禮、智，則以惻隱、善惡、辭讓、是非之心爲之端；論邪說之害，則曰「生於其心，害於其政」；論事君，則曰「格君心之非」，「一正君而國定」。千變萬化，只說從心上來。人能正心，則事無足爲者矣。大學之脩身、齊家、治國、平天下，其

甚處。曰。但以孔子之言比之。便可見。且
如冰與水精。非不光。比之玉。自是有溫
潤含蓄氣象。無許多光耀也。
楊氏曰。孟子一書。只是要正人心。教人存
心養性。收其放心。至論仁義禮智。則以
惻隱善惡辭讓是非之心爲之端。論邪
說之害。則曰生於其心。害於其政。論事
君。則曰格君心之非。一正君而國定。千
變萬化。只說從心上來。人能正心。則事

本只是正心、誠意而已。心得其正，然後知性之善。故孟子遇人便道性善。歐陽永叔卻言「聖人之教人，性非所先」，可謂誤矣。人性上不可添一物，堯舜所以爲萬世法，亦是率性而已。所謂率性，循天理是也。外邊用計用數，假饒立得功業，只是人欲之私。與聖賢作處，天地懸隔。』

無足爲者矣。大學之脩身齊家治國平天下，其本只是正心誠意而已。心得其正，然後知性之善。故孟子遇人便道性善。歐陽永叔却言聖人之教人性非所先，可謂誤矣。人性上不可添一物，堯舜所以爲萬世法，亦是率性而已。所謂率性，循天理是也。外邊用計用數，假饒立得功業，只是人欲之私。與聖賢作處，天地懸隔。

孟子集注卷一

梁惠王章句上

孟子見梁惠王。

王曰：『叟，不遠千里而來，亦將有以利吾國乎？』

孟子對曰：『王，何必曰利？亦有仁義而已矣。

王曰「何以利吾國」，大夫曰「何以利吾家」，士庶人曰「何以利吾身」，上下交征利而國危矣。

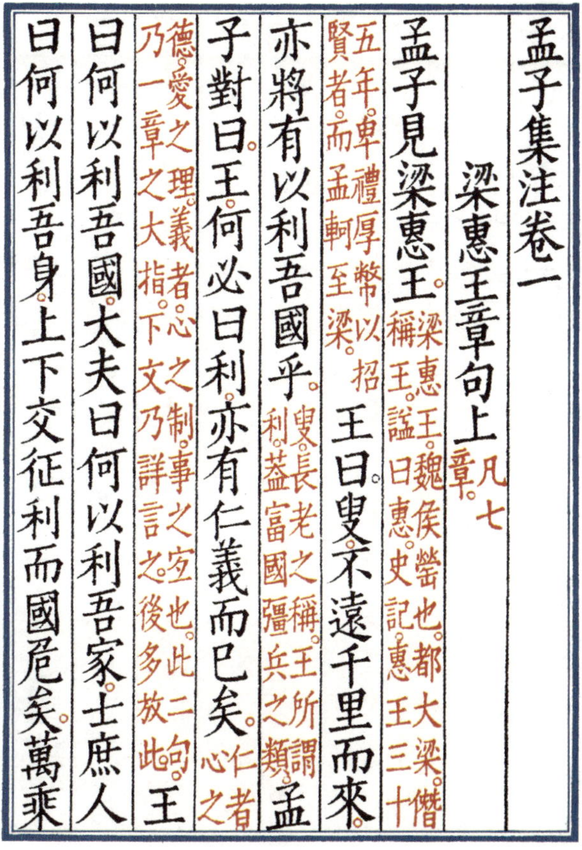
孟子集注卷一
梁惠王章句上凡七章。
孟子見梁惠王。梁惠王，魏侯罃也。都大梁，僭稱王，謚曰惠。史記：惠王三十五年，卑禮厚幣以招賢者，而孟軻至梁。
王曰：叟不遠千里而來。
亦將有以利吾國乎。叟，長老之稱。王所謂利，蓋富國彊兵之類。
孟子對曰：王何必曰利。亦有仁義而已矣。仁者，心之德、愛之理。義者，心之制、事之宜也。此二句乃一章之大指，下文乃詳言之。後多放此。
王曰：何以利吾國。大夫曰：何以利吾家。士庶人曰：何以利吾身。上下交征利而國危矣。萬乘

萬乘之國弒其君者，必千乘之家；千乘之國弒其君者，必百乘之家。萬取千焉，千取百焉，不爲不多矣，苟爲後義而先利，不奪不饜。

未有仁而遺其親者也，未有義而後其君者也。

之國弒其君者。必千乘之家。千乘之國弒其君者。必百乘之家。萬取千焉。千取百焉。不爲不多矣。苟爲後義而先利。不奪不饜。乘去聲饜於豔反。此言求利之害。以明上文何必曰利之意也。征。取也。上取乎下。下取乎上。故曰交征。國危。謂將有弒奪之禍。乘。車數也。萬乘之國者。天子畿內地方千里。出車萬乘。千乘之家者。天子之公卿采地方百里。出車千乘也。千乘之國。諸侯之國。百乘之家。諸侯之大夫也。弒。下殺上也。饜。足也。言臣之於君。每十分而取其一分。亦已多矣。若又以義爲後而以利爲先。則不弒其君而盡奪之。其心未肯以爲足也。未有仁而遺其親者也。未有義而後其君者也。此言仁義未嘗不利。以明上文

王亦曰仁義而已矣，何必曰利？』

亦有仁義而已之意也。遺猶棄也。後不急也。言仁者必愛其親。義者必急其君。故人君躬行仁義而無求利之心。則其下化之。自親戴於己也。**王亦曰仁義而已矣。何必曰利。**重言之。以結上文兩節之意。○此章言仁義根於人心之固有。天理之公也。利心生於物我之相形。人欲之私也。循天理。則不求利而自無不利。殉人欲。則求利未得而害已隨之。所謂毫釐之差。千里之繆。此孟子之書所以造端託始之深意。學者所宜精察而明辨也。○太史公曰。余讀孟子書。至梁惠王問何以利吾國。未嘗不廢書而歎也。曰嗟乎。利誠亂之始也。夫子罕言利。常防其源也。故曰放於利而行。多怨。自天子以至於庶人。好利之弊。何以異哉。程子曰。君子未嘗不欲利。但專以利爲心則有害。惟仁義則不求利而未嘗不利也。當是之時。天下之人。惟利是求。而不復知有仁義。故孟子

孟子見梁惠王。王立於沼上，顧鴻鴈麋鹿，曰：『賢者亦樂此乎？』

孟子對曰：『賢者而後樂此；不賢者雖有此不樂也。

詩云：「經始靈臺，經之營之。庶民攻之，不日成之。經始勿亟，庶民子來。王在靈囿，麀鹿攸伏。麀鹿濯濯，白鳥鶴鶴。王在靈沼，於牣魚躍。」文王以民力爲臺爲沼，而民歡樂之，謂其臺曰靈臺，謂其沼曰靈沼，樂其有麋鹿魚鱉。古之人與民偕樂，故能樂也。

言仁義而不言利。所以拔本塞源而救其弊。此聖賢之心也。○孟子見梁惠王。王立於沼上。顧鴻鴈麋鹿。曰。賢者亦樂此乎。樂音洛。篇內同。○沼。池也。鴻。鴈之大者。麋。鹿之大者。孟子對曰。賢者而後樂此。不賢者雖有此不樂也。此一章之大指。詩云。經始靈臺。經之營之。庶民攻之。不日成之。經始勿亟。庶民子來。王在靈囿。麀鹿攸伏。麀鹿濯濯。白鳥鶴鶴。王在靈沼。於牣魚躍。文王以民力爲臺爲沼。而民歡樂之。謂其臺曰靈臺。謂其沼曰靈沼。樂其有麋鹿魚鼈。古之

《湯誓》曰：「時日害喪，予及女皆亡。」民欲與之偕亡，雖有臺池鳥獸，豈能獨樂哉？』

人與民偕樂，故能樂也。亟音棘。麀音憂。鶴，詩作翯，戶角反。於音烏。○此引詩而釋之，以明賢者而後樂此之意。詩大雅靈臺之篇。經，量度也。靈臺，文王臺名也。營，謀爲也。攻，治也。不日，不終日也。亟，速也。言文王戒以勿亟也。子來，如子來趨父事也。靈囿、靈沼，臺下有囿，囿中有沼也。麀，牝鹿也。伏，安其所，不驚動也。濯濯，肥澤貌。鶴鶴，潔白貌。於，歎美辭。牣，滿也。孟子言文王雖用民力，而民反歡樂之，既加以美名，而又樂其所有。蓋由文王能愛其民，故民樂其樂，而文王亦得以享其樂也。

湯誓曰：時日害喪，予及女偕亡。民欲與之偕亡，雖有臺池鳥獸，豈能獨樂哉？害音曷。喪，去聲。女音汝。○此引書而釋之，以明不賢者雖有此不樂之意也。湯誓，商書篇名。時，是也。日，指夏桀。害，何也。桀嘗自言吾有天下如

梁惠王曰：『寡人之於國也，盡心焉耳矣。河內凶，則移其民於河東，移其粟於河內；河東凶亦然。察鄰國之政，無如寡人之用心者。鄰國之民不加少，寡人之民不加多，何也？』

孟子對曰：『王好戰，請以戰喻。填然鼓之，兵刃既接，棄甲曳兵而走。或百步而後止，或五十步而後止；以五十步笑百步，則何如？』

天之有日日亡吾乃亡耳民怨其虐故因其自言而目之曰此日何時亡乎若亡則我寧與之俱亡蓋欲其亡之甚也孟子引此以明君獨樂而不恤其民則民怨之而不能保其樂也○梁惠王曰寡人之於國也盡心焉耳矣河內凶則移其民於河東移其粟於河內河東凶亦然察鄰國之政無如寡人之用心者鄰國之民不加少寡人之民不加多何也寡人諸侯自稱言寡德之人也河內河東皆魏地凶歲不熟也移民以就食移粟以給其老稚之不能移者孟子對曰王好戰請以戰喻填然鼓之兵刃既接棄甲曳兵而走或百步而後止

曰：『不可，直不百步耳，是亦走也。』曰：『王如知此，則無望民之多於鄰國也。

『不違農時，穀不可勝食也；數罟不入洿池，魚鱉不可勝食也；斧斤以時入山林，材木不可勝用也。穀與魚鱉不可勝食，材木不可勝用，是使民養生喪死無憾也。養生喪死無憾，王道之始也。

或五十步而後止以五十步笑百步則何如
曰不可直不百步耳是亦走也曰王如知此
則無望民之多於鄰國也好去聲塡音田塡鼓音也兵以鼓
進以金退直猶但也言此以譬鄰國不恤其
民惠王能行小惠然皆不能行王道以養其
民不可以此而笑彼也楊氏曰移民移粟荒
政之所不廢也然不能行先王之道而徒以
是爲盡心焉則末矣不違農時穀不可勝食也數罟不
入洿池魚鼈不可勝食也斧斤以時入山林
材木不可勝用也穀與魚鼈不可勝食材木
不可勝用是使民養生喪死無憾也養生喪

『五畝之宅，樹之以桑，五十者可以衣帛矣；雞豚狗彘之畜，無失其時，七十者可以食肉矣；百畝之田，勿奪其時，數口之家可以無飢矣；

死無憾王道之始也。勝音升。數音促。罟音古。洿音烏。○農時，謂春耕夏耘秋收之時。凡有興作。不違此時，至冬乃役之也。不可勝食，言多也。數，密也。罟，網也。洿，窊下之地。水所聚也。古者網罟必用四寸之目，魚不滿尺。市不得粥。人不得食。山林川澤與民共之。而有厲禁。草木零落。然後斧斤入焉。此皆爲治之初。法制未備。且因天地自然之利。而撙節愛養之事也。然飲食宮室所以養生。祭祀棺槨所以送死。皆民所急而不可無者。今皆有以資之。則人無所恨矣。王道以得民心爲本。故以此爲王道之始。五畝之宅。樹之以桑。五十者可以衣帛矣。雞豚狗彘之畜。無失其時。七十者可以食肉矣。百畝之田。勿奪其時。數口之家可以無飢矣。謹庠

謹庠序之教，申之以孝悌之義，頒白者不負戴於道路矣。七十者衣帛食肉，黎民不飢不寒，然而不王者，未之有也。

序之教申之以孝悌之義頒白者不負戴於道路矣七十者衣帛食肉黎民不飢不寒然而不王者未之有也

衣去聲畜敕六反數去聲王去聲凡有天下者人稱之曰王則平聲據其身臨天下而言曰王則去聲後皆放此○五畝之宅一夫所受二畝半在田二畝半在邑田中不得有木恐妨五穀故於牆下植桑以供蠶事五十始衰非帛不煖未五十者不得衣也畜養也時謂孕字之時如孟春犧牲毋用牝之類也七十非肉不飽未七十者不得食也百畝之田亦一夫所受至此則經界正井地均無不受田之家矣庠序皆學名也申重也丁寧反覆之意善事父母爲孝善事兄長爲悌頒與斑同老人頭半白黑者也負任在背戴任在首夫民衣食不足則不暇治禮義而飽煖無教則

『狗彘食人食而不知檢，塗有餓莩而不知發。人死，則曰「非我也，歲也」，是何異於刺人而殺之，曰「非我也，兵也」。王無罪歲，斯天下之民至焉。』

又近於禽獸。故既富而教以孝悌。則人知愛親敬長而代其勞。不使之負戴於道路矣。衣帛食肉但言七十。舉重以見輕也。黎。黑也。黎民黑髮之人。猶秦言黔首也。少壯之人。雖不得衣帛食肉。然亦不至於飢寒也。此言盡法制品節之詳。極財成輔相之道。以左右民。是王道之成也。

狗彘食人食而不知檢塗有餓莩而不知發。人死則曰非我也。歲也。是何異於刺人而殺之曰非我也。兵也。王無罪歲斯天下之民至焉。

莩。平表反。刺。七亦反。○檢。制也。莩。餓死人也。發。發倉廩以賑貸也。歲。謂歲之豐凶也。惠王不能制民之產。又使狗彘得以食人之食。則與先王制度品節之意異矣。至於民飢而死。猶不知發。則其所移特民間之粟而已。乃以民不加多。歸罪於歲凶。

梁惠王曰：『寡人願安承教。』

孟子對曰：『殺人以梃與刃，有以異乎？』曰：『無以異也。』

『以刃與政，有以異乎？』曰：『無以異也。』

曰：『庖有肥肉，廄有肥馬，民有飢色，野有餓莩；此率獸而食人也。

是知刃之殺人，而不知操刃者之殺人也。不罪歲，則必能自反，而益修其政。天下之民至焉。則不但多於鄰國而已。○程子曰：孟子之論王道，不過如此，可謂實矣。又曰：孔子之時周室雖微，天下猶知尊周之爲義，故春秋以尊周爲本。至孟子時，七國爭雄，天下不復知有周，而生民之塗炭已極。當是時，諸侯能行王道，則可以王矣。此孟子所以勸齊梁之君也。蓋王者，天下之義主也。聖賢亦何心哉？視天命之改與未改耳。

○梁惠王曰：寡人願安承教。承上章言願安意以受教。孟子對曰：殺人以梃與刃，有以異乎？曰：無以異也。梃，徒頂反。○梃杖也。以刃與政，有以異乎？曰：無以異也。孟子又問而王答也。曰：庖有肥肉，廄有肥馬，民有飢色，野有餓

獸相食，且人惡之；爲民父母，行政不免於率獸而食人，惡在其爲民父母也？

仲尼曰：「始作俑者，其無後乎！」爲其象人而用之也。如之何其使斯民飢而死也？』

莩。此率獸而食人也。厚斂於民以養禽獸而使民飢以死，則無異於驅獸以食人矣。獸相食，且人惡之。爲民父母行政不免於率獸而食人。惡在其爲民父母也。惡之之惡去聲。惡在之惡平聲。○君者，民之父母也。惡在，猶言何在也。仲尼曰：始作俑者，其無後乎！爲其象人而用之也。如之何其使斯民飢而死也。俑音勇。爲去聲。○俑，從葬木偶人也。古之葬者束草爲人以爲從衛，謂之芻靈，略似人形而已。中古易之以俑，則有面目機發，而大似人矣。故孔子惡其不仁，而言其必無後也。孟子言此作俑者，但用象人以葬，孔子猶惡之，況實使民飢而死乎。○李氏曰：爲人君者，固未嘗有率獸食人之心。然殉一己之欲，而不恤

梁惠王曰：『晉國，天下莫彊焉，叟之所知也。及寡人之身，東敗於齊，長子死焉；西喪地於秦七百里；南辱於楚。寡人恥之，願比死者壹洒之，如之何則可？』

孟子對曰：『地方百里而可以王。

其民，則其流必至於此。故以爲民父母告之。夫父母之於子，爲之就利避害，未嘗頃刻而忘於懷，何至視之不如犬馬乎？

○梁惠王曰：晉國，天下莫強焉，叟之所知也。及寡人之身，東敗於齊，長子死焉；西喪地於秦七百里；南辱於楚。寡人恥之，願比死者一洒之，如之何則可？

長，上聲。喪，去聲。比，必二反。洒與洗同。○魏本晉大夫魏斯，與韓氏、趙氏共分晉地，號曰三晉。故惠王猶自謂晉國。惠王三十年，齊擊魏，破其軍，虜太子申。十七年，秦取魏少梁，後魏又數獻地於秦。又與楚將昭陽戰敗，亡其七邑。比，猶爲也。言欲爲死者雪其恥也。

孟子對曰：地方百里而可以王。

百里，小國也。然能行仁政，則天下之民歸之矣。

王如施仁政於民，省刑罰，薄稅斂，深耕易耨；壯者以暇日修其孝悌忠信，入以事其父兄，出以事其長上；可使制梃以撻秦楚之堅甲利兵矣。

『彼奪其民時，使不得耕耨以養其父母。父母凍餓，兄弟妻子離散。彼陷溺其民，王往而征之，夫誰與王敵？

如施仁政於民。省刑罰。薄稅斂。深耕易耨。壯者以暇日。修其孝悌忠信。入以事其父兄。出以事其長上。可使制梃以撻秦楚之堅甲利兵矣。省所梗反。斂易皆去聲。耨奴豆反。長上聲。○省刑罰。薄稅斂。此二者仁政之大目也。易。治也。耨。耘也。盡己之謂忠。以實之謂信。君行仁政。則民得盡力於農畝。而又有暇日以修禮義。是以尊君親上而樂於效死也。彼奪其民時。使不得耕耨以養其父母。父母凍餓。兄弟妻子離散。養去聲。○彼。謂敵國也。彼陷溺其民。王往而征之。夫誰與王敵。夫音扶。○陷。陷於阱。溺。溺於水。暴虐之意。征。正也。以彼暴虐其民。而率吾

故曰：「仁者無敵。」王請勿疑。』

孟子見梁襄王。

出，語人曰：『望之不似人君，就之而不見所畏焉。卒然問曰：「天下惡乎定？」吾對曰：「定於一。」

『「孰能一之？」

『對曰：「不耆殺人者能一之。」

尊君親上之民往正其罪彼民方怨其上而樂歸於我則誰與我爲敵哉故曰仁

者無敵王請勿疑仁者無敵蓋古語也百里可王以此而已恐王疑其

迂闊故勉使勿疑也○孔氏曰惠王之志在於報怨孟子之論在於救民所謂惟天吏則

可以伐之蓋孟子之本意○孟子見梁襄王襄王惠王子名赫出

語人曰望之不似人君就之而不見所畏焉

卒然問曰天下惡乎定吾對曰定于一語去聲卒

七沒反惡平聲○語告也不似人君不見所畏言其無威儀也卒然急遽之貌蓋容貌辭

氣乃德之符其外如此則其中之所存者可知王問列國分爭天下當何所定孟子對以

必合於一然後定也孰能一之王問也對曰不嗜殺人者

『「孰能與之？」
『對曰：「天下莫不與也。王知夫苗乎？七八月之閒旱，則苗槁矣。天油然作雲，沛然下雨，則苗浡然興之矣。其如是，孰能禦之？今夫天下之人牧，未有不耆殺人者也。如有不耆殺人者，則天下之民皆引領而望之矣。誠如是也，民歸之，由水之就下，沛然誰能禦之？」』

能一之嗜甘也孰能與之王復問也與猶歸也對曰天下莫不與也王知夫苗乎七八月之閒旱則苗槁矣天油然作雲沛然下雨則苗浡然興之矣其如是孰能禦之今夫天下之人牧未有不嗜殺人者也如有不嗜殺人者則天下之民皆引領而望之矣誠如是也民歸之由水之就下沛然誰能禦之夫音扶浡音勃由當作猶古字借用後多放此○周七八月夏五六月也油然雲盛貌沛然雨盛貌浡然興起貌禦禁止也人牧謂牧民之君也領頸也蓋好生惡死人心所同故人君不嗜殺人則天下悅而歸之○蘇氏

齊宣王問曰：『齊桓、晉文之事可得聞乎？』

孟子對曰：『仲尼之徒，無道桓、文之事者，是以後世無傳焉，臣未之聞也。無以，則王乎？』

曰：『德何如，則可以王矣？』

曰。孟子之言。非苟爲大而已。然不深原其意而詳究其實。未有不以爲迂者矣。予觀孟子以來。自漢高祖及光武及唐太宗及我太祖皇帝。能一天下者四君。皆以不嗜殺人致之。其餘殺人愈多而天下愈亂。秦晉及隋。力能合之。而好殺不已。故或合而復分。或遂以亡國。孟子之言。豈偶然而已哉。

○齊宣王問曰齊桓晉文之事可得聞乎

齊宣王。姓田氏。名辟彊。諸侯僭稱王也。齊桓公晉文公。皆霸諸侯者。

孟子對曰仲尼之徒無道桓文之事者是以後世無傳焉臣未之聞也無以則王乎

道。言也。董子曰。仲尼之門。五尺童子。羞稱五霸。爲其先詐力而後仁義也。亦此意也。以已通用。無已。必欲言之而不止也。王。謂王天下之道。

曰德何如則可以王

曰：『保民而王，莫之能禦也。』

曰：『若寡人者，可以保民乎哉？』

曰：『可。』

曰：『何由知吾可也？』

曰：『臣聞之胡齕曰，王坐於堂上，有牽牛而過堂下者，王見之，曰：「牛何之？」對曰：「將以釁鐘。」王曰：「舍之！吾不忍其觳觫，若無罪而就死地。」對曰：「然則廢釁鐘與？」曰：「何可廢也？以羊易之！」不識有諸？』

曰：『有之。』

曰：『是心足以王矣。百姓皆以王爲愛也，臣固知王之不忍也。』

矣。曰：保民而王，莫之能禦也。保，愛護也。曰：若寡人者，可以保民乎哉？曰：可。曰：何由知吾可也？曰：臣聞之胡齕曰，王坐於堂上，有牽牛而過堂下者，王見之，曰：牛何之？對曰：將以釁鐘。王曰：舍之！吾不忍其觳觫，若無罪而就死地。對曰：然則廢釁鐘與？曰：何可廢也？以羊易之。不識有諸？齕音核。舍，上聲。觳音斛。觫音速。與，平聲。○胡齕，齊臣也。釁鐘，新鑄鐘成，而殺牲取血以塗其釁郄也。觳觫，恐懼貌。孟子述所聞胡齕之語而問王，不知果有此事否。曰：有之。曰：是心足以王矣。百姓皆以王爲愛也

王曰：『然。誠有百姓者。齊國雖褊小，吾何愛一牛？卽不忍其觳觫，若無罪而就死地，故以羊易之也。』

曰：『王無異於百姓之以王爲愛也。以小易大，彼惡知之？王若隱其無罪而就死地，則牛羊何擇焉？』王笑曰：『是誠何心哉？我非愛其財而易之以羊也。宜乎百姓之謂我愛也。』

臣固知王之不忍也。王見牛之觳觫而不忍殺。卽所謂惻隱之心仁之端也。擴而充之。則可以保四海矣。故孟子指而言之。欲王察識於此而擴充之也。愛。猶吝也。王曰然。誠有百姓者。齊國雖褊小。吾何愛一牛。卽不忍其觳觫。若無罪而就死地。故以羊易之也。言以羊易牛。其迹似吝。實有如百姓所譏者。然我之心不如是也。曰。王無異於百姓之以王爲愛也。以小易大。彼惡知之。王若隱其無罪而就死地。則牛羊何擇焉。王笑曰。是誠何心哉。我非愛其財而易之以羊也。宜乎百姓之謂我愛也。惡平聲。○異。怪

曰：『無傷也，是乃仁術也，見牛未見羊也。君子之於禽獸也，見其生，不忍見其死；聞其聲，不忍食其肉。是以君子遠庖廚也。』

也隱痛也擇猶分也言牛羊皆無罪而死何
所分別而以羊易牛乎孟子故設此難欲王
反求而得其本心王不能然故
卒無以自解於百姓之言也

曰無傷也是
乃仁術也見牛未見羊也君子之於禽獸也
見其生不忍見其死聞其聲不忍食其肉是
以君子遠庖廚也

遠去聲○無傷言雖有百
姓之言不爲害也術謂法
之巧者蓋殺牛既所不忍釁鐘又不可廢於
此無以處之則此心雖發而終不得施矣然
見牛則此心已發而不可遏未見羊則其理
未形而無所妨故以羊易牛則二者得以兩
全而無害此所以爲仁之術也聲謂將死而
哀鳴也蓋人之於禽獸同生而異類故用之
以禮而不忍之心施於見聞之所及其所以
必遠庖廚者亦以預養是心而廣爲仁之術

王說曰：『《詩》云：「他人有心，予忖度之。」夫子之謂也。夫我乃行之，反而求之，不得吾心。夫子言之，於我心有戚戚焉。此心之所以合於王者，何也？』

曰：『有復於王者曰：「吾力足以舉百鈞，而不足以舉一羽；明足以察秋毫之末，而不見輿薪。」則王許之乎？』曰：『否。』『今恩足以及禽獸，而功不至於百姓者，獨

也。

王說曰：詩云：他人有心，予忖度之。夫子之謂也。夫我乃行之，反而求之，不得吾心。夫子言之，於我心有戚戚焉。此心之所以合於王者，何也？

說音悅。忖，七本反。度，待洛反。夫我之夫音扶。○詩小雅巧言之篇。戚戚，心動貌。王因孟子之言，而前日之心復萌，乃知此心不從外得，然猶未知所以反其本而推之也。

曰：有復於王者曰：吾力足以舉百鈞，而不足以舉一羽；明足以察秋毫之末，而不見輿薪。則王許之乎？曰：否。今恩足以及禽獸，而功不至於百姓者，獨何與？然則一羽之不舉，為

何與？然則一羽之不舉，爲不用力焉；輿薪之不見，爲不用明焉；百姓之不見保，爲不用恩焉。故王之不王，不爲也，非不能也。』

曰：『不爲者與不能者之形，何以異？』曰：『挾大山以超北海，語人曰「我不能」，是誠不能也。爲長者折枝，語人曰「我不能」，

不用力焉。輿薪之不見，爲不用明焉。百姓之不見保，爲不用恩焉。故王之不王，不爲也，非不能也。與平聲。爲不之爲，去聲。○復，白也。鈞，三十斤。百鈞至重難舉也。羽，鳥羽。一羽至輕易舉也。秋毫之末，毛至秋而末銳，小而難見也。輿薪，以車載薪，大而易見也。許，猶可也。今恩以下，又孟子之言也。蓋天地之性，人爲貴。故人之與人，又爲同類而相親。是以惻隱之發，則於民切而於物緩；推廣仁術，則仁民易而愛物難。今王此心能及物矣，則其保民而王，非不能也，但自不肯爲耳。曰：不爲者與不能者之形，何以異？曰：挾大山以超北海，語人曰，我不能，是誠不能也。爲長者折枝，語人曰，我不能，是

是不爲也，非不能也。故王之不王，非挾大山以超北海之類也；王之不王，是折枝之類也。

『老吾老，以及人之老；幼吾幼，以及人之幼，天下可運於掌。《詩》云：「刑于寡妻，至于兄弟，以御于家邦。」言舉斯心加諸彼而已。故推恩足以保四海，不推恩無以保妻子。古之人所以大過人者無他焉，善推其所爲而已矣。今恩足以及禽獸，而功不至於百姓者，獨何與？

不爲也非不能也故王之不王非挾大山以超北海之類也王之不王是折枝之類也語去聲爲長之爲去聲長上聲折之舌反○形狀也挾以腋持物也超躍而過也爲長者折枝以長者之命折草木之枝言不難也是心固有不待外求擴而充之在我而已何難之有老吾老以及人之老幼吾幼以及人之幼天下可運於掌詩云刑于寡妻至于兄弟以御于家邦言舉斯心加諸彼而已故推恩足以保四海不推恩無以保妻子古之人所以大過人者無他焉善推其所爲而已矣今恩足

『權然後知輕重，度然後知長短。物皆然，心爲甚。王請度之。

以及禽獸而功不至於百姓者獨何與與平聲○老。以老事之也。吾老。謂我之父兄。人之老。謂人之父兄。幼。以幼畜之也。吾幼。謂我之子弟。人之幼。謂人之子弟。運於掌。言易也。詩大雅思齊之篇。刑。法也。寡妻。寡德之妻。謙辭也。御治也。不能推恩。則衆叛親離。故無以保妻子。蓋骨肉之親。本同一氣。又非但若人之同類而已。故古人必由親親推之。然後及於仁民。又推其餘。然後及於愛物。皆由近以及遠。自易以及難。今王反之。則必有故矣。故復推本而再問之。

權然後知輕重度然後知長短物皆然心爲甚王請度之度之之度待洛反○權。稱錘也。度。丈尺也。度之。謂稱量之也。言物之輕重長短。人所難齊。必以權度度之而後可見。若心之應物。則其輕重長短之難齊。而不可不度以本然之權度。又

『抑王興甲兵，危士臣，構怨於諸侯，然後快於心與？』

王曰：『否，吾何快於是？將以求吾所大欲也。』

曰：『王之所大欲，可得聞與？』王笑而不言。曰：『爲肥甘不足於口與？輕煖不足於體與？抑爲采

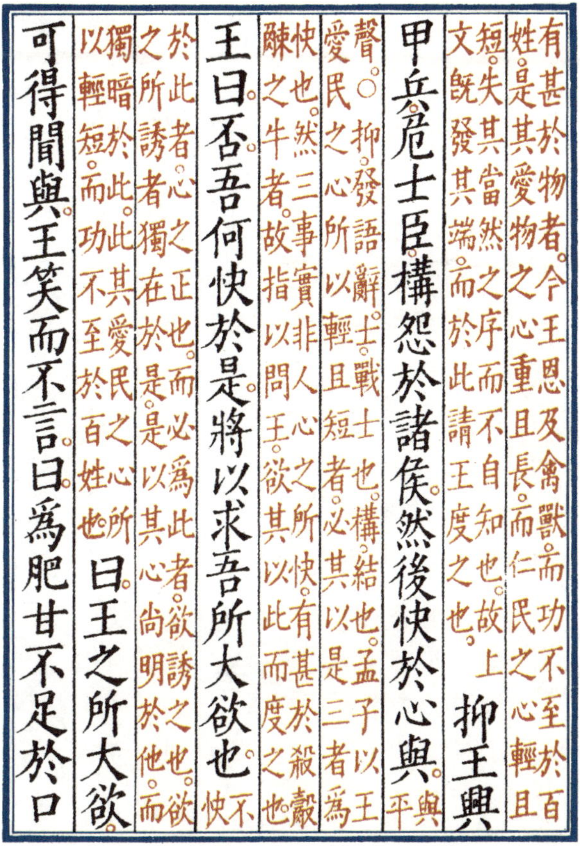

有甚於物者。今王恩及禽獸而功不至於百姓。是其愛物之心重且長而仁民之心輕且短。失其當然之序而不自知也。故上文既發其端而於此請王度之也。抑王興甲兵危士臣構怨於諸侯然後快於心與與平聲。抑發語辭。士戰士也。構結也。孟子以王愛民之心所以輕且短者必其以是三者爲快也。然三事實非人心之所快有甚於殺觳觫之牛者。故指以問王欲其以此而度之也。王曰否吾何快於是將以求吾所大欲也不快於此者心之正也。而必爲此者欲誘之也。欲之所誘者獨在於是。是以其心尚明於他而獨暗於此。此其愛民之心所以輕短而功不至於百姓也。曰王之所大欲可得聞與王笑而不言曰爲肥甘不足於口

色不足視於目與？聲音不足聽於耳與？便嬖不足使令於前與？王之諸臣，皆足以供之，而王豈爲是哉？』曰：『否。吾不爲是也。』曰：『然則王之大欲，可知已：欲闢土地，朝秦楚，莅中國，而撫四夷也。以若所爲，求若所欲，猶緣木而求魚也。』

王曰：『若是其甚與？』曰：『殆有甚焉。緣木求魚，雖不得魚，

與輕煖不足於體與抑爲采色不足視於目與聲音不足聽於耳與便嬖不足使令於前與王之諸臣皆足以供之而王豈爲是哉曰否吾不爲是也曰然則王之大欲可知已欲辟土地朝秦楚莅中國而撫四夷也以若所爲求若所欲猶緣木而求魚也與平聲爲肥抑爲豈爲不爲之爲皆去聲便令皆平聲辟與闢同朝音潮○便嬖近習嬖幸之人也已語助辭辟開廣也朝致其來朝也秦楚皆大國莅臨也若如此也所爲指興兵結怨之事緣木求魚言必不可得王曰若是其甚與曰殆有甚焉緣木

無後災。以若所爲，求若所欲，盡心力而爲之，後必有災。』曰：『可得聞與？』曰：『鄒人與楚人戰，則王以爲孰勝？』曰：『楚人勝。』曰：『然則小固不可以敵大，寡固不可以敵衆，弱固不可以敵彊。海內之地，方千里者九，齊集有其一。以一服八，何以異於鄒敵楚哉？蓋亦反其本矣。』

『今王發政施仁，使天下仕者皆欲立於王之朝，耕者皆欲耕於王之野，

求魚雖不得魚無後災以若所爲求若所欲盡心力而爲之後必有災曰可得聞與曰鄒人與楚人戰則王以爲孰勝曰楚人勝曰然則小固不可以敵大寡固不可以敵衆弱固不可以敵彊海内之地方千里者九齊集有其一以一服八何以異於鄒敵楚哉蓋亦反其本矣［甚與聞與之與平聲○殆蓋皆發語辭鄒小國楚大國齊集有其一言集合齊地其方千里是有天下九分之一也以一服八必不能勝所謂後災也反本說見下文］今王發政施仁使天下仕者皆欲立於王

商賈皆欲藏於王之市，行旅皆欲出於王之塗，天下之欲疾其君者皆欲赴愬於王。其若是，孰能禦之？』

王曰：『吾惽，不能進於是矣。願夫子輔吾志，明以教我。我雖不敏，請嘗試之。』曰：『無恆產而有恆心者，惟士爲能。若民，則無恆產，因無恆心。苟無恆心，放辟邪侈，無不爲已。及陷於罪，然後從而刑之，是罔民也。焉有仁人在位，罔民而可爲也？

之朝耕者皆欲耕於王之野商賈皆欲藏於王之市行旅皆欲出於王之塗天下之欲疾其君者皆欲赴愬於王其若是孰能禦之朝音潮賈音古愬與訴同○行貨曰商居貨曰賈發政施仁所以王天下之本也近者悅遠者來則大小強弱非所論矣蓋力求所欲則所欲者反不可得能反其本則所欲者不求而至與首章意同王曰吾惽不能進於是矣願夫子輔吾志明以教我我雖不敏請嘗試之惽與昏同曰無恆產而有恆心者惟士爲能若民則無恆產因無恆心苟無恆心放辟邪侈無不爲已

『是故明君制民之產，必使仰足以事父母，俯足以畜妻子；樂歲終身飽，凶年免於死亡；然後驅而之善，故民之從之也輕。

『今之制民之產，仰不足以事父母，俯不足以畜妻子；樂歲終身苦，凶年不免於死亡；此惟救死而恐不贍，奚暇治禮義哉？

及陷於罪，然後從而刑之，是罔民也。焉有仁人在位，罔民而可爲也。恆胡登反。辟與僻同。焉於虔反。○恆，常也。產，生業也。恆產，可常生之業也。恆心，人所常有之善心也。士嘗學問，知義理，故雖無常產而有常心。民則不能然矣。罔，猶羅網，欺其不見而取之也。是故明君制民之產，必使仰足以事父母，俯足以畜妻子，樂歲終身飽，凶年免於死亡，然後驅而之善，故民之從之也輕。畜許六反，下同。○輕，猶易也。此言民有常產而有常心也。今也制民之產，仰不足以事父母，俯不足以畜妻子，樂歲終身苦，凶年不免於死亡，此惟

『王欲行之，則盍反其本矣。

『五畝之宅，樹之以桑，五十者可以衣帛矣；雞豚狗彘之畜，無失其時，七十者可以食肉矣；百畝之田，勿奪其時，八口之家可以無飢矣；謹庠序之教，申之以孝悌之義，頒白者不負戴於道路矣。老者衣帛食肉，黎民不飢不寒，然而不王者，未之有也。』

救死而恐不贍。奚暇治禮義哉。治平聲。凡治字爲理物之義者平聲。爲已理之義者去聲。後皆放此。〇贍足也。此所謂無常產而無常心者也。王欲行之。則盍反其本矣。盍何不也。使民有常產者。又發政施仁之本也。說具下文。五畝之宅。樹之以桑。五十者可以衣帛矣。雞豚狗彘之畜。無失其時。七十者可以食肉矣。百畝之田。勿奪其時。八口之家可以無飢矣。謹庠序之教。申之以孝悌之義。頒白者不負戴於道路矣。老者衣帛食肉。黎民不飢不寒。然而不王者。未之有也。音見前章。〇此言制民之產之法也。趙氏曰。八口之家。次上農夫也。此王政之本。常生之道。故孟子爲齊梁之君各陳之也。楊氏曰。爲天下者。舉斯心加諸彼而已。然雖有仁心仁聞。而民不被其澤者。不行先王之道故也。故以制民之產告之。○此章言人君當黜霸功。行王道。而王道之要。不過推其不忍之心。以行不忍之政而已。齊王非無此心。而奪於功利之私。不能擴充以行仁政。雖以孟子反覆曉告。精切如此。而蔽固已深。終不能悟。是可歎也。

孟子集注卷一

吳縣吳志忠校刊

孟子集注卷二

梁惠王章句下

莊暴見孟子曰：『暴見於王，王語暴以好樂，暴未有以對也。』曰：『好樂何如？』孟子曰：『王之好樂甚，則齊國其庶幾乎！』

他日見於王曰：『王嘗語莊子以好樂，有諸？』王變乎色曰：『寡人非能好先王之樂也，直好世俗之樂耳。』

曰：『王之好樂甚，則齊其庶幾乎！今之樂，猶古之樂也。』

孟子集注卷二

梁惠王章句下 凡十六章。

莊暴見孟子曰。暴見於王。王語暴以好樂。暴未有以對也。曰。好樂何如。孟子曰。王之好樂甚。則齊國其庶幾乎。見於之見音現。下見於同。語去聲。下同。好去聲。篇內並同。○莊暴。齊臣也。庶幾。近辭也。言近於治。他日見於王曰。王嘗語莊子以好樂。有諸。王變乎色曰。寡人非能好先王之樂也。直好世俗之樂耳。變色者。慚其好之不正也。曰。王之好樂甚。則齊其庶幾乎。今之樂

曰：『可得聞與？』曰：『獨樂樂，與人樂樂，孰樂？』曰：『不若與人。』曰：『與少樂樂，與衆樂樂，孰樂？』曰：『不若與衆。』

『臣請爲王言樂。

『今王鼓樂於此，百姓聞王鐘鼓之聲，管籥之音，舉疾首蹙頞而相告曰：「吾王之好鼓樂，夫何使我至於此極也？父子不相見，兄弟妻子離散。」今王田獵於此，百姓聞王車馬之音，見羽旄之美，舉疾首蹙頞而相告曰：「吾王之好田獵，夫何使我至於此極也？父子不相見，兄弟妻子離散。」此無他，不與民同樂也。

猶古之樂也。今樂，世俗之樂。古樂，先王之樂。曰可得聞與。曰獨樂樂，與人樂樂，孰樂。曰不若與人。曰與少樂樂，與衆樂樂，孰樂。曰不若與衆。聞與之與，平聲。樂樂下字音洛。孰樂亦音洛。○獨樂不若與人，與少樂不若與衆，亦人之常情也。臣請爲王言樂。爲，去聲。○此以下皆孟子之言也。今王鼓樂於此，百姓聞王鐘鼓之聲，管籥之音，舉疾首蹙頞而相告曰，吾王之好鼓樂，夫何使我至於此極也。父子不相見，兄弟妻子離散。今王田獵於此，百姓聞王車馬之音，見羽旄之美，舉疾

『今王鼓樂於此，百姓聞王鐘鼓之聲，管籥之音，舉欣欣然有喜色而相告曰：「吾王庶幾無疾病與，何以能鼓樂也？」今王田獵於此，百姓聞王車馬之音，見羽旄之美，舉欣欣然有喜色而相告曰：「吾王庶幾無疾病與，何以能田獵也？」此無他，與民同樂也。

首蹙頞而相告曰：吾王之好田獵，夫何使我至於此極也？父子不相見，兄弟妻子離散。此無他，不與民同樂也。蹙，子六反。頞，音遏。夫，音扶。同樂之樂，音洛。○鐘鼓管籥，皆樂器也。舉，皆也。疾首，頭痛也。蹙，聚也。頞，額也。人憂戚則蹙其額。極，窮也。羽旄，旌屬。不與民同樂，謂獨樂其身，而不恤其民，使之窮困也。今王鼓樂於此，百姓聞王鐘鼓之聲，管籥之音，舉欣欣然有喜色而相告曰：吾王庶幾無疾病與，何以能鼓樂也？今王田獵於此，百姓聞王車馬之音，見羽旄之美，舉欣欣然有喜色而相告曰：吾

『今王與百姓同樂，則王矣。』

王庶幾無疾病與。何以能田獵也。此無他與民同樂也。病與之與與平聲。同樂之樂音洛。○與民同樂者。推好樂之心以行仁政。使民各得其所也。今王與百姓同樂則王矣。好樂而能與百姓同之。則天下之民歸之矣。所謂齊其庶幾者如此。○范氏曰。戰國之時。民窮財盡。人君獨以南面之樂自奉其身。孟子切於救民。故因齊王之好樂。開導其善心。深勸其與民同樂。而謂今樂猶古樂。其實今樂古樂何可同也。但與民同樂之意。則無古今之異耳。若必欲以禮樂治天下。當如孔子之言。必用韶舞必放鄭聲。蓋孔子之言。為邦之正道。孟子之言救時之急務。所以不同。楊氏曰。樂以和為主。使人聞鐘鼓管弦之音而疾首蹙頞。則雖奏以咸英韶濩。無補於治也。故孟子告齊王以此。姑正其本而已。

○齊宣王

齊宣王問曰：『文王之囿方七十里，有諸？』孟子對曰：『於傳有之。』

曰：『若是其大乎？』曰：『民猶以爲小也。』曰：『寡人之囿方四十里，民猶以爲大，何也？』曰：『文王之囿方七十里，芻蕘者往焉，雉兔者往焉，與民同之。民以爲小，不亦宜乎？臣始至於境，問國之大禁，然後敢入。

『臣聞郊關之內有囿方四十里，殺其麋鹿者如殺人之罪，則是方四十里爲阱於國中。民以爲大，不亦宜乎？』

問曰文王之囿方七十里有諸孟子對曰於傳有之囿音又傳直戀反○囿者蕃育鳥獸之所古者四時之田皆於農隙以講武事然不欲馳騖於稼穡場圃之中故度閒曠之地以爲囿然文王七十里之囿其亦三分天下有其二之後也與傳謂古書曰若是其大乎曰民猶以爲小也曰寡人之囿方四十里民猶以爲大何也曰文王之囿方七十里芻蕘者往焉雉兔者往焉與民同之民以爲小不亦宜乎芻音初蕘音饒○芻草也蕘薪也臣始至於境問國之大禁然後敢入臣聞郊關之內有囿方四十里殺其

齊宣王問曰：『交鄰國有道乎？』

孟子對曰：『有。惟仁者爲能以大事小，是故湯事葛，文王事昆夷。惟智者爲能以小事大，故大王事獯鬻，勾踐事吳。

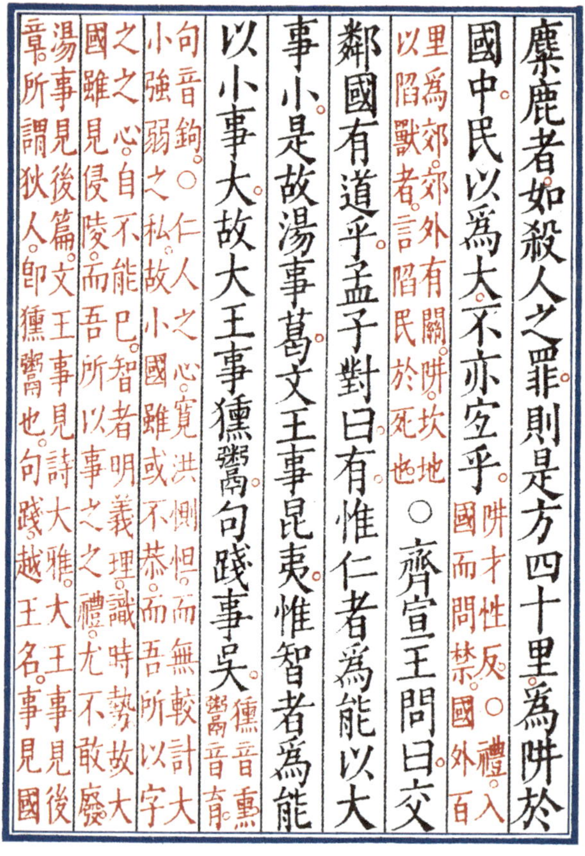
麋鹿者如殺人之罪則是方四十里爲阱於國中民以爲大不亦宜乎阱才性反○禮入國而問禁國外百里爲郊郊外有關阱坎地以陷獸者言陷民於死也○齊宣王問曰交鄰國有道乎孟子對曰有惟仁者爲能以大事小是故湯事葛文王事昆夷惟智者爲能以小事大故大王事獯鬻句踐事吳獯音熏鬻音育句音鈎○仁人之心寬洪惻怛而無較計大小強弱之私故小國雖或不恭而吾所以字之之心自不能已智者明義理識時勢故大國雖見侵陵而吾所以事之之禮尤不敢廢湯事見後篇文王事見詩大雅大王事見後章所謂狄人即獯鬻也句踐越王名事見國

『以大事小者，樂天者也；以小事大者，畏天者也。樂天者保天下，畏天者保其國。

《詩》云：「畏天之威，于時保之。」』

王曰：『大哉言矣！寡人有疾，寡人好勇。』

對曰：『王請無好小勇。夫撫劍疾視曰：「彼惡敢當我哉！」此匹夫之勇，敵一人者也。王請大之。

語記。史以大事小者。樂天者也。以小事大者。畏天者也。樂天者保天下。畏天者保其國。樂音洛。○天者。理而已矣。大之字小。小之事大。皆理之當然也。自然合理。故曰樂天。不敢違理。故曰畏天。包含徧覆。無不周徧。保天下之氣象也。制節謹度。不敢縱逸。保一國之規模也。詩云。畏天之威。于時保之。詩周頌我將之篇。時。是也。王曰。大哉言矣。寡人有疾。寡人好勇。言以好勇。故不能事大而恤小也。對曰。王請無好小勇。夫撫劒疾視曰。彼惡敢當我哉。此匹夫之勇。敵一人者也。王請大之。夫撫之夫音扶。惡平聲。○疾視。怒目而視也。小勇。血氣所爲。大勇。義理所發。詩

『詩云：「王赫斯怒，爰整其旅，以遏徂莒，以篤周祜，以對于天下。」此文王之勇也。文王一怒而安天下之民。

『書曰：「天降下民，作之君，作之師，惟曰：『其助上帝，寵之四方。有罪無罪，惟我在，天下曷敢有越厥志？』」一人衡行於天下，武王恥之。此武王之勇也。而武王亦一怒而安天下之民。

云。王赫斯怒。爰整其旅。以遏徂莒。以篤周祜。以對于天下。此文王之勇也。文王一怒而安天下之民。詩大雅皇矣篇。赫赫然怒貌。爰於也。旅衆也。遏詩作按。止也。徂往也。莒詩作旅。徂旅。謂密人侵阮徂共之衆也。篤厚也。祜福也。對答也。以答天下仰望之心也。此文王之大勇也。

書曰。天降下民。作之君。作之師。惟曰。其助上帝。寵之四方。有罪無罪。惟我在。天下曷敢有越厥志。一人衡行於天下。武王恥之。此武王之勇也。而武王亦一怒而安天下之民。衡與横同。○書周書大誓之篇也。然所引與今書文小異。今且依此解之。寵之

『今王亦一怒而安天下之民，民惟恐王之不好勇也。』

齊宣王見孟子於雪宮。王曰：『賢者亦有此樂乎？』孟子對曰：『有。人不得，則非其上矣。

四方。寵異之於四方也。有罪者我得而誅之。無罪者我得而安之。我既在此。則天下何敢有過越其心志而作亂者乎。衡行。謂作亂也。孟子釋書意如此。而言武王亦大勇也。今王亦一怒而安天下之民。民惟恐王之不好勇也。王若能如文武之爲。則天下之民。望其一怒。以除暴亂。而拯己於水火之中。惟恐王之不好勇耳。○此章言人君能懲小忿。則能恤小事大。以交鄰國。能養大勇。則能除暴救民。以安天下。張敬夫曰。小勇者。血氣之怒也。大勇者。理義之怒也。血氣之怒不可有。理義之怒不可無。知此。則可以見性情之正。而識天理人欲之分矣。

○齊宣王見孟子於雪宮。王曰。賢者亦有此樂乎。孟子對曰。有。人不得。則非其上矣。樂音洛。下同。○雪宮。離宮名。言

『不得而非其上者非也，爲民上，而不與民同樂者亦非也。』

『樂民之樂者，民亦樂其樂；憂民之憂者，民亦憂其憂。樂以天下，憂以天下，然而不王者，未之有也。』

『昔者齊景公問於晏子曰：「吾欲觀於轉附、朝儛，遵海而南，放于琅邪；吾何脩而可以比於先王觀也？」

人君能與民同樂。則人皆有此樂。不然。則下之不得此樂者。必有非其君上之心。明人君當與民同樂。不可使人有不得者。非但當與賢者共之而已也。不得而非其上者非也。爲民上而不與民同樂者亦非也。下不安分。上不恤民。皆非理也。樂民之樂者。民亦樂其樂。憂民之憂者。民亦憂其憂。樂以天下。憂以天下。然而不王者。未之有也。樂民之樂而民樂其樂。則樂以天下矣。憂民之憂而民憂其憂。則憂以天下矣。昔者齊景公問於晏子曰。吾欲觀於轉附朝儛。遵海而南。放于琅邪。吾何脩而可以比於先王觀也。朝音潮。放上聲。○晏子。齊臣。名

『晏子對曰：「善哉問也！天子適諸侯曰巡狩。巡狩者巡所守也。諸侯朝於天子曰述職。述職者述所職也。無非事者。春省耕而補不足，秋省斂而助不給。夏諺曰：「吾王不遊，吾何以休？吾王不豫，吾何以助？一遊一豫，爲諸侯度。」

嬰。轉附朝儛。皆山名也。遵。循也。放。至也。琅邪。齊東南境上邑名。觀。遊也。晏子對

曰善哉問也天子適諸侯曰巡狩巡狩者巡

所守也諸侯朝於天子曰述職述職者述所

職也無非事者春省耕而補不足秋省斂而

助不給夏諺曰吾王不遊吾何以休吾王不

豫吾何以助一遊一豫爲諸侯度狩。舒救反省。悉井反

○述。陳也。省。視也。斂。收穫也。給。亦足也。夏諺。

夏時之俗語也。豫。樂也。巡所守。巡行諸侯所

守之土也。述所職。陳其所受之職也。皆無有

無事而空行者。而又春秋循行郊野。察民之

所不足而補助之。故夏諺以爲王者一遊一

豫。皆有恩惠以及民。而諸侯皆取法焉。不敢

今也不然。師行而糧食，飢者弗食，勞者弗息；睊睊胥讒，民乃作慝。方命虐民，飲食若流；流連荒亡，爲諸侯憂。

『從流下而忘反謂之流，從流上而忘反謂之連，從獸無厭謂之荒，樂酒無厭謂之亡。

無事慢遊以病其民也。今也不然。師行而糧食。飢者弗食。勞者弗息。睊睊胥讒。民乃作慝。方命虐民。飲食若流。流連荒亡。爲諸侯憂。睊古縣反○今謂晏子時也。師衆也。二千五百人爲師。春秋傳曰。君行師從。糧謂糗糒之屬。睊睊側目貌。胥相也。讒謗也。慝怨惡也。言民不勝其勞而起謗怨也。方逆也。命王命也。若流如水之流無窮極也。流連荒亡解見下文。諸侯謂附庸之國。縣邑之長。從流下而忘反謂之流。從流上而忘反謂之連。從獸無厭謂之荒。樂酒無厭謂之亡。厭平聲○此釋上文之義也。從流下謂放舟隨水而下。從流上謂挽舟逆水而上。從獸田獵也。荒廢也。樂酒以飲酒爲樂也。亡猶失也。言

『先王無流連之樂，荒亡之行。惟君所行也。」

『景公說，大戒於國，出舍於郊。於是始興發補不足。召大師曰：「爲我作君臣相說之樂。」蓋徵招、角招是也。其詩曰：「畜君何尤？」畜君者，好君也。』

廢時失事也。先王無流連之樂荒亡之行。行去聲。惟君所行也。言先王之法，今時之弊，二者惟在君所行耳。景公說大戒於國出舍於郊於是始興發補不足召大師曰爲我作君臣相說之樂蓋徵招角招是也其詩曰畜君何尤畜君者好君也說音悅。爲去聲。樂如字。徵陟里反。招與韶同。畜敕六反。○戒，告命也。出舍，自責以省民也。興發，發倉廩也。大師，樂官也。君臣，己與晏子也。樂有五聲，三曰角，爲民；四曰徵，爲事。招，舜樂也。其詩，徵招角招之詩也。尤，過也。言晏子能畜止其君之欲，宜爲君之所尤，然其心則何過哉？孟子釋之，以爲臣能畜止其君之欲，乃是愛其君者也。○尹氏曰：君之與民，貴賤雖不同，然其心

齊宣王問曰：『人皆謂我毀明堂，毀諸？已乎？』

孟子對曰：『夫明堂者，王者之堂也。王欲行王政，則勿毀之矣。』

王曰：『王政可得聞與？』對曰：『昔者文王之治岐也，耕者九一，仕者世祿，關市譏而不征，澤梁無禁，罪人不孥。老而無妻曰鰥，老而無夫曰寡，老而無子曰獨，

未始有異也。孟子之言可謂深切矣。齊王不能推而用之，惜哉。○齊宣王問曰人皆謂我毀明堂毀諸已乎。趙氏曰：明堂，大山明堂。周天子東巡守朝諸侯之處，漢時遺址尚在。人欲毀之者，蓋以天子不復巡守，諸侯又不當居之也。王問當毀之乎？且止乎？孟子對曰夫明堂者王者之堂也。王欲行王政則勿毀之矣。夫音扶。○明堂，王者所居，以出政令之所也。能行王政，則亦可以王矣，何必毀哉。王曰王政可得聞與。對曰昔者文王之治岐也，耕者九一，仕者世祿，關市譏而不征，澤梁無禁，罪人不孥。老而無妻曰鰥，老而無夫曰寡，老而無子曰

幼而無父曰孤，此四者天下之窮民而無告者。文王發政施仁，必先斯四者。詩云，「哿矣富人，哀此煢獨。」

獨幼而無父曰孤此四者天下之窮民而無告者文王發政施仁必先斯四者詩云哿矣富人哀此煢獨與平聲孥音奴鰥姑頑反哿哥二可反煢音瓊○岐周之舊國也九一者井田之制也方一里爲一井其田九百畝中畫井字界爲九區一區之中爲田百畝中百畝爲公田外八百畝爲私田八家各受私田百畝而同養公田是九分而稅其一也世祿者先王之世仕者之子孫皆教之教之而成材則官之如不足用亦使之不失其祿蓋其先世嘗有功德於民故報之如此忠厚之至也關謂道路之關市謂都邑之市譏察也征稅也關市之吏察異服異言之人而不征商賈之稅也澤謂瀦水梁謂魚梁與民同利不設禁也孥妻子也惡惡止其身不及妻子也先王養民之政導其妻子使之

王曰：『善哉言乎！』曰：『王如善之，則何爲不行？』王曰：『寡人有疾，寡人好貨。』對曰：『昔者公劉好貨。詩云：「乃積乃倉，乃裹餱糧，于橐于囊。思戢用光。弓矢斯張，干戈戚揚，爰方啓行。」故居者有積倉，行者有裹糧也，然後可以爰方啓行。王如好貨，與百姓同之，於王何有？』

養其老而恤其幼。不幸而有鰥寡孤獨之人。無父母妻子之養。則尤宜憐恤。故必以爲先也。詩小雅正月之篇。哿可也。煢困悴貌。

王曰善哉言乎曰王如善之則何爲不行王曰寡人有疾寡人好貨對曰昔者公劉好貨詩云乃積乃倉乃裹餱糧于橐于囊思戢用光弓矢斯張干戈戚揚爰方啓行故居者有積倉行者有裹糧也然後可以爰方啓行王如好貨與百姓同之於王何有

餱音侯。橐音托。戢詩作輯，音集。○王自以爲好貨，故取民無制，而不能行此王政。公劉，后稷之曾孫也。詩大雅公劉之篇。積，露積也。餱，乾糧也。無底曰橐，有底曰囊。

王曰：『寡人有疾，寡人好色。』

對曰：『昔者大王好色，愛厥妃。詩云：「古公亶父，來朝走馬，率西水滸，至于岐下。爰及姜女，聿來胥宇。」當是時也，內無怨女，外無曠夫；王如好色，與百姓同之，於王何有？』

皆所以盛餱糧也。戢，安集也。言思安集其民人，以光大其國家也。戚，斧也。揚，鉞也。爰，於也。啓行，言往遷於豳也。何有，言不難也。孟子言公劉之民富足如此，是公劉好貨，而能推己之心以及民也。今王好貨，亦能如此，則其於王天下也何難之有。

王曰寡人有疾寡人好色對曰昔者大王好色愛厥妃詩云古公亶甫來朝走馬率西水滸至于岐下爰及姜女聿來胥宇當是時也內無怨女外無曠夫王如好色與百姓同之於王何有

大音泰。○王又言此者，好色則心志蠱惑，用度奢侈，而不能行王政也。大王，公劉九世孫。詩大雅緜之篇也。古公，大王之本號，後乃追尊爲大王也。亶甫，大王名也。來朝走馬，避狄

孟子謂齊宣王曰：『王之臣有託其妻子於其友而之楚遊者，比其反也，

人之難也。率。循也。滸。水涯也。岐下。岐山之下也。姜女。大王之妃也。胥。相也。宇。居也。曠。空也。無怨曠者。是大王好色。而能推己之心以及民也。○楊氏曰。孟子與人君言。皆所以擴充其善心而格其非心。不止就事論事。若使爲人臣者。論事每如此。豈不能堯舜其君乎。愚謂此篇自首章至此。大意皆同。蓋鍾鼓苑囿遊觀之樂。與夫好勇好貨好色之心。皆天理之所有。而人情之所不能無者。然天理人欲。同行異情。循理而公於天下者。聖賢之所以盡其性也。縱欲而私於一己者。衆人之所以滅其天也。二者之閒。不能以髮。而其是非得失之歸。相去遠矣。故孟子因時君之問。而剖析於幾微之際。皆所以遏人欲而存天理。其法似疏而實密。其事似易而實難。學者以身體之。則有以識其非曲學阿世之言。而知所以克己復禮之端矣。

○孟子謂齊宣王曰。王之臣有託

則凍餒其妻子，則如之何？』

王曰：『棄之。』

曰：『士師不能治士，則如之何？』

王曰：『已之。』

曰：『四境之內不治，則如之何？』

王顧左右而言他。

孟子見齊宣王曰：『所謂故國者，非謂有喬木之謂也，有世臣之謂也。王無親臣矣，昔者所進，今日不知其亡也。』

其妻子於其友而之楚遊者。比其反也。則凍餒其妻子。則如之何。王曰。棄之。比必二反。○託寄也。比。及也。棄。絕也。曰。士師不能治士。則如之何。王曰。已之。士師。獄官也。其屬有鄉士遂士之官。士師皆當治之。已。罷去也。曰。四境之內不治。則如之何。王顧左右而言他。治去聲。○孟子將問此而先設上二事以發之。及此而王不能答也。其憚於自責。恥於下問如此。不足與有爲可知矣。○趙氏曰。言君臣上下各勤其任。無墮其職。乃安其身。○孟子見齊宣王曰。所謂故國者。非謂有喬木之謂也。有世臣之謂也。王無親臣矣。昔者所進。今日不

王曰：『吾何以識其不才而舍之？』

曰：『國君進賢，如不得已，將使卑踰尊，疏踰戚，可不愼與？

『左右皆曰賢，未可也；諸大夫皆曰賢，未可也；國人皆曰賢，然後

知其亡也。世臣，累世勳舊之臣。與國同休戚者也。親臣，君所親信之臣。與君同休戚者也。此言喬木世臣，皆故國所宜有。然所以爲故國者，則在此而不在彼也。昨日所進用之人，今日有亡去而不知者，則無親臣矣。况世臣乎。王曰：吾何以識其不才而舍之。舍，上聲。○王意以爲此亡去者，皆不才之人。我初不知而誤用之，故今不以其去爲意耳。因問何以先識其不才而舍之邪。曰：國君進賢，如不得已，將使卑踰尊，疏踰戚，可不愼與。與，平聲。○如不得已，言謹之至也。蓋尊尊親親，禮之常也。然或尊者親者未必賢，則必進疏遠之賢而用之。是使卑者踰尊，疏者踰戚，非禮之常。故不可不謹也。左右皆曰賢，未可也。諸大夫皆曰賢，未可也。國人皆

察之；見賢焉，然後用之。左右皆曰不可，勿聽；諸大夫皆曰不可，勿聽；國人皆曰不可，然後察之；見不可焉，然後去之。

『左右皆曰可殺，勿聽；諸大夫皆曰可殺，勿聽；國人皆曰可殺，然後察之；見可殺焉，然後殺之。故曰國人殺之也。

曰賢。然後察之。見賢焉。然後用之。左右皆曰不可。勿聽。諸大夫皆曰不可。勿聽。國人皆曰不可。然後察之。見不可焉。然後去之。去上聲○左右近臣。其言固未可信。諸大夫之言。宜可信矣。然猶恐其蔽於私也。至於國人。則其論公矣。然猶必察之者。蓋人有同俗而爲衆所悅者。亦有特立而爲俗所憎者。故必自察之。而親見其賢否之實。然後從而用舍之。則於賢者知之深。任之重。而不才者不得以幸進矣。所謂進賢如不得已者如此。左右皆曰可殺。勿聽。諸大夫皆曰可殺。勿聽。國人皆曰可殺。然後察之。見可殺焉。然後殺之。故曰國人殺之也。此言非獨以此進退

『如此，然後可以爲民父母。』

齊宣王問曰：『湯放桀，武王伐紂，有諸？』孟子對曰：『於傳有之。』

曰：『臣弑其君，可乎？』

曰：『賊仁者謂之賊，賊義者謂之殘。殘賊之人謂之一夫。聞誅一夫紂矣，未聞弑君也。』

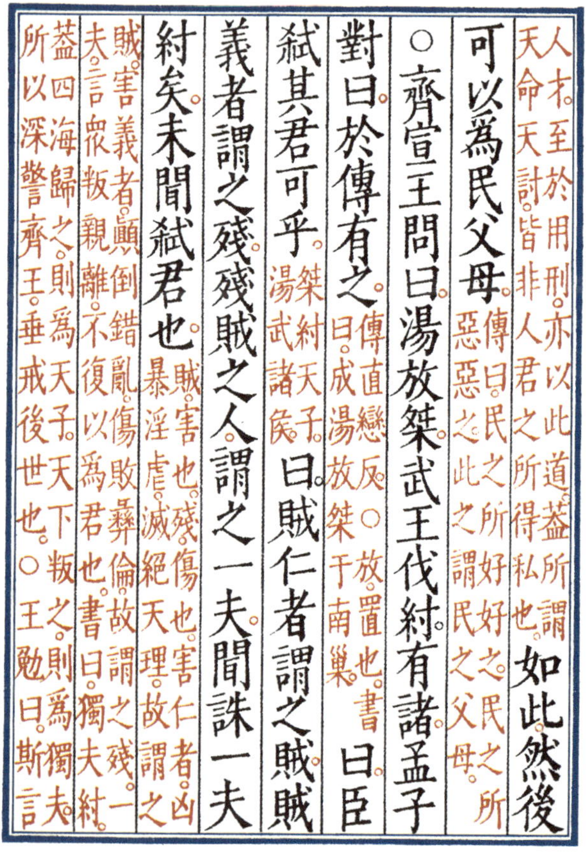
人才至於用刑亦以此道蓋所謂天命天討皆非人君之所得私也如此然後
可以爲民父母傳曰民之所好好之民之所惡惡之此之謂民之父母
○齊宣王問曰湯放桀武王伐紂有諸孟子
對曰於傳有之傳直戀反○放置也書曰成湯放桀于南巢曰臣
弑其君可乎桀紂天子湯武諸侯曰賊仁者謂之賊賊
義者謂之殘殘賊之人謂之一夫聞誅一夫
紂矣未聞弑君也賊害也殘傷也害仁者凶暴淫虐滅絕天理故謂之
賊害義者顛倒錯亂傷敗彝倫故謂之殘一夫言衆叛親離不復以爲君也書曰獨夫紂
蓋四海歸之則爲天子天下叛之則爲獨夫所以深警齊王垂戒後世也○王勉曰斯言

孟子見齊宣王曰：『爲巨室，則必使工師求大木。工師得大木，則王喜，以爲能勝其任也。匠人斲而小之，則王怒，以爲不勝其任矣。夫人幼而學之，壯而欲行之，王曰「姑舍女所學而從我」，則何如？

『今有璞玉於此，雖萬鎰，必使玉人彫琢之。至於治國家，則曰「姑舍女所學而從我」，則何以異於教玉人彫琢玉哉？』

也。惟在下者有湯武之仁。而在上者有桀紂之暴則可。不然是未免於篡弑之罪也。○

孟子見齊宣王曰。爲巨室。則必使工師求大木。工師得大木。則王喜。以爲能勝其任也。匠人斲而小之。則王怒。以爲不勝其任矣。夫人幼而學之。壯而欲行之。王曰。姑舍女所學而從我。則何如。勝平聲。夫音扶。舍上聲。女音汝。下同。○巨室。大宮也。工師。匠人之長。匠人。衆工人也。姑。且也。言賢人所學者大。而王欲小之也。今有璞玉於此。雖萬鎰。必使玉人彫琢之。至於治國家。則曰。姑舍女所學而從我。則何以異於教玉人

齊人伐燕，勝之。

宣王問曰：『或謂寡人勿取，或謂寡人取之。以萬乘之國伐萬乘之國，五旬而舉之，人力不至於此。不取，必有天殃。取之，何如？』

孟子對曰：『取之而燕民悅，則取之。古之人有行之者，武王是也。

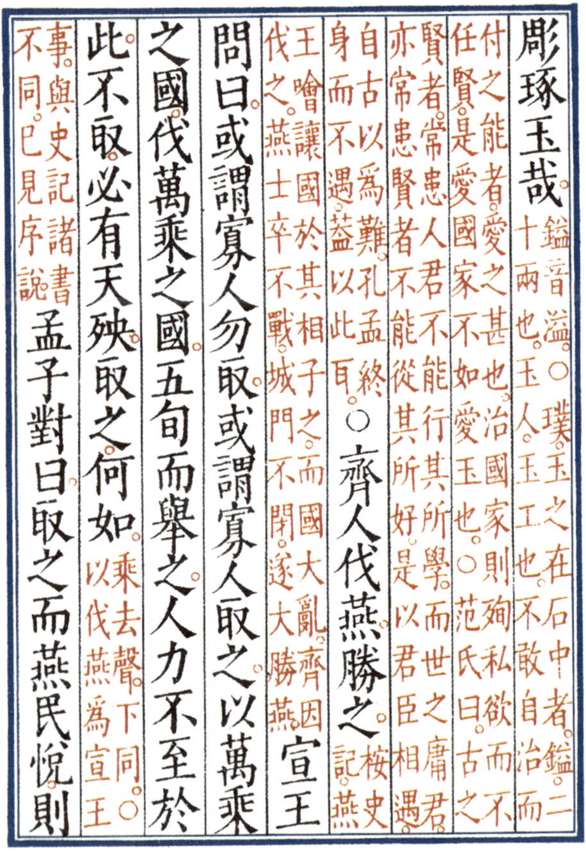
彫琢玉哉。鎰音溢。○璞，玉之在石中者。鎰，二十兩也。玉人，玉工也。不敢自治而付之能者，愛之甚也。治國家則徇私欲而不任賢，是愛國家不如愛玉也。○范氏曰：古之賢者，常患人君不能行其所學；而世之庸君，亦常患賢者不能從其所好。是以君臣相遇，自古以爲難。孔孟終身而不遇，蓋以此耳。○齊人伐燕，勝之。按史記：燕王噲讓國於其相子之，而國大亂。齊因伐之。燕士卒不戰，城門不閉，遂大勝燕。宣王問曰：或謂寡人勿取，或謂寡人取之。以萬乘之國伐萬乘之國，五旬而舉之，人力不至於此。不取，必有天殃。取之，何如？乘，去聲，下同。○以伐燕爲宣王事，與史記諸書不同，已見序說。孟子對曰：取之而燕民悅，則

取之而燕民不悅，則勿取，古之人有行之者，文王是也。

『以萬乘之國伐萬乘之國，簞食壺漿以迎王師，豈有他哉？避水火也。如水益深，如火益熱，亦運而已矣。』

齊人伐燕，取之。諸侯將謀救燕。

取之。古之人有行之者，武王是也。取之而燕民不悅，則勿取。古之人有行之者，文王是也。商紂之世，文王三分天下有其二，以服事殷。至武王十三年，乃伐紂而有天下。張子曰：此事間不容髮。一日之間，天命未絕，則是君臣。當日命絕，則爲獨夫。然命之絕否，何以知之？人情而已。諸侯不期而會者八百，武王安得而止之哉。以萬乘之國伐萬乘之國，簞食壺漿，以迎王師，豈有他哉？避水火也。如水益深，如火益熱，亦運而已矣。簞音丹。食音嗣。○簞，竹器。食，飯也。運，轉也。言齊若更爲暴虐，則民將轉而望救於他人矣。○趙氏曰：征伐之道，當順民心。民心悅，則天意得矣。○齊人伐燕，取之。諸

宣王曰：『諸侯多謀伐寡人者，何以待之？』孟子對曰：『臣聞七十里爲政於天下者，湯是也。未聞以千里畏人者也。

『書曰：「湯一征，自葛始。」天下信之，東面而征，西夷怨，南面而征北狄怨曰，「奚爲後我？」民望之若大旱之望雲霓也。歸市者不止，耕者不變。誅其君而弔其民，若時雨降。民大悅。書曰：「徯我后，后來其蘇。」

侯將謀救燕宣王曰諸侯多謀伐寡人者何以待之孟子對曰臣聞七十里爲政於天下者湯是也未聞以千里畏人者也千里畏人指齊王也書曰湯一征自葛始天下信之東面而征西夷怨南面而征北狄怨曰奚爲後我民望之若大旱之望雲霓也歸市者不止耕者不變誅其君而弔其民若時雨降民大悅書曰徯我后后來其蘇霓五稽反徯胡禮反○兩引書皆商書仲虺之誥文也與今書文亦小異一征初征也天下信之信其志在救民不爲暴也奚爲後我言湯何爲不

『今燕虐其民，王往而征之，民以爲將拯己於水火之中也，簞食壺漿以迎王師。若殺其兄父，係累其子弟，毀其宗廟，遷其重器，如之何其可也？天下固畏齊之彊也，今又倍地而不行仁政，是動天下之兵也。

先來征我之國也。霓虹也。雲合則雨。虹見則止。變動也。徯待也。后君也。蘇復生也。他國之民皆以湯爲我君而待其來。使己得蘇息也。此言湯之所以七十里而爲政於天下也。

今燕虐其民。王往而征之。民以爲將拯己於水火之中也。簞食壺漿以迎王師。若殺其父兄。係累其子弟。毀其宗廟。遷其重器。如之何其可也。天下固畏齊之彊也。今又倍地而不行仁政。是動天下之兵也。

累力追反○拯救也。係累縶縛也。重器寶器也。畏忌也。倍地并燕而增一倍之地也。齊之取燕若能如湯之征葛則燕人悅之而齊可爲政於天下矣。今乃不行仁政而肆爲殘虐則無以慰燕民之望而服諸侯之心。

『王速出令，反其旄倪，止其重器，謀於燕眾，置君而後去之，則猶可及止也。』

鄒與魯閧。穆公問曰：『吾有司死者三十三人，而民莫之死也。誅之，則不可勝誅；不誅，則疾視其長上之死而不救，如之何則可也？』

是以不免乎以千里而畏人也王速出令反其旄倪止其重器謀於燕衆置君而後去之則猶可及止也旄與耄同倪五稽反○反還也旄老人也倪小兒也謂所虜略之老小也猶尚也及止及其未發而止之也○范氏曰孟子事齊梁之君論道德則必稱堯舜論征伐則必稱湯武蓋治民不法堯舜則是爲暴行師不法湯武則是爲亂豈可謂吾君不能而舍所學以殉之哉

○鄒與魯閧穆公問曰吾有司死者三十三人而民莫之死也誅之則不可勝誅不誅則疾視其長上之死而不救如之何則可也閧胡弄反勝平聲長上聲下同○閧鬬聲也穆公鄒君也不可勝誅言人衆不可盡誅也

孟子對曰：『凶年飢歲，君之民老弱轉乎溝壑，壯者散而之四方者，幾千人矣；而君之倉廩實，府庫充，有司莫以告，是上慢而殘下也。曾子曰：「戒之戒之！出乎爾者，反乎爾者也。」夫民今而後得反之也。君無尤焉？』

『君行仁政，斯民親其上死其長矣。』

長上。謂有司也。民怨其上。故疾視其死而不救也。孟子對曰。凶年饑歲。君之民老弱轉乎溝壑。壯者散而之四方者。幾千人矣。而君之倉廩實。府庫充。有司莫以告。是上慢而殘下也。曾子曰。戒之戒之。出乎爾者。反乎爾者也。夫民今而後得反之也。君無尤焉。幾上聲。夫音扶。○轉。飢餓輾轉而死也。充。滿也。上。謂君及有司也。尤。過也。君行仁政。斯民親其上死其長矣。君不仁而求富。是以有司知重斂而不知恤民。故君行仁政。則有司皆愛其民。而民亦愛之矣。○范氏曰。書曰。民惟邦本。本固邦寧。有倉廩府庫。所以爲民也。豐年則斂之。凶年則散之。恤其飢寒。

滕文公問曰：『滕，小國也，間於齊、楚。事齊乎？事楚乎？』

孟子對曰：『是謀非吾所能及也。無已，則有一焉：鑿斯池也，築斯城也，與民守之，效死而民弗去，則是可爲也。』

滕文公問曰：『齊人將築薛，吾甚恐，如之何則可？』

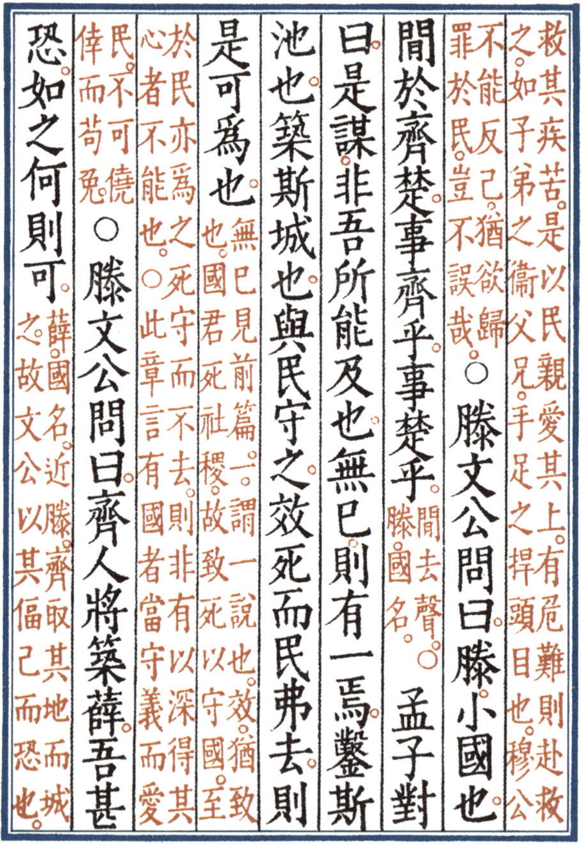
救其疾苦。是以民親愛其上。有危難則赴救之。如子弟之衞父兄。手足之捍頭目也。穆公不能反己。猶欲歸罪於民。豈不誤哉。○滕文公問曰滕小國也。間於齊楚。事齊乎。事楚乎。間去聲。滕國名。○孟子對曰。是謀非吾所能及也。無已。則有一焉。鑿斯池也。築斯城也。與民守之。效死而民弗去。則是可爲也。無已見前篇。一謂一說也。效猶致也。國君死社稷。故致死以守國。至於民亦爲之死守而不去。則非有以深得其心者不能也。○此章言有國者當守義而愛民。不可僥倖而苟免。○滕文公問曰齊人將築薛吾甚恐。如之何則可。薛國名。近滕。齊取其地而城之。故文公以其偪己而恐也。

孟子對曰：『昔者大王居邠，狄人侵之，去之岐山之下居焉。非擇而取之，不得已也。

『苟爲善，後世子孫必有王者矣。君子創業垂統，爲可繼也。若夫成功，則天也。君如彼何哉？彊爲善而已矣。』

滕文公問曰：『滕，小國也。竭力以事大國，則不得免焉，如之

孟子對曰昔者大王居邠狄人侵之去之岐山之下居焉非擇而取之不得已也邠與豳同○邠地名言大王非以岐下爲善擇取而居之也詳見下章苟爲善後世子孫必有王者矣君子創業垂統爲可繼也若夫成功則天也君如彼何哉彊爲善而已矣夫音扶彊上聲○創造統緒也言能爲善則如大王雖失其地而其後世遂有天下乃天理也然君子造基業於前而垂統緒於後但能不失其正令後世可繼續而行耳若夫成功則豈可必乎彼齊也君之力旣無如之何則但彊於爲善使其可繼而俟命於天耳○此章言人君但當竭力於其所當爲不可徼幸於其所難必○滕文公問

何則可？』孟子對曰：『昔者大王居邠，狄人侵之。事之以皮幣，不得免焉；事之以犬馬，不得免焉；事之以珠玉，不得免焉。乃屬其耆老而告之曰：「狄人之所欲者，吾土地也。吾聞之也：君子不以其所以養人者害人。二三子何患乎無君？我將去之。」去邠，踰梁山，邑於岐山之下居焉。邠人曰：「仁人也，不可失也。」從之者如歸市。

曰滕小國也竭力以事大國則不得免焉如
之何則可孟子對曰昔者大王居邠狄人侵
之事之以皮幣不得免焉事之以犬馬不得
免焉事之以珠玉不得免焉乃屬其耆老而
告之曰狄人之所欲者吾土地也吾聞之也
君子不以其所以養人者害人二三子何患
乎無君我將去之去邠踰梁山邑于岐山之
下居焉邠人曰仁人也不可失也從之者如
歸市屬音燭○皮謂虎豹麋鹿之皮也幣帛也屬會集也土地本生物以養人今爭

『或曰：「世守也，非身之所能爲也。效死勿去。」

『君請擇於斯二者。』

地而殺人。是以其所以養人者害人也。邑。作邑也。歸市。人衆而爭先也。**或曰。世守也。非身之所能爲也。效死勿去。**又言或謂土地乃先人所受而世守之者。非己所能專。但當致死守之。不可舍去。此國君死社稷之常法。傳所謂國滅君死之。正也。正謂此也。**君請擇於斯二者。**能如大王則避之。不能則謹守常法。蓋遷國以圖存者。權也。守正而俟死者。義也。審己量力。擇而處之可也。○楊氏曰。孟子之於文公。始告之以效死而已。禮之正也。至其甚恐。則以大王之事告之。非得已也。然無大王之德而去。則民或不從而遂至於亡。則又不若效死之爲愈。故又請擇於斯二者。又曰。孟子所論。自世俗觀之。則可謂無謀矣。然理之可爲者。不過如此。舍此則必爲儀秦之爲矣。凡事求可。功求成。取必於智謀之末而不循天理之正者。非聖賢之道

魯平公將出，嬖人臧倉者請曰：『他日君出，則必命有司所之。今乘輿已駕矣，有司未知所之，敢請。』公曰：『將見孟子。』曰：『何哉，君所爲輕身以先於匹夫者？以爲賢乎？禮義由賢者出，而孟子之後喪踰前喪。君無見焉！』公曰：『諾。』

樂正子入見曰：『君奚爲不見孟軻也？』曰：『或告寡人曰「孟子之後喪踰前喪」，是以不往見也。』曰：『何哉，君所謂踰者？前以士，後以大夫；前以三鼎，

也。

○魯平公將出。嬖人臧倉者請曰。他日君出。則必命有司所之。今乘輿已駕矣。有司未知所之。敢請。公曰。將見孟子。曰。何哉。君所爲輕身以先於匹夫者。以爲賢乎。禮義由賢者出。而孟子之後喪踰前喪。君無見焉。公曰。諾。

乘去聲。○乘輿。君車也。駕。駕馬也。孟子前喪父。後喪母。踰。過也。言其厚母薄父也。諾。應辭也。

樂正子入見曰。君奚爲不見孟軻也。曰。或告寡人曰。孟子之後喪踰前喪。是以不往見也。曰。何哉。君所謂踰者。前以士。後以大夫。前

而後以五鼎與？』曰：『否。謂棺槨衣衾之美也。』曰：『非所謂踰也，貧富不同也。』

樂正子見孟子曰：『克告於君，君爲來見也。嬖人有臧倉者沮君，君是以不果來也。』曰：『行或使之；止，或尼之。行止，非人所能也。吾之不遇魯侯，天也。臧氏之子焉能使予不遇哉？』

以三鼎而後以五鼎與曰否謂棺椁衣衾之美也曰非所謂踰也貧富不同也入見之見音現與平聲○樂正子孟子弟子也仕於魯三鼎士祭禮五鼎大夫祭禮樂正子見孟子曰克告於君君爲來見也嬖人有臧倉者沮君君是以不果來也曰行或使之止或尼之行止非人所能也吾之不遇魯侯天也臧氏之子焉能使予不遇哉爲去聲沮慈呂反尼女乙反焉於虔反○克樂正子名沮尼皆止之之意也言人之行必有人使之者其止必有人尼之者然其所以行所以止則固有天命而非此人所能使亦非此人所能尼也然則我之不遇豈

臧倉之所能爲哉。此章言聖賢之出處。關時運之盛衰。乃天命之所爲。非人力之可及。

孟子集注卷二

吴縣吴志忠校刊

孟子集注卷三

公孫丑章句上

公孫丑問曰：『夫子當路於齊，管仲、晏子之功，可復許乎？』

孟子曰：『子誠齊人也，知管仲、晏子而已矣。

『或問乎曾西曰：「吾子與子路孰賢？」曾西蹵然曰：「吾先子之所畏也。」曰：「然則吾子與管仲孰賢？」曾西艴然不悅曰：「爾何曾比予於管仲？管仲得君，

孟子集注卷三

公孫丑章句上 凡九章。

公孫丑問曰。夫子當路於齊。管仲晏子之功。可復許乎。復扶又反。○公孫丑。孟子弟子。齊人也。當路。居要地也。管仲。齊大夫。名夷吾。相桓公霸諸侯。許。猶期也。孟子未嘗得政。丑蓋設辭以問也。孟子曰。子誠齊人也。知管仲晏子而已矣。齊人但知其國有二子而已。不復知有聖賢之事。或問乎曾西曰。吾子與子路孰賢。曾西蹵然曰。吾先子之所畏也。曰。然則吾子與管仲孰賢。曾西艴然不悅曰。爾何曾比

如彼其專也；行乎國政，如彼其久也；功烈，如彼其卑也。爾何曾比予於是！」』

曰：『管仲，曾西之所不爲也，而子爲我願之乎？』

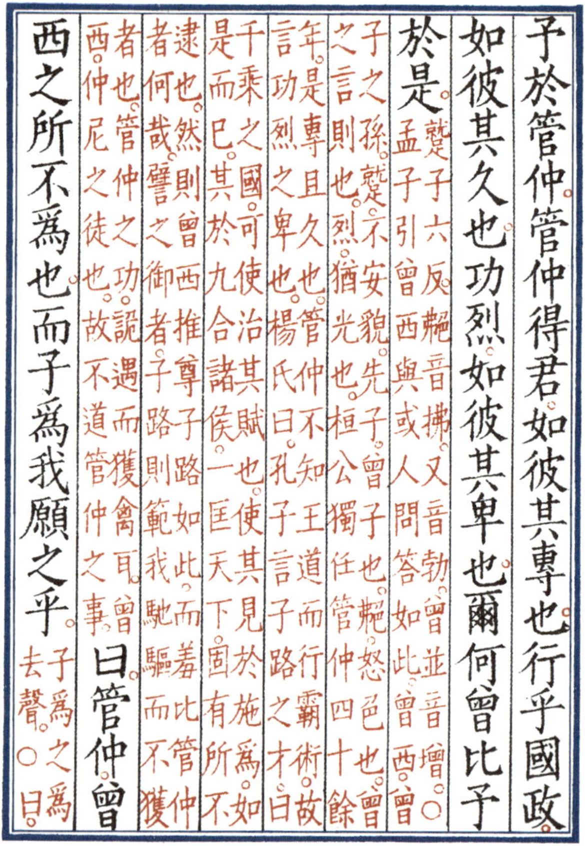
予於管仲管仲得君如彼其專也行乎國政如彼其久也功烈如彼其卑也爾何曾比予於是蹵子六反艴音拂又音勃曾並音增○孟子引曾西與或人問答如此曾西曾子之孫蹵然不安貌先子曾子也艴怒色也曾之言則也烈猶光也桓公獨任管仲四十餘年是專且久也管仲不知王道而行霸術故言功烈之卑也楊氏曰孔子言子路之才曰千乘之國可使治其賦也使其見於施爲如是而已其於九合諸侯一匡天下固有所不逮也然則曾西推尊子路如此而羞比管仲者何哉譬之御者子路則範我馳驅而不獲者也管仲之功詭遇而獲禽耳曾西仲尼之徒也故不道管仲之事曰管仲曾西之所不爲也而子爲我願之乎爲之爲去聲○曰

曰：『管仲以其君霸，晏子以其君顯，管仲、晏子猶不足爲與？』

曰：『以齊王，由反手也。』

曰：『若是，則弟子之惑滋甚。且以文王之德，百年而後崩，猶未洽於天下；武王、周公繼之，然後大行。今言王若易然，則文王不足法與？』

曰：『文王何可當也？由湯至於武丁，賢聖之君六七作。天下歸殷久矣，久則難變也。武丁朝諸

孟子言也。願，望也。曰：管仲以其君霸，晏子以其君顯。管仲、晏子猶不足爲與？與，平聲。○顯，顯名也。曰：以齊王，由反手也。○王，去聲。由、猶通。反手，言易也。曰：若是，則弟子之惑滋甚。且以文王之德，百年而後崩，猶未洽於天下；武王、周公繼之，然後大行。今言王若易然，則文王不足法與？易，去聲，下同。與，平聲。○滋，益也。文王九十七而崩，言百年，舉成數也。文王三分天下纔有其二，武王克商乃有天下，周公相成王制禮作樂，然後教化大行。曰：文王何可當也？由湯至於武丁，賢聖之君六七作。天下歸殷久矣，久則難

侯有天下，猶運之掌也。紂之去武丁未久也，其故家遺俗、流風善政，猶有存者；又有微子、微仲、王子比干、箕子、膠鬲，皆賢人也，相與輔相之，故久而後失之也。尺地莫非其有也，一民莫非其臣也，然而文王猶方百里起，是以難也。

『齊人有言曰：「雖有智慧，不如乘勢；雖有鎡基，不如待時。」今時則易然也。

變也武丁朝諸侯有天下猶運之掌也紂之
去武丁未久也其故家遺俗流風善政猶有
存者又有微子微仲王子比干箕子膠鬲皆
賢人也相與輔相之故久而後失之也尺地
莫非其有也一民莫非其臣也然而文王猶
方百里起是以難也朝音潮鬲音隔又音歷輔相之相去聲猶方之
猶與由通○當猶敵也商自成湯至於武丁中間大甲大戊祖乙盤庚皆賢聖之君作起
也自武丁至紂凡九世故家舊臣之家也齊人有言曰雖有智慧
不如乘勢雖有鎡基不如待時今時則易然

『夏后、殷、周之盛，地未有過千里者也，而齊有其地矣；雞鳴狗吠相聞，而達乎四境，而齊有其民矣。地不改辟矣，民不改聚矣，行仁政而王，莫之能禦也。

『且王者之不作，未有疏於此時者也；民之憔悴於虐政，未有甚於此時者也。飢者易爲食，渴者易爲飲。

也。鎡音玆。○鎡基。田器也。時。謂耕種之時。夏后殷周之盛。地未有過千里者也。而齊有其地矣。雞鳴狗吠相聞。而達乎四境。而齊有其民矣。地不改辟矣。民不改聚矣。行仁政而王。莫之能禦也。辟與闢同。○此言其勢之易也。三代盛時。王畿不過千里。今齊已有之。異於文王之百里。又雞犬之聲相聞。自國都以至於四境。言民居稠密也。且王者之不作。未有疏於此時者也。民之憔悴於虐政。未有甚於此時者也。飢者易爲食。渴者易爲飲。此言其時之易也。自文武至此七百餘年。異於商之賢聖繼作。民苦虐政之甚。異於紂之猶有善政。易爲

『孔子曰：「德之流行，速於置郵而傳命。」

『當今之時，萬乘之國行仁政，民之悅之，猶解倒懸也。故事半古之人，功必倍之，惟此時爲然。』

公孫丑問曰：『夫子加齊之卿相，得行道焉，雖由此霸王不異矣。如此則動心否乎？』孟子曰：『否，我四十不動心。』

飲食言飢渴之甚不待甘美也孔子曰德之流行速於置郵
而傳命。郵音尤。○置驛也。郵馹也。所以傳命也。孟子引孔子之言如此。當今
之時。萬乘之國。行仁政。民之悅之。猶解倒懸
也。故事半古之人。功必倍之。惟此時爲然。乘去
聲。○倒懸喻困苦也。所施之事半於古人。而功倍於古人。由時勢易而德行速也。○
公孫丑問曰。夫子加齊之卿相。得行道焉。雖
由此霸王不異矣。如此則動心否乎。孟子曰。
否。我四十不動心。相去聲。○此承上章。又設問孟子。若得位而行道。則
雖由此而成霸王之業。亦不足怪。任大責重如此。亦有所恐懼疑惑而動其心乎。四十強

曰：『若是，則夫子過孟賁遠矣。』

曰：『是不難。告子先我不動心。』

曰：『不動心有道乎？』

曰：『有。

『北宮黝之養勇也：不膚橈，不目逃；思以一豪挫於人，若撻之於市朝；不受於褐寬博，亦不受於萬乘之君；視刺萬乘之君若刺褐夫；無嚴諸侯；惡聲至，必反之。

仕。君子道明德立之時。孔子四十而不惑，亦不動心之謂。曰若是，則夫子過孟賁遠矣。曰是不難。告子先我不動心。賁音奔。○孟賁，勇士。告子，名不害。孟賁血氣之勇。丑蓋借之以贊孟子不動心之難。孟子言告子未爲知道，乃能先我不動心，則此亦未足爲難也。曰不動心有道乎。曰有。程子曰：心有主，則能不動矣。北宮黝之養勇也，不膚橈，不目逃。思以一豪挫於人，若撻之於市朝。不受於褐寬博，亦不受於萬乘之君。視刺萬乘之君若刺褐夫。無嚴諸侯。惡聲至，必反之。黝，伊糾反。橈，奴效反。朝，音潮。乘，去聲。○北宮，姓。黝，名。膚橈，肌膚被刺而橈屈也。目逃，目被

『孟施舍之所養勇也，曰：「視不勝，猶勝也。量敵而後進，慮勝而後會，是畏三軍者也。舍豈能爲必勝哉？能無懼而已矣。」』

『孟施舍似曾子，北宮黝似子夏。夫二子之勇，未知其孰賢，然而孟施舍守約也。』

刺而轉睛逃避也。挫，猶辱也。褐，毛布。寬博，寬大之衣，賤者之服也。不受者，不受其挫也。刺，殺也。嚴，畏憚也。言無可畏憚之諸侯也。黝，蓋刺客之流，以必勝爲主，而不動心者也。

孟施舍之所養勇也，曰：視不勝，猶勝也。量敵而後進，慮勝而後會，是畏三軍者也。舍豈能爲必勝哉？能無懼而已矣。

舍去聲，下同。○孟，姓；施，發語聲；舍，名也。會，合戰也。舍自言其戰雖不勝，亦無所懼。若量敵慮勝而後進戰，則是無勇而畏三軍矣。舍蓋力戰之士，以無懼爲主，而不動心者也。

孟施舍似曾子，北宮黝似子夏。夫二子之勇，未知其孰賢，然而孟施舍守約也。

夫音扶。○黝務敵人，舍專守己。子夏篤信聖人，曾子反求諸己。故二

『昔者曾子謂子襄曰：「子好勇乎？吾嘗聞大勇於夫子矣：自反而不縮，雖褐寬博，吾不惴焉；自反而縮，雖千萬人，吾往矣。」

『孟施舍之守氣，又不如曾子之守約也。』

曰：『敢問夫子之不動心，與告子

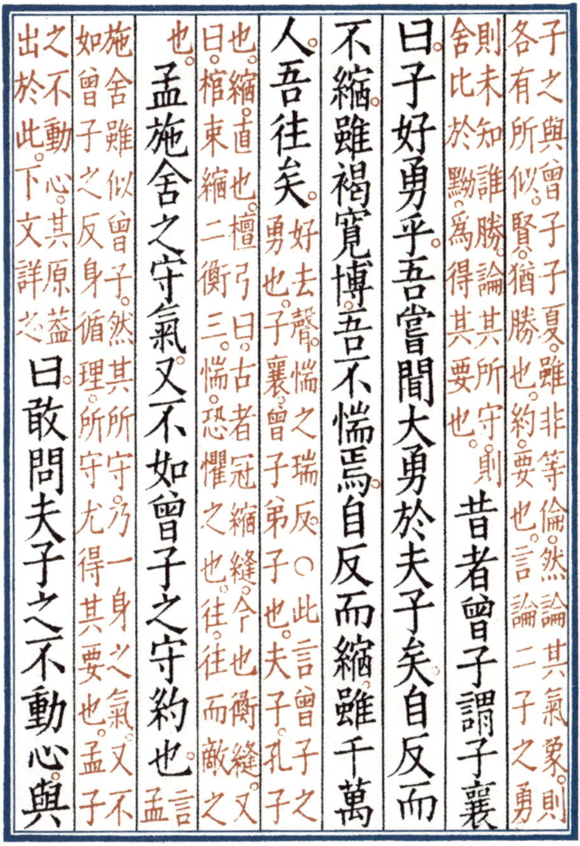
子之與曾子子夏雖非等倫然論其氣象則各有所似賢猶勝也約要也言論二子之勇則未知誰勝論其所守則舍比於黝爲得其要也

昔者曾子謂子襄曰子好勇乎吾嘗聞大勇於夫子矣自反而不縮雖褐寬博吾不惴焉自反而縮雖千萬人吾往矣

好去聲惴之瑞反○此言曾子之勇也子襄曾子弟子也夫子孔子也縮直也檀弓曰古者冠縮縫今也衡縫又曰棺束縮二衡三惴恐懼之也往往而敵之也

孟施舍之守氣又不如曾子之守約也

言孟施舍雖似曾子然其所守乃一身之氣又不如曾子之反身循理所守尤得其要也孟子之不動心其原蓋出於此下文詳之

曰敢問夫子之不動心與

之不動心，可得聞與？』『告子曰：「不得於言，勿求於心；不得於心，勿求於氣。」不得於心，勿求於氣，可；不得於言，勿求於心，不可。夫志，氣之帥也；氣，體之充也。夫志至焉，氣次焉。故曰：持其志，無暴其氣。』

告子之不動心可得聞與告子曰不得於言勿求於心不得於心勿求於氣不得於心勿求於氣可不得於言勿求於心不可夫志氣之帥也氣體之充也夫志至焉氣次焉故曰持其志無暴其氣

聞與之與平聲夫志之夫音扶○此一節公孫丑之問孟子誦告子之言又斷以己意而告之也告子謂於言有所不達則當舍置其言而不必反求其理於心於心有所不安則當力制其心而不必更求其助於氣此所以固守其心而不動之速也孟子既誦其言而斷之曰彼謂不得於心而勿求諸氣者急於本而緩其末猶之可也謂不得於言而不求諸心則既失於外而遂遺其內其不可也必矣然凡

『既曰「志至焉，氣次焉」，又曰「持其志，無暴其氣」者，何也？』曰：『志壹則動氣；氣壹則動志也。今夫蹶者趨者，是氣也，而反動其心。』

曰可者，亦僅可而有所未盡之辭耳。若論其極，則志固心之所之，而爲氣之將帥；然氣亦人之所以充滿於身，而爲志之卒徒者也。故志固爲至極，而氣卽次之。人固當敬守其志，然亦不可不致養其氣。蓋其內外本末，交相培養。此則孟子之心所以未嘗必其不動，而自然不動之大略也。

既曰志至焉氣次焉，又曰持其志無暴其氣者，何也？曰：志壹則動氣，氣壹則動志也。今夫蹶者趨者，是氣也，而反動其心。

夫音扶。公孫丑見孟子言志至而氣次，故問如此則專持其志可矣，又言無暴其氣何也？壹，專一也。蹶，顚躓也。趨，走也。孟子言志之所向專一，則氣固從之；然氣之所在專一，則志亦反爲之動。如人顚躓趨走，則氣專在是而反動其心焉。所以既持其志，而又必無暴其氣

『敢問夫子惡乎長？』曰：『我知言，我善養吾浩然之氣。』

『敢問何謂浩然之氣？』曰：『難言也。』

也。程子曰。志動氣者什九。氣動志者什一。**敢問夫子惡乎長曰我知言我善養吾浩然之氣**惡平聲。○公孫丑復問孟子之不動心所以異於告子如此者。有何所長而能然。而孟子又詳告之以其故也。知言者。盡心知性於凡天下之言。無不有以究極其理。而識其是非得失之所以然也。浩然。盛大流行之貌。氣。卽所謂體之充者。本自浩然。失養故餒。惟孟子爲善養之以復其初也。蓋惟知言則有以明夫道義。而於天下之事無所疑。養氣則有以配夫道義。而於天下之事無所懼。此其所以當大任而不動心也。告子之學。與此正相反。其不動心。殆亦冥然無覺。悍然不顧而已爾。**敢問何謂浩然之氣曰難言也**孟子先言知言而丑先問氣者。承上文方論志氣而言也。難言者。蓋其心所獨得。而無形聲之驗。有未易

『其爲氣也，至大至剛，以直養而無害，則塞于天地之間。』

『其爲氣也，配義與道，無是餒也。』

以言語形容者。故程子曰。觀此一言。則孟子之實有是氣可知矣。

其爲氣也至大至剛以直養而無害則塞于天地之間

至大初無限量。至剛不可屈撓。蓋天地之正氣。而人得以生者。其體段本如是也。惟其自反而縮。則得其所養。而又無所作爲以害之。則其本體不虧而充塞無間矣。○程子曰。天人一也。更不分別。浩然之氣。乃吾氣也。養而無害。則塞乎天地。一爲私意所蔽。則欿然而餒。却甚小也。謝氏曰。浩然之氣。須於心得其正時識取。又曰。浩然是無虧欠時。

其爲氣也配義與道無是餒也

餒。奴罪反。○配者。合而有助之意。義者。人心之裁制。道者。天理之自然。餒。飢乏而氣不充體也。言人能養成此氣。則其氣合乎道義而爲之助。使其行之勇決。無所疑憚。若無此氣。則其一時所爲。雖未必不出於道義

『是集義所生者，非義襲而取之也。行有不慊於心，則餒矣。我故曰告子未嘗知義，以其外之也。

『必有事焉而勿正，心勿忘，勿助長也。無若宋人然。宋人有閔其苗

然其體有所不充。則亦不免
於疑懼。而不足以有爲矣。是集義所生者。
非義襲而取之也行有不慊於心。則餒矣我
故曰告子未嘗知義。以其外之也 慊口簟反 又口劫反
○集義。猶言積善。蓋欲事事皆合於義也。襲
掩取也。如齊侯襲莒之襲。言氣雖可以配乎
道義。而其養之之始。乃由事皆合義。自反常
直。是以無所愧怍。而此氣自然發生於中。非
由只行一事偶合於義。便可掩襲於外而得
之也。慊。快也。足也。言所行一有不合於義。而
自反不直。則不足於心而其體有所不充矣。
然則義豈在外哉。告子不知此理。乃曰仁內
義外。而不復以義爲事。則必不能集義以生
浩然之氣矣。上文不得於言勿求於心。卽外
義之意。詳見
告子上篇。必有事焉而勿正。心勿忘。勿助

之不長而揠之者，芒芒然歸，謂其人曰：「今日病矣！予助苗長矣！」其子趨而往視之，苗則槁矣。天下之不助苗長者寡矣。以爲無益而舍之者，不耘苗者也。助之長者，揠苗者也，非徒無益而又害之。』

長也。無若宋人然。宋人有閔其苗之不長而揠之者。芒芒然歸。謂其人曰。今日病矣。予助苗長矣。其子趨而往視之。苗則槁矣。天下之不助苗長者寡矣。以爲無益而舍之者。不耘苗者也。助之長者。揠苗者也。非徒無益而又害之。

長上聲。揠烏八反。舍上聲。○必有事焉而勿正。趙氏程子以七字爲句。近世或并下文心字讀之者亦通。必有事焉有所事也。如有事於顓臾之有事。正。預期也。春秋傳曰。戰不正勝。是也。如作正心。義亦同。此與大學之所謂正心者。語意自不同也。此言養氣者。必以集義爲事。而勿預期其效。其或未充。則但當勿忘其所有事。而不可作爲以助其

『何謂知言？』曰：『詖辭知其所蔽，淫辭知其所陷，邪辭知其所離，遁辭知其所窮。生於其心，害於其政；發於其政，害於其事。聖人復起，必從吾言矣。』

長乃集義養氣之節度也。閔憂也。揠拔也。芒芒。無知之貌。其人家人也。病疲倦也。舍之不耘者忘其所有事。揠而助之長者正之不得而妄有作爲者也。然不耘則失養而已。揠則反以害之。無是二者則氣得其養而無所害矣。如告子不能集義而欲強制其心。則必不能免於正助之病。其於所謂浩然者。蓋不惟不善養而又反害之矣。

何謂知言

曰詖辭知其所蔽淫辭知其所陷邪辭知其所離遁辭知其所窮生於其心害於其政發於其政害於其事聖人復起必從吾言矣

詖彼寄反。復扶又反。○此公孫丑復問而孟子答之也。詖偏陂也。淫放蕩也。邪邪僻也。遁逃避也。四者相因言之病也。蔽遮隔也。陷沉溺也。離叛去也。窮困屈也。四者亦相因。則心之失

『宰我、子貢善爲說辭，冉牛、閔子、顏淵善言德行；孔子兼之，曰：「我於辭命則不能也。」然則夫子既聖矣乎？』

也。人之有言。皆本於心。其心明乎正理而無蔽。然後其言平正通達而無病。苟爲不然。則必有是四者之病矣。卽其言之病。而知其心之失。又知其害於政事之決然而不可易者如此。非心通於道。而無疑於天下之理。其孰能之。彼告子者。不得於言而不肯求之於心。至爲義外之說。則自不免於四者之病。其何以知天下之言而無所疑哉。○程子曰。心通乎道。然後能辨是非。如持權衡以較輕重。孟子所謂知言是也。又曰。孟子知言。正如人在堂上。方能辨堂下人曲直。若猶未免雜於堂下衆人之中。則不能辨決矣。

宰我子貢善爲說辭。冉牛閔子顏淵善言德行。孔子兼之。曰。我於辭命則不能也。然則夫子既聖矣乎。

行。去聲。○此一節。林氏以爲皆公孫丑之問是也。說辭。言語也。德行。得於心而

曰：『惡！是何言也！昔者子貢問於孔子曰：「夫子聖矣乎？」孔子曰：「聖則吾不能，我學不厭而教不倦也。」子貢曰：「學不厭智也，教不倦仁也。仁且智，夫子既聖矣。」夫聖，孔子不居，是何言也！』

見於行事者也。三子善言德行者身有之、故言之親切而有味也。公孫丑言數子各有所長、而孔子兼之。然猶自謂不能於辭命。今孟子乃自謂我能知言、又善養氣、則是兼言語德行而有之。然則豈不既聖矣乎。此夫子、指孟子也。○程子曰、孔子自謂不能於辭命者、欲使學者務本而已。

曰惡是何言也昔者子貢問於孔子曰夫子聖矣乎孔子曰聖則吾不能我學不厭而教不倦也子貢曰學不厭智也教不倦仁也仁且智夫子既聖矣夫聖孔子不居是何言也

惡平聲。夫聖之夫音扶。○惡、驚歎辭也。昔者以下、孟子不敢當丑之言、而引孔子子貢問答之辭以告之也。此夫子指孔子也。學不厭者、智之所以自明。教不

『昔者竊聞之：子夏、子遊、子張，皆有聖人之一體；冉牛、閔子、顏淵，則具體而微，敢問所安。』

曰：『姑舍是。』

曰：『伯夷、伊尹何如？』曰：『不同道。非其君不事，非其民不使，治則進，亂則退，伯夷也。何事非君？何使非民？治亦進，亂亦進，伊尹也。可以仕則仕，可以止則止，可以久則久，可以速則速，孔子也。

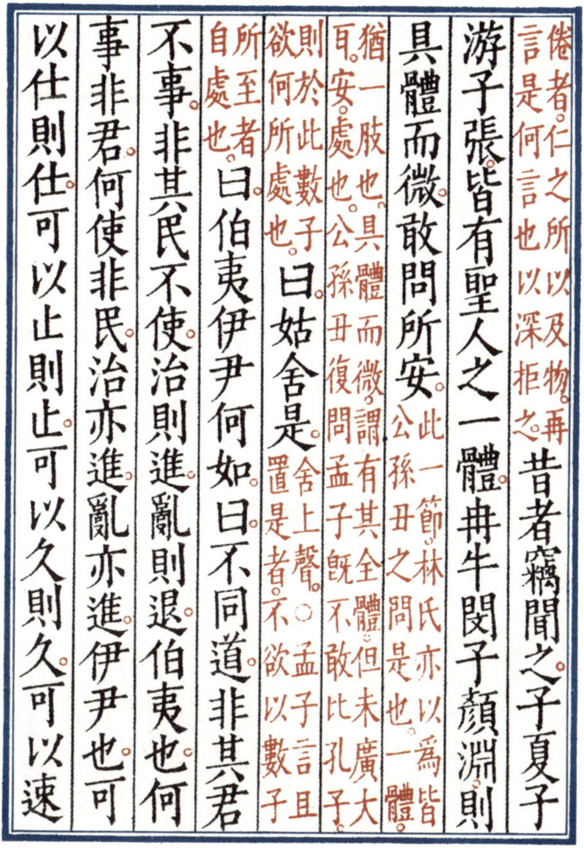
倦者仁之所以及物。再言是何言也以深拒之。昔者竊聞之子夏子游子張皆有聖人之一體冉牛閔子顏淵則具體而微敢問所安。此一節林氏亦以爲皆公孫丑之問是也。一體猶一肢也。具體而微謂有其全體但未廣大耳。安處也。公孫丑復問孟子既不敢比孔子則於此數子欲何所處也。曰姑舍是。舍上聲。○孟子言且置是者不欲以數子所至者自處也。曰伯夷伊尹何如。曰不同道。非其君不事。非其民不使。治則進。亂則退。伯夷也。何事非君。何使非民。治亦進。亂亦進。伊尹也。可以仕則仕。可以止則止。可以久則久。可以速

皆古聖人也。吾未能有行焉，乃所願，則學孔子也。』

『伯夷、伊尹於孔子，若是班乎？』曰：『否，自有生民以來，未有孔子也。』

『然則有同與？』曰：『有。得百里之地而君之，皆能以朝諸侯有天下；行一不義，殺一不辜，而得天下，皆不爲也。是則同。』

則速孔子也。皆古聖人也。吾未能有行焉。乃所願則學孔子也。治去聲。○伯夷孤竹君之長子。兄弟遜國。避紂隱居。聞文王之德而歸之。及武王伐紂。去而餓死。伊尹。有莘之處士。湯聘而用之。使之就桀。桀不能用。復歸於湯。如是者五。乃相湯而伐桀也。三聖人事詳見此篇之末及萬章下篇。

伯夷伊尹於孔子。若是班乎。曰否。自有生民以來。未有孔子也。班。齊等之貌。公孫丑問。而孟子答之以不同也。

曰然則有同與。曰有。得百里之地而君之。皆能以朝諸侯有天下。行一不義。殺一不辜。而得天下。皆不爲也。是則同。與平聲。朝音潮。○有。言有同也。以百里而

曰：『敢問其所以異。』曰：『宰我、子貢、有若，智足以知聖人，汙不至阿其所好。

『宰我曰：「以予觀於○夫子，賢於堯舜遠矣。」

『子貢曰：「見其禮而知其政，聞其樂而知其德。由百世之後，等百

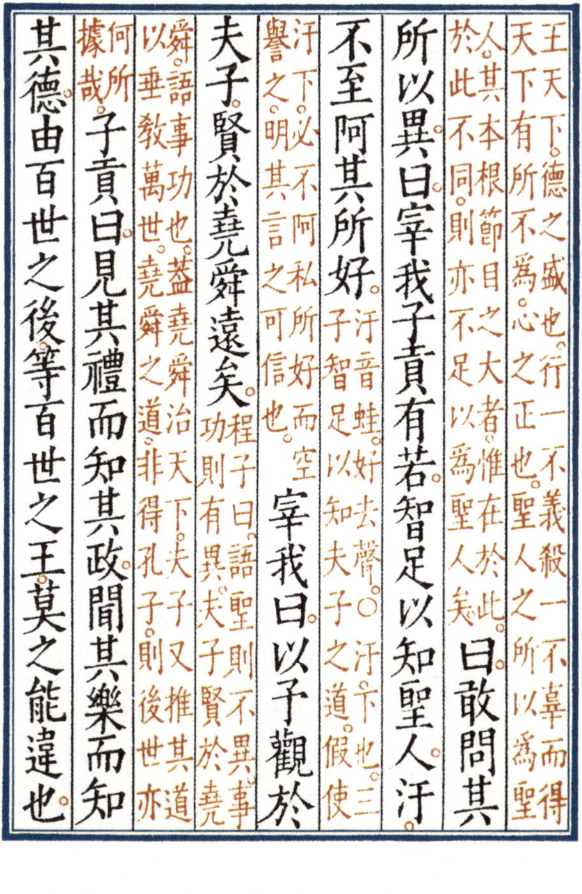

王天下。德之盛也。行一不義殺一不辜而得天下有所不爲。心之正也。聖人之所以爲聖人。其本根節目之大者。惟在於此。於此不同。則亦不足以爲聖人矣。曰敢問其所以異。曰宰我子貢有若智足以知聖人汙。不至阿其所好。汙音蛙。好去聲。○汙下也。三子智足以知夫子之道。假使汙下。必不阿私所好而空譽之。明其言之可信也。宰我曰以予觀於夫子。賢於堯舜遠矣。程子曰。語聖則不異。事功則有異。夫子賢於堯舜。語事功也。蓋堯舜治天下。夫子又推其道以垂教萬世。堯舜之道。非得孔子。則後世亦何所據哉。子貢曰。見其禮而知其政。聞其樂而知其德。由百世之後。等百世之王。莫之能違也。

世之王，莫之能違也。自生民以來，未有夫子也。」

『有若曰：「豈惟民哉！麒麟之於走獸，鳳凰之於飛鳥，泰山之於丘垤，河海之於行潦，類也；聖人之於民，亦類也。出於其類，拔乎其萃。自生民以來，未有盛於孔子也。」』

孟子曰：『以力假仁者霸，霸必有大國；以德行仁者王，王不待大，

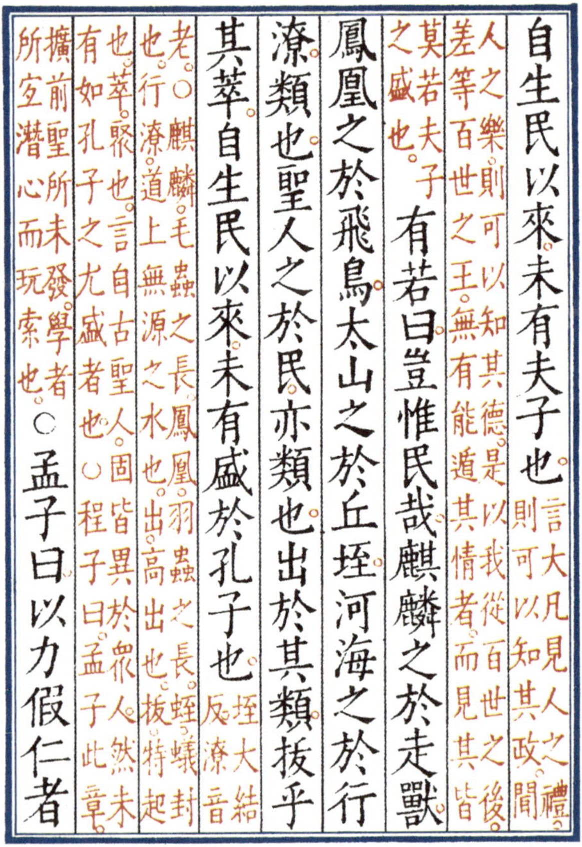

自生民以來未有夫子也言大凡見人之禮則可以知其政聞人之樂則可以知其德是以我從百世之後差等百世之王無有能遁其情者而見其皆莫若夫子之盛也有若曰豈惟民哉麒麟之於走獸鳳凰之於飛鳥太山之於丘垤河海之於行潦類也聖人之於民亦類也出於其類拔乎其萃自生民以來未有盛於孔子也垤大結反潦音老○麒麟毛蟲之長鳳凰羽蟲之長蛭蟻封也行潦道上無源之水也出高出也拔特起也萃聚也言自古聖人固皆異於衆人然未有如孔子之尤盛者也○程子曰孟子此章擴前聖所未發學者所宜潛心而玩索也○孟子曰以力假仁者

湯以七十里，文王以百里。

『以力服人者，非心服也，力不贍也；以德服人者，中心悅而誠服也，如七十子之服孔子也。《詩》云：「自西自東，自南自北，無思不服。」此之謂也。』

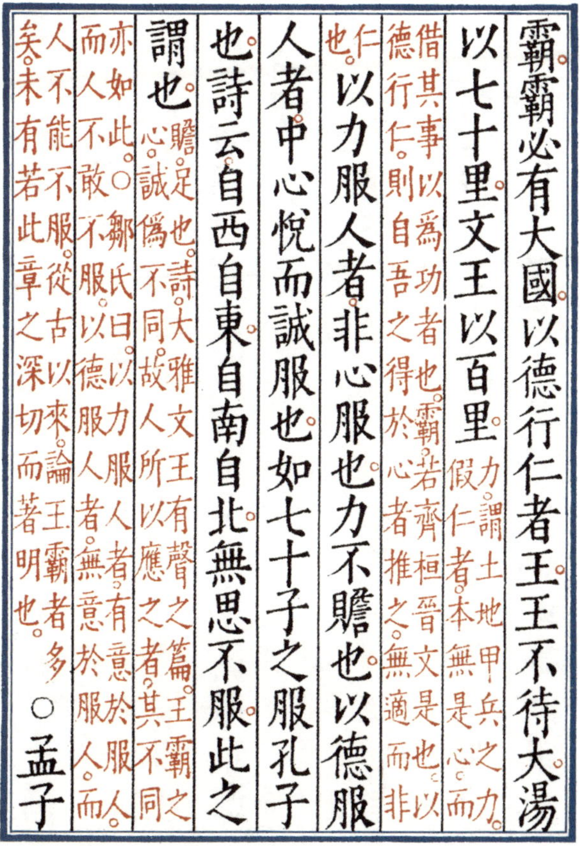
霸。霸必有大國。以德行仁者王。王不待大。湯以七十里。文王以百里。力。謂土地甲兵之力。假仁者。本無是心。而借其事以爲功者也。霸。若齊桓晉文是也。以德行仁。則自吾之得於心者推之。無適而非仁。也。以力服人者。非心服也。力不贍也。以德服人者。中心悅而誠服也。如七十子之服孔子也。詩云。自西自東。自南自北。無思不服。此之謂也。贍足也。詩大雅文王有聲之篇。王霸之心。誠僞不同。故人所以應之者。其不同亦如此。○鄒氏曰。以力服人者。有意於服人。而人不敢不服。以德服人者。無意於服人。而人不能不服。從古以來。論王霸者多矣。未有若此章之深切而著明也。

○孟子

孟子曰：『仁則榮，不仁則辱。今惡辱而居不仁，是猶惡濕而居下也。

『如惡之，莫如貴德而尊士。賢者在位，能者在職；國家閒暇，及是時明其政刑，雖大國，必畏之矣。

『《詩》云：「迨天之未陰雨，徹彼桑土，綢繆牖戶。今此下民，或敢侮予？」孔子曰：「爲此詩者，其知道乎！能治其國家，誰敢侮之？」

曰仁則榮不仁則辱今惡辱而居不仁是猶

惡濕而居下也惡去聲下同○好榮惡辱人之常情然徒惡之而不去其

得之之道不能免也如惡之莫如貴德而尊士賢者在

位能者在職國家閒暇及是時明其政刑雖

大國必畏之矣閒音閑○此因其惡辱之情而進之以強仁之事也貴德

猶尚德也士則指其人而言之賢有德者使之在位則足以正君而善俗能有才者使

在職則足以修政而立事國家閒暇可以有爲之時也詳味及字則惟日不足之意可見

矣詩云迨天之未陰雨徹彼桑土綢繆牖戶

今此下民或敢侮予孔子曰爲此詩者其知

『今國家閒暇，及是時般樂怠敖，
是自求禍也。

『禍福無不自己求之者。

『《詩》云：「永言配命，自求多福。」

《太甲》曰：「天作孽，猶可違；
自作孽，不可活」，此之謂也。』

道乎？能治其國家，誰敢侮之？」徹，直列反。土，音杜。綢，音稠。繆，武彪反。○詩豳風鴟鴞之篇，周公之所作也。迨，及也。徹，取也。桑土，桑根之皮也。綢繆，纏緜補葺也。牖戶，巢之通氣出入處也。予，鳥自謂也。言我之備患詳密如此，今此在下之人，或敢有侮予者乎？周公以鳥之為巢如此，比君之為國，亦當思患而預防之。孔子讀而贊之，以為知道也。

今國家閒暇，及是時般樂怠敖，是自求禍也。般，音盤。樂，音洛。敖，音傲。○言其縱欲偷安，亦惟日不足也。

禍福無不自己求之者。結上文之意。

詩云：『永言配命，自求多福。』太甲曰：『天作孽，猶可違；自作孽，不可活。』此之謂也。孽，魚列反。○詩大雅文王之篇。永，長也。言，猶念也。配，合也。命，天命也。此言

孟子曰：『尊賢使能，俊杰在位，則天下之士，皆悅而願立於其朝矣；

『市廛而不征，法而不廛，則天下之商，皆悅而願藏於其市矣；

『關譏而不征，則天下之旅，皆悅而願出於其路矣；

『耕者助而不稅，則天下之農，皆悅而願耕於其野矣；

福之自己求者。太甲，商書篇名。孽，禍也。違，避也。活，生也。書作逭。逭，猶緩也。此言禍之自己求者。○孟子曰尊賢使能俊傑在位則天下之士皆悅而願立於其朝矣。朝，音潮。○俊傑，才德之異於衆者。市廛而不征法而不廛則天下之商皆悅而願藏於其市矣。廛，市宅也。張子曰：或賦其市地之廛而不征其貨，或治之以市官之法而不賦其廛。蓋逐末者多，則廛以抑之；少則不必廛也。關譏而不征則天下之旅皆悅而願出於其路矣。解見前篇。耕者助而不稅則天下之農皆悅而願耕於其野矣。但使出力以助耕公田，而不稅其私田也。廛無夫里之布。

『廛無夫里之布，則天下之民皆悅而願爲之氓矣。』

『信能行此五者，則鄰國之民，仰之若父母矣。率其子弟，攻其父母，自有生民以來，未有能濟者也。如此，則無敵於天下。無敵於天下者，天吏也。然而不王者，未之有也。』

則天下之民皆悅而願爲之氓矣。氓音盲。○周禮宅不毛者有里布民無職事者出夫家之征鄭氏謂宅不種桑麻者罰之使出一里二十五家之布民無常業者罰之使出一夫百畝之稅一家力役之征也今戰國時一切取之市宅之民已賦其廛又令出此夫里之布非先王之法也氓民也。

信能行此五者，則鄰國之民，仰之若父母矣。率其子弟，攻其父母，自有生民以來，未有能濟者也。如此，則無敵於天下。無敵於天下者，天吏也。然而不王者，未之有也。呂氏曰奉行天命謂之天吏廢興存亡惟天所命不敢不從若湯武是也○此章言能行王政則寇戎爲父子不行王政則赤子爲仇讎○

孟

孟子曰：『人皆有不忍人之心。

『先王有不忍人之心，斯有不忍人之政矣。以不忍人之心，行不忍人之政，治天下可運之掌上。

『所以謂人皆有不忍人之心者，今人乍見孺子將入於井，皆有怵惕惻隱之心：非所以內交於孺子之父母也，非所以要譽於鄉黨朋友也，非惡其聲而然也。

子曰人皆有不忍人之心。天地以生物爲心。而所生之物。因各得夫天地生物之心以爲心。所以人皆有不忍人之心也。先王有不忍人之心。斯有不忍人之政矣。以不忍人之心。行不忍人之政。治天下可運之掌上。言衆人雖有不忍人之心。然物欲害之。存焉者寡。故不能察識而推之政事之閒。惟聖人全體此心。隨感而應。故其所行。無非不忍人之政也。所以謂人皆有不忍人之心者。今人乍見孺子將入於井皆有怵惕惻隱之心。非所以內交於孺子之父母也。非所以要譽於鄉黨朋友也。非惡其聲而然也。怵音黜。內

『由是觀之：無惻隱之心，非人也；無羞惡之心，非人也；無辭讓之心，非人也；無是非之心，非人也。

讀爲納。要平聲。惡去聲。下同。○乍。猶忽也。怵惕。驚動貌。惻。傷之切也。隱。痛之深也。此卽所謂不忍人之心也。內。結。要。求。聲。名也。言乍見之時便有此心。隨見而發。非由此三者而然也。程子曰。滿腔子是惻隱之心。謝氏曰。人須是識其眞心。方乍見孺子入井之時。其心怵惕。乃眞心也。非思而得。非勉而中。天理之自然也。內交要譽惡其聲而然。卽人欲之私矣。

由是觀之。無惻隱之心。非人也。無羞惡之心。非人也。無辭讓之心。非人也。無是非之心。非人也。

惡去聲。下同。○羞。恥己之不善也。惡。憎人之不善也。辭。解使去己也。讓。推以與人也。是。知其善而以爲是也。非。知其惡而以爲非也。人之所以爲心。不外乎是四者。故因論惻隱而悉數之。言人若無此。則不得謂之人。所以明其必有也。

惻隱之心。

『惻隱之心，仁之端也；羞惡之心，義之端也；辭讓之心，禮之端也；是非之心，智之端也。』

『人之有是四端也，猶其有四體也。有是四端而自謂不能者，自賊者也；謂其君不能者，賊其君者也。』

『凡有四端於我者，知皆擴而充之矣，若火之始然，泉之始達。苟能充之，足以保四海；苟不充之，不足以事父母。』

仁之端也。羞惡之心。義之端也。辭讓之心。禮之端也。是非之心。智之端也。惻隱羞惡辭讓是非情也。仁義禮智性也。心統性情者也。端緒也。因其情之發。而性之本然可得而見。猶有物在中而緒見於外也。

人之有是四端也。猶其有四體也。有是四端而自謂不能者。自賊者也。謂其君不能者賊其君者也。四體。四支。人之所必有者也。自謂不能者。物欲蔽之耳。

凡有四端於我者。知皆擴而充之矣。若火之始然。泉之始達。苟能充之。足以保四海。苟不充之。不足以事父母。擴音廓。○擴。推廣之意。充。滿也。四端在我。隨處

孟子曰：『矢人豈不仁於函人哉？矢人惟恐不傷人，函人惟恐傷人。巫匠亦然。故術不可不慎也。

發見知皆卽此推廣而充滿其本然之量則其日新又新將有不能自已者矣能由此而遂充之則四海雖遠亦吾度內無難保者不能充之則雖事之至近而不能矣○此章所論人之性情心之體用本然全具而各有條理如此學者於此反求默識而擴充之則天之所以與我者可以無不盡矣○程子曰人皆有是心惟君子爲能擴而充之不能然者皆自棄也然其充與不充亦在我而已矣又曰四端不言信者旣有誠心爲四端則信在其中矣愚按四端之信猶五行之土無定位無成名無專氣而水火金木無不待是以生者故土於四行無不在於四時則寄王焉其理亦猶是也○

孟子曰矢人豈不仁於函人哉矢人唯恐不傷人函人唯恐傷人巫匠亦然故術不可不慎也 函音含○函甲

『孔子曰：「里仁爲美。擇不處仁，焉得智？」夫仁，天之尊爵也，人之安宅也。莫之禦而不仁，是不智也。

『不仁不智，無禮無義，人役也。人役而恥爲役，由弓人而恥爲弓、矢人而恥爲矢也。

也。惻隱之心，人皆有之。是矢人之心，本非不如函人之仁也。巫者爲人祈祝，利人之生。匠者作爲棺椁，利人之死。

孔子曰：里仁爲美。擇不處仁，焉得智。夫仁，天之尊爵也，人之安宅也。莫之禦而不仁，是不智也。

焉，於虔反。夫，音扶。○里有仁厚之俗者，猶以爲美。人擇所以自處而不於仁，安得爲智乎。此孔子之言也。仁義禮智，皆天所與之良貴。而仁者天地生物之心，得之最先，而兼統四者，所謂元者善之長也。故曰尊爵。在人則爲本心全體之德。有天理自然之安，無人欲陷溺之危。人當常在其中，而不可須臾離者也。故曰安宅。此又孟子釋孔子之意，以爲仁道之大如此。而自不爲之，豈非不智之甚乎。

不仁不智，無禮無義，人役也。人役而恥爲役，由弓

『如恥之，莫如爲仁。

『仁者如射：射者正己而後發；發而不中，不怨勝己者，反求諸己而已矣。』

孟子曰：『子路，人告之以有過則喜。

『禹聞善言則拜。

『大舜有大焉，善與人同，舍己從

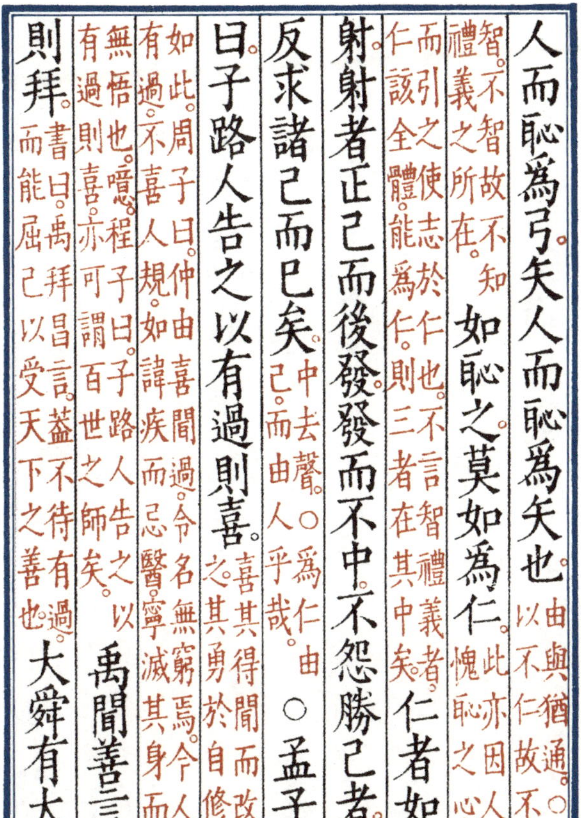
人而恥爲弓矢人而恥爲矢也。由與猶通。○以不仁故不智。不智故不知禮義之所在。如恥之莫如爲仁。此亦因人愧恥之心而引之使志於仁也。不言智禮義者仁該全體。能爲仁。則三者在其中矣。仁者如射射者正己而後發發而不中不怨勝己者。反求諸己而已矣。中去聲。○爲仁由己。而由人乎哉。○孟子曰子路人告之以有過則喜。喜其得聞而改之。其勇於自修如此。周子曰。仲由喜聞過。令名無窮焉。今人有過。不喜人規。如諱疾而忌醫。寧滅其身而無悟也。噫。程子曰。子路。人告之以有過則喜。亦可謂百世之師矣。禹聞善言則拜。書曰。禹拜昌言。蓋不待有過。而能屈己以受天下之善也。大舜有大

人，樂取於人以爲善。

『自耕、稼、陶、漁以至爲帝，無非取於人者。

『取諸人以爲善，是與人爲善者也。故君子莫大乎與人爲善。』

孟子曰：『伯夷，非其君不事，非其友不友。不立於惡人之朝，不與

焉。善與人同。舍己從人。樂取於人以爲善。舍，上聲。樂，音洛。○言舜之所爲，又有大於禹與子路者。善與人同，公天下之善而不爲私也。己未善，則無所繫吝而舍以從人；人有善，則不待勉強而取之於己。此善與人同之目也。

自耕稼陶漁以至爲帝，無非取於人者。舜之側微，耕于歷山，陶于河濱，漁于雷澤。

取諸人以爲善，是與人爲善者也。故君子莫大乎與人爲善。與，猶許也。助也。取彼之善而爲之於我，則彼益勸於爲善矣，是我助其爲善也。能使天下之人皆勸於爲善，君子之善，孰大於此。○此章言聖賢樂善之誠，初無彼此之間。故其在人者有以裕於己，在己者有以及於人。

○孟子曰：伯夷，非其君不事，非其友

惡人言；立於惡人之朝，與惡人言，如以朝衣朝冠坐於塗炭。推惡惡之心，思與鄉人立，其冠不正，望望然去之，若將浼焉。是故諸侯雖有善其辭命而至者，不受也；不受也者，是亦不屑就已。

『柳下惠，不羞汙君，不卑小官。進不隱賢，必以其道；遺佚而不怨，阨窮而不憫。故曰：「爾爲爾，我爲我；雖袒裼裸裎於我側，爾焉能

不友不立於惡人之朝不與惡人言立於惡人之朝與惡人言如以朝衣朝冠坐於塗炭推惡惡之心思與鄉人立其冠不正望望然去之若將浼焉是故諸侯雖有善其辭命而至者不受也不受也者是亦不屑就已朝音潮惡惡上去聲下如字浼莫罪反○塗泥也鄉人鄉里之常人也望望去而不顧之貌浼汙也屑趙氏曰潔也說文曰動作切切也不屑就言不以就之爲潔而切切於是也已語助辭

柳下惠不羞汙君不卑小官進不隱賢必以其道遺佚而不怨阨窮而不憫故曰爾爲爾

浼我哉？」故由由然與之偕而不自失焉，援而止之而止；援而止之而止者，是亦不屑去已。』

孟子曰：『伯夷隘，柳下惠不恭。隘與不恭，君子不由也。』

我爲我，雖袒裼裸裎於我側，爾焉能浼我哉。故由由然與之偕而不自失焉。援而止之而止。援而止之而止者，是亦不屑去已。佚音逸　袒音但

裼音錫。裸魯果反。裎音程。焉能之焉於虔反。○柳下惠，魯大夫展禽，居柳下而謚惠也。不隱賢，不枉道也。遺佚，放棄也。阨，困也。憫，憂也。爾爲爾至焉能浼我哉，惠之言也。袒裼，露臂也。裸裎，露身也。由由，自得之貌。偕，並處也。不自失，不失其正也。援而止之而止者，言欲去而可留也。

孟子曰：伯夷隘，柳下惠不恭。隘與不恭，君子不由也。隘，狹窄也。不恭，簡慢也。夷、惠之行，固皆造乎至極之地。然既有所偏，則不能無弊，故不可由也。

孟子集注卷三

吳縣吳志忠校刊

孟子集注卷四

公孫丑章句下

孟子曰：「天時不如地利，地利不如人和。

「三里之城，七里之郭，環而攻之而不勝；夫環而攻之，必有得天時者矣，然而不勝者，是天時不如地利也。

「城非不高也，池非不深也，兵革非不堅利也，米粟非不多也，委而

孟子集注卷四

公孫丑章句下 凡十四章。自第二章以下，記孟子出處行實爲詳。

孟子曰。天時不如地利。地利不如人和。天時，謂時日支干孤虛王相之屬也。地利，險阻城池之固也。人和，得民心之和也。

三里之城。七里之郭。環而攻之而不勝。夫環而攻之。必有得天時者矣。然而不勝者。是天時不如地利也。夫，音扶。○三里七里，城郭之小者。郭，外城。環，圍也。言四面攻圍，曠日持久，必有值天時之善者。

城非不高也。池非不深也。兵革非

去之，是地利不如人和也。

『故曰：域民不以封疆之界，固國不以山谿之險，威天下不以兵革之利。得道者多助，失道者寡助。寡助之至，親戚畔之；多助之至，天下順之。

以天下之所順，攻親戚之所畔，故君子有不戰，戰必勝矣。』

孟子將朝王。王使人來曰：『寡人如就見者也，有寒疾，不可以風。朝將視朝，不識可使寡人得見乎？』

不堅利也。米粟非不多也。委而去之。是地利不如人和也。革，甲也。粟，穀也。委，棄也。言不得民心，民不爲守也。故曰域民不以封疆之界。固國不以山谿之險。威天下不以兵革之利。得道者多助。失道者寡助。寡助之至。親戚畔之。多助之至。天下順之。域界，限也。以天下之所順。攻親戚之所畔。故君子有不戰。戰必勝矣。言不戰則已，戰則必勝。尹氏曰：言得天下者，凡以得民心而已。○孟子將朝王。王使人來曰。寡人如就見者也。有寒疾。不可以風。朝將視朝。不識

對曰：『不幸而有疾，不能造朝。』

明日出弔於東郭氏。公孫丑曰：『昔者辭以病，今日弔，或者不可乎？』曰：『昔者疾，今日愈，如之何不弔？』

王使人問疾，醫來。孟仲子對曰：『昔者有王命，有采薪之憂，不能造朝。今病小愈，趨造於朝。我不識能至否乎？』使數人要於路曰：『請必無歸，而造於朝。』

可使寡人得見乎對曰不幸而有疾不能造朝章內朝並音潮惟朝將之朝如字造七到反下同○王齊王也孟子本將朝王王不知而託疾以召孟子故孟子亦以疾辭也明日出弔於東郭氏公孫丑曰昔者辭以病今日弔或者不可乎曰昔者疾今日愈如之何不弔東郭氏齊大夫家也昔者昨日也或者疑辭辭疾而出弔與孔子不見孺悲取瑟而歌同意王使人問疾醫來孟仲子對曰昔者有王命有采薪之憂不能造朝今病小愈趨造於朝我不識能至否乎使數人要於路曰請必無歸而造於朝

不得已而之景丑氏宿焉。景子曰：『內則父子，外則君臣，人之大倫也。父子主恩，君臣主敬。丑見王之敬子也，未見所以敬王也。』曰：『惡！是何言也？齊人無以仁義與王言者，豈以仁義爲不美也？其心曰「是何足與言仁義也」云爾，則不敬莫大乎是。我非堯舜之道，不敢以陳於王前，故齊人莫如我敬王也。』

要平聲。○孟仲子，趙氏以爲孟子之從昆弟，學於孟子者也。采薪之憂，言病不能采薪，謙辭也。仲子權辭以對，又使人要孟子令勿歸而造朝，以實己言。不得已而之景丑氏宿焉。景子曰：內則父子，外則君臣，人之大倫也。父子主恩，君臣主敬。丑見王之敬子也，未見所以敬王也。曰：惡，是何言也。齊人無以仁義與王言者，豈以仁義爲不美也。其心曰是何足與言仁義也云爾，則不敬莫大乎是。我非堯舜之道不敢以陳於王前，故齊人莫如我敬王也。惡平聲。下同。○景丑氏，齊大夫家也。景子，景丑也。惡

景子曰：『否，非此之謂也。《禮》曰：「父召無諾，君命召，不俟駕。」固將朝也，聞王命而遂不果，宜與夫禮，若不相似然。』

曰：『豈謂是與？曾子曰：「晉楚之富，不可及也。彼以其富，我以吾仁；彼以其爵，我以吾義，吾何慊乎哉？」夫豈不義而曾子言之？是或一道也。天下有達尊三：爵一，齒一，德一。朝廷莫如爵，鄉黨莫如齒，輔世長民莫如德。惡得有其一，以慢其二哉？

歎辭也景丑所言敬之小者也孟子所言敬之大者也

景子曰否非此之謂也禮曰父召無諾君命召不俟駕固將朝也聞王命而遂不果宜與夫禮若不相似然

夫音扶下同○禮曰父命呼唯而不諾又曰君命召在官不俟屨在外不俟車言孟子本欲朝王而聞命中止似與此禮之意不同也

曰豈謂是與曾子曰晉楚之富不可及也彼以其富我以吾仁彼以其爵我以吾義吾何慊乎哉夫豈不義而曾子言之是或一道也天下有達尊三爵一齒一德一朝廷莫如爵鄉黨莫如齒輔世

『故將大有爲之君，必有所不召之臣，欲有謀焉則就之。其尊德樂道，不如是不足以有爲也。』

『故湯之於伊尹，學焉而後臣之，故不勞而王；桓公之於管仲，學焉

長民莫如德。惡得有其一。以慢其二哉。與平聲。慊口簟反。長上聲。○慊，恨也，少也。或作嗛，字書以爲口銜物也。然則慊亦但爲心有所銜之義。其爲快爲足爲恨爲少，則因其事而所銜有不同耳。孟子言我之意，非如景子之所言者。因引曾子之言而云夫此豈是不義而曾子肯以爲言。是或別有一種道理也。達，通也。蓋通天下之所尊，有此三者。曾子之說，蓋以德言之也。今齊王但有爵耳，安得以此慢於齒德乎。

故將大有爲之君，必有所不召之臣。欲有謀焉則就之。其尊德樂道，不如是不足與有爲也。樂音洛。○大有爲之君，大有作爲非常之君也。程子曰：古之人所以必待人君致敬盡禮而後往者，非欲自爲尊大也，爲是故耳。

故湯之於伊尹，

而後臣之，故不勞而霸。

『今天下地醜德齊，莫能相尚。無他，好臣其所教，而不好臣其所受教。

『湯之於伊尹，桓公之於管仲，則不敢召。管仲且猶不可召，而況不爲管仲者乎？』

學焉而後臣之，故不勞而王；桓公之於管仲，學焉而後臣之，故不勞而霸。先從受學，師之也；後以爲臣，任之也。今天下地醜德齊，莫能相尚。無他，好臣其所教，而不好臣其所受教。好，去聲。○醜，類也。尚，過也。所教，謂聽從於己，可役使者也。所受教，謂己之所從學者也。湯之於伊尹，桓公之於管仲，則不敢召。管仲且猶不可召，而況不爲管仲者乎？不爲管仲，孟子自謂也。范氏曰：「孟子之於齊，處賓師之位，非當仕有官職者，故其言如此。」○此章見賓師不以趨走承順爲恭，而以責難陳善爲敬；人君不以崇高富貴爲重，而以貴德尊士爲賢，則上下交而德業成矣。

○陳臻

陳臻問曰：『前日於齊，王餽兼金一百而不受；於宋，餽七十鎰而受；於薛，餽五十鎰而受。前日之不受是，則今日之受非也；今日之受是，則前日之不受非也：夫子必居一於此矣。』

孟子曰：『皆是也。

『當在宋也，予將有遠行；行者必以贐，辭曰「餽贐」，予何爲不受？

『當在薛也，予有戒心，辭曰「聞戒故爲兵餽之」，予何爲不受？

問曰前日於齊王餽兼金一百而不受於宋餽七十鎰而受於薛餽五十鎰而受前日之不受是則今日之受非也今日之受是則前日之不受非也夫子必居一於此矣陳臻孟子弟子兼金好金也其價兼倍於常者一百百鎰也孟子曰皆是也皆適於義也當在宋也予將有遠行行者必以贐辭曰餽贐予何爲不受贐徐刃反○贐送行者之禮也當在薛也予有戒心辭曰聞戒故爲兵餽之予何爲不受爲兵之爲去聲○時人有欲害孟子者孟子設兵以戒備之薛君以金餽孟子爲兵

『若於齊，則未有處也；無處而餽之，是貨之也；焉有君子而可以貨取乎？』

孟子之平陸，謂其大夫曰：『子之持戟之士，一日而三失伍，則去之否乎？』曰：『不待三。』

『然則子之失伍也亦多矣。凶年饑歲，子之民，老羸轉於溝壑，壯者散而之四方者，幾千人矣。』曰：『此非距心之所得爲也。』

備。辭曰聞子之有戒心也。若於齊。則未有處也無處而餽之。是貨之也焉有君子而可以貨取乎。焉於虔反○無遠行戒心之事。是未有所處也。取猶致也。○尹氏曰言君子之辭受取予惟當於理而已。○孟子之平陸。謂其大夫曰。子之持戟之士。一日而三失伍。則去之否乎。曰。不待三。去上聲。○平陸。齊下邑也。大夫。邑宰也。戟。有枝兵也。士。戰士也。伍。行列也。去之。殺之也。然則子之失伍也亦多矣。凶年饑歲。子之民。老羸轉於溝壑。壯者散而之四方者。幾千人矣。曰。此非距心之所得爲也。幾上聲。○子之失伍。言其失職。猶士

曰：『今有受人之牛羊而爲之牧之者，則必爲之求牧與芻矣。求牧與芻而不得，則反諸其人乎？抑亦立而視其死與？』曰：『此則距心之罪也。』

他日見於王曰：『王之爲都者，臣知五人焉。知其罪者，惟孔距心。爲王誦之。』王曰：『此則寡人之罪也。』

之失伍也。距心大夫名。對言此乃王之失政使然。非我所得專爲也。曰今有受人之牛羊而爲之牧之者。則必爲之求牧與芻矣。求牧與芻而不得。則反諸其人乎。抑亦立而視其死與。曰此則距心之罪也。爲去聲死與之與平聲。○牧之養之也。牧牧地也。芻草也。孟子言若不得自專何不致其事而去。他日見於王曰。王之爲都者。臣知五人焉。知其罪者。惟孔距心。爲王誦之。王曰此則寡人之罪也。見音現。爲王之爲去聲。○爲都治邑也。邑有先君之廟曰都。孔大夫姓也。爲王誦其語。欲以諷曉王也。○陳氏曰。孟子一言而齊之君臣舉知其罪。固足以興邦矣。然而

孟子謂蚳鼃曰：『子之辭靈丘而請士師，似也，爲其可以言也。今既數月矣，未可以言與？』

蚳鼃諫於王而不用，致爲臣而去。

齊人曰：『所以爲蚳鼃，則善矣；所以自爲，則吾不知也。』

公都子以告。

曰：『吾聞之也：有官守者，不得其職則去；有言責者，不得其言則去。我無官守，我無言責也，

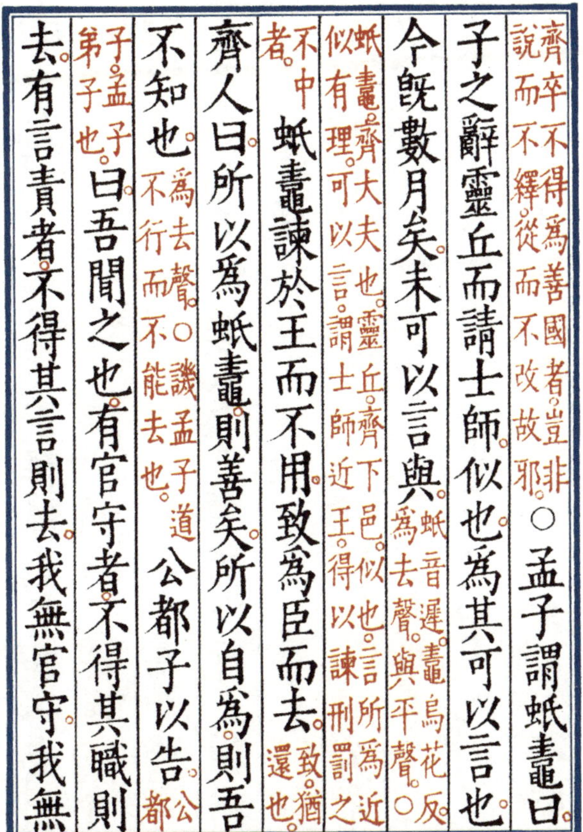

齊卒不得爲善國者。豈非說而不繹，從而不改故邪。○孟子謂蚳鼃曰。子之辭靈丘而請士師。似也。爲其可以言也。今既數月矣。未可以言與。蚳音遲。鼃烏花反。爲去聲。與平聲。○蚳鼃，齊大夫也。靈丘，齊下邑。似也，言所爲近似有理。可以言，謂士師近王，得以諫刑罰之不中者。蚳鼃諫於王而不用。致爲臣而去。致，猶還也。齊人曰。所以爲蚳鼃則善矣。所以自爲則吾不知也。爲去聲。○譏孟子道不行而不能去也。公都子以告。公都子，孟子弟子也。曰。吾聞之也。有官守者不得其職則去。有言責者不得其言則去。我無官守。我無

則吾進退，豈不綽綽然有餘裕哉？』

孟子爲卿於齊，出弔於滕，王使蓋大夫王驩爲輔行。王驩朝暮見，反齊滕之路，未嘗與之言行事也。

公孫丑曰：『齊卿之位，不爲小矣；齊滕之路，不爲近矣。反之而未嘗與言行事，何也？』曰：『夫既或治之，予何言哉？』

言責也則吾進退豈不綽綽然有餘裕哉（官守以官爲守者言責以言爲責者綽綽寬貌裕寬意也孟子居賓師之位未嘗受祿故其進退之際寬裕如此尹氏曰進退久速當於理而已）○孟子爲卿於齊出弔於滕王使蓋大夫王驩爲輔行王驩朝暮見反齊滕之路未嘗與之言行事也（蓋古盍反見音現○蓋齊下邑也王驩王嬖臣也輔行副使也反往而還也行事使事也）公孫丑曰齊卿之位不爲小矣齊滕之路不爲近矣反之而未嘗與言行事何也曰夫既或治之予何言哉（夫音扶○王驩蓋攝卿以行故曰齊卿夫既或治之言有司已）

孟子自齊葬於魯。反於齊，止於嬴。

充虞請曰：『前日不知虞之不肖，使虞敦匠事；嚴，虞不敢請。今願竊有請也：木若以美然？』

曰：『古者棺槨無度，中古棺七寸、槨稱之，自天子達於庶人。非直爲觀美也，然後盡於人心。

『不得，不可以爲悅；無財，不可以爲悅。得之爲有財。古之

治之矣。孟子之待小人，不惡而嚴如此。○孟子自齊葬於魯。反於齊，止於嬴。充虞請曰：前日不知虞之不肖，使虞敦匠事。嚴，虞不敢請。今願竊有請也：木若以美然。孟子仕於齊，喪母，歸葬於魯。嬴，齊南邑。充虞，孟子弟子，嘗董治作棺之事者也。嚴，急也。木，棺木也。以，已通。以美，太美也。曰：古者棺槨無度，中古棺七寸，槨稱之，自天子達於庶人，非直爲觀美也，然後盡於人心。稱，去聲。○度，厚薄尺寸也。中古，周公制禮時也。槨稱之，與棺相稱也。欲其堅厚久遠，非特爲人觀視之美而已。不得，不可以爲悅；無財，不可以爲悅；得之爲有財，古

人皆用之，吾何爲獨不然？

『且比化者，無使土親膚，於人心獨無恔乎？

『吾聞之君子，不以天下儉其親。』

沈同以其私問曰：『燕可伐與？』

孟子曰：『可。子噲不得與人燕，子之不得受燕於子噲。有仕於此，而子悅之，不告於王，而私與之吾子之祿爵；夫士也，亦無王命而私受之於子，則可乎？何以異於是？』

之人皆用之。吾何爲獨不然。不得謂法制所不當得。得之爲有財。言得之而又爲有財也。或曰。爲當作而。且比化者無使土親膚於人心獨無恔乎。比必二反。恔音效。猶爲也。化者死者也。恔快也。言爲死者不使土近其肌膚。於人子之心。豈不快然無所恨乎。吾聞之君子不以天下儉其親。送終之禮。所當得爲而不自盡。是爲天下愛惜此物。而薄於吾親也。○沈同以其私問曰燕可伐與。孟子曰可。子噲不得與人燕。子之不得受燕於子噲。有仕於此。而子悅之。不告於王而私與之吾子之祿爵。夫士也亦無王命而私受之

齊人伐燕。或問曰：『勸齊伐燕，有諸？』曰：『未也。沈同問「燕可伐與」，吾應之曰「可」。彼然而伐之也。彼如曰「孰可以伐之」，則將應之曰「爲天吏則可以伐之」。今有殺人者，或問之曰「人可殺與」，則將應之曰「可」。彼如曰「孰可以殺之」，則將應之曰「爲士師則可以殺之」。今以燕伐燕，何爲勸之哉？』

於子則可乎何以異於是。伐與之與，平聲。下伐與、殺與同。夫，音扶。○沈同，齊臣。以私問，非王命也。子噲、子之，事見前篇。諸侯土地人民，受之天子，傳之先君。私以與人，則與者受者皆有罪也。仕，爲官也。士，即從仕之人也。

齊人伐燕。或問曰：勸齊伐燕，有諸？曰：未也。沈同問燕可伐與，吾應之曰可，彼然而伐之也。彼如曰孰可以伐之，則將應之曰爲天吏則可以伐之。今有殺人者，或問之曰人可殺與，則將應之曰可。彼如曰孰可以殺之，則將應之曰爲士師則可以殺之。今以燕伐燕，何爲勸之哉？天吏

燕人畔，王曰：『吾甚慚於孟子。』

陳賈曰：『王無患焉。王自以爲與周公，孰仁且智？』王曰：『惡！是何言也？』曰：『周公使管叔監殷，管叔以殷畔。知而使之，是不仁也；不知而使之，是不智也。仁智，周公未之盡也，而況於王乎？賈請見而解之。』

解見上篇。言齊無道，與燕無異，如以燕伐燕也。史記亦謂孟子勸齊伐燕，蓋傳聞此說之誤。○楊氏曰：燕固可伐矣。故孟子曰可。使齊王能誅其君，弔其民，何不可之有？乃殺其父兄，虜其子弟，而後燕人畔之。乃以是歸咎孟子之言，則誤矣。

○燕人畔，王曰：吾甚慙於孟子。齊破燕後二年，燕人共立太子平爲王。

陳賈曰：王無患焉。王自以爲與周公，孰仁且智？王曰：惡！是何言也？曰：周公使管叔監殷，管叔以殷畔。知而使之，是不仁也；不知而使之，是不智也。仁智，周公未之盡也，而況於王乎？賈請見而解之。惡，平聲。○陳賈，齊大夫也。管叔，名鮮，武王弟，周公兄也。武王勝

見孟子問曰：『周公何人也？』曰：『古聖人也。』曰：『使管叔監殷，管叔以殷畔也，有諸？』曰：『然。』曰：『周公知其將畔而使之與？』曰：『不知也。』『然則聖人且有過與？』曰：『周公，弟也；管叔，兄也。周公之過，不亦宜乎？

商殺紂立紂子武庚而使管叔與弟蔡叔霍叔監其國武王崩成王幼周公攝政管叔與武庚畔周公討而誅之

見孟子問曰周公何人也曰古聖人也曰使管叔監殷管叔以殷畔也有諸曰然曰周公知其將畔而使之與曰不知也然則聖人且有過與曰周公弟也管叔兄也周公之過不亦宐乎

與平聲○言周公乃管叔之弟管叔乃周公之兄然則周公不知管叔之將畔而使之其過有所不免矣或曰周公之處管叔不如舜之處象何也游氏曰象之惡已著而其志不過富貴而已故舜得以是而全之若管叔之惡則未著而其志其才皆非象比也周公詎忍逆探其兄之惡而棄之耶周公愛兄宐無不

『且古之君子，過則改之；今之君子，過則順之。古之君子，其過也，如日月之食，民皆見之；及其更也，民皆仰之。今之君子，豈徒順之？又從爲之辭。』

盡者。管叔之事。聖人之不幸也。舜誠信而喜象。周公誠信而任管叔。此天理人倫之至。其用心一也。且古之君子。過則改之。今之君子。過則順之。古之君子。其過也。如日月之食。民皆見之。及其更也。民皆仰之。今之君子。豈徒順之。又從爲之辭。更平聲。○順猶遂也。更改也。辭辯也。更之則無損於明。故民仰之。順而爲之辭。則其過愈深矣。責賈不能勉其君以遷善改過。而教之以遂非文過也。○林氏曰。齊王慚於孟子。蓋羞惡之心。有不能自已者。使其臣有能因是心而將順之。則義不可勝用矣。而陳賈鄙夫。方且爲之曲爲辯說。而沮其遷善改過之心。長其飾非拒諫之惡。故孟子深責之。然此書記事。散出而無先後之次。故其說必參考而後通。若以第二篇

孟子致爲臣而歸。

王就見孟子曰：『前日願見而不可得，得侍，同朝甚喜。今又棄寡人而歸，不識可以繼此而得見乎？』對曰：『不敢請耳，固所願也。』他日王謂時子曰：『我欲中國而授孟子室，養弟子以萬鍾，使諸大夫國人，皆有所矜式。子盍爲我言之？』

時子因陳子而以告孟子。陳子以時子之言告孟子。孟子曰：『然。夫

十章十一章。置於前章之後此章之前。則孟子之意不待論說而自明矣 ○孟子致爲臣而歸。孟子久於齊而道不行故去也。王就見孟子曰。前日願見而不可得。得侍同朝甚喜。今又棄寡人而歸。不識可以繼此而得見乎。對曰。不敢請耳。固所願也。朝音潮。他日王謂時子曰。我欲中國而授孟子室。養弟子以萬鍾。使諸大夫國人皆有所矜式。子盍爲我言之。爲去聲。○時子。齊臣也。中國。當國之中也。萬鍾。穀祿之數也。鍾。量名。受六斛四斗。矜。敬也。式。法也。盍。何不也。時子因陳子而以告孟子。陳子以時子之

時子惡知其不可也？如使予欲富，辭十萬而受萬，是爲欲富乎？

『季孫曰：「異哉子叔疑！使己爲政，不用，則亦已矣，又使其子弟爲卿。人亦孰不欲富貴？而獨於富貴之中有私龍斷焉。」

言告孟子。陳子卽陳臻也。孟子曰：然。夫時子惡知其不可也。如使予欲富，辭十萬而受萬，是爲欲富乎。夫音扶。惡平聲。○孟子既以道不行而去，則其義不可以復留，而時子不知則又有難顯言者，故但言設使我欲富，則我前日爲卿嘗辭十萬之祿，今乃受此萬鍾之餽，是我雖欲富，亦不爲此也。季孫曰：異哉子叔疑。使己爲政，不用，則亦已矣，又使其子弟爲卿。人亦孰不欲富貴，而獨於富貴之中有私龍斷焉。龍音壟。○此孟子引季孫之語也。季孫、子叔疑，不知何時人。龍斷，岡壟之斷而高也。義見下文。蓋子叔疑者嘗不用，而使其子弟爲卿。季孫譏其既不得於此，而又欲求得於彼，如下文賤丈

『古之爲市也，以其所有易其所無者，有司者治之耳。有賤丈夫焉，必求龍斷而登之，以左右望而罔市利。人皆以爲賤，故從而征之。征商，自此賤丈夫始矣。』

孟子去齊，宿於晝。

有欲爲王留行者，坐而言。不應，隱几而臥。

夫登龍斷者之所爲也。孟子引此以明道既不行，復受其祿，則無以異此矣。

古之爲市也，以其所有易其所無者，有司者治之耳。有賤丈夫焉，必求龍斷而登之，以左右望而罔市利。人皆以爲賤，故從而征之。征商自此賤丈夫始矣。

孟子釋龍斷之說如此。治之謂治其爭訟。左右望者，欲得此而又取彼也。罔，謂罔羅取之也。從而征之，謂人惡其專利，故就征其稅，後世緣此遂征商人也。○程子曰：齊王所以處孟子者，未爲不可。孟子亦非不肯爲國人矜式者。但齊王實非欲尊孟子，乃欲以利誘之，故孟子拒而不受。

○孟子去齊，宿於晝。

晝，如字，或曰當作畫，音獲。下同。○晝，齊西南近邑也。

有欲爲王留行

客不悅曰：『弟子齊宿而後敢言；夫子卧而不聽，請勿復敢見矣。』

曰：『坐。我明語子：昔者魯繆公無人乎子思之側，則不能安子思；泄柳、申詳無人乎繆公之側，則不能安其身。

『子爲長者慮，而不及子思。子絕長者乎？長者絕子乎？』

者坐而言不應隱几而卧爲去聲下同隱於靳反○隱憑也客坐而言孟子不應而卧也客不悅曰弟子齊宿而後敢言夫子卧而不聽請勿復敢見矣曰坐我明語子昔者魯繆公無人乎子思之側則不能安子思泄柳申詳無人乎繆公之側則不能安其身齊側皆反復扶又反語去聲○齊宿齊戒越宿也繆公尊禮子思常使人候伺道達誠意於其側乃能安而留之也泄柳魯人申詳子張之子也繆公尊之不如子思然二子義不苟容非有賢者在其君之左右維持調護之則亦不能安其身矣子爲長者慮而不及子思子絕長者乎長者絕子

孟子去齊。尹士語人曰：『不識王之不可以爲湯、武，則是不明也；識其不可，然且至，則是干澤也。千里而見王，不遇故去，三宿而後出晝，是何濡滯也？士則茲不悅。』

高子以告。曰：『夫尹士惡知予哉？千里而見王，是予所欲也。不遇故去，豈予所欲哉？予不得已也。

乎。長上聲。○長者，孟子自稱也。言齊王不使子來，而子自欲爲王留我，是所以爲我謀者，不及繆公留子思之事，而先絕我也。我之臥而不應，豈爲先絕子乎。

○孟子去齊。尹士語人曰：「不識王之不可以爲湯武，則是不明也。識其不可，然且至，則是干澤也。千里而見王，不遇故去，三宿而後出晝，是何濡滯也。士則茲不悅。」語去聲。○尹士，齊人也。干，求也。澤，恩澤也。濡滯，遲留也。

高子以告。高子亦齊人，孟子弟子也。曰：「夫尹士惡知予哉。千里而見王，是予所欲也。不遇故去，豈予所欲哉。予不得已也。夫音扶。下同。惡平聲。○見王，欲以行道也。

『予三宿而出晝，於予心猶以爲速。王庶幾改之。王如改諸，則必反予。

『夫出晝而王不予追也，予然後浩然有歸志。予雖然，豈舍王哉？王由足用爲善。王如用予，則豈徒齊民安？天下之民舉安。王庶幾改之，予日望之！

『予豈若是小丈夫然哉？諫於其君而不受，則怒，悻悻然見於其面，去則窮日之力而後宿哉？』

令道不行，故不得已而去，非本欲如此也。予三宿而出晝，於予心猶以爲速。王庶幾改之。王如改諸，則必反予。所改必指一事而言，然今不可考矣。夫出晝而王不予追也，予然後浩然有歸志。予雖然，豈舍王哉？王由足用爲善。王如用予，則豈徒齊民安？天下之民舉安。王庶幾改之，予日望之。浩然，如水之流不可止也。○楊氏曰：齊王天資朴實，如好勇、好貨、好色、好世俗之樂，皆以直告而不隱於孟子，故足以爲善。若乃其心不然，而謬爲大言以欺人，是人終不可與入堯舜之道矣，何善之能爲？予豈若是小丈夫然哉？諫於其君而不受，則怒，尹士聞之曰：『士誠小人也。』

孟子去齊。充虞路問曰：『夫子若有不豫色然。前日虞聞諸夫子曰：「君子不怨天，不尤人。」』

曰：『彼一時，此一時也。五百年必有王者興，其間必有名世者。

悻悻然見於其面去則窮日之力而後宿哉悻形項反見音現○悻悻怒意也窮盡也尹士聞之曰士誠小人也此章見聖賢行道濟時汲汲之本心愛君澤民惓惓之餘意李氏曰於此見君子憂則違之之情而荷蕢者所以爲果也○孟子去齊充虞路問曰夫子若有不豫色然前日虞聞諸夫子曰君子不怨天不尤人路問於路中問也豫悅也尤過也此二句實孔子之言蓋孟子嘗稱之以教人耳曰彼一時此一時也彼前日此今日五百年必有王者興其間必有名世者自堯舜至湯自湯至文武皆五百餘年而聖人出名世謂其人德業聞望可名於一世者爲之輔佐

『由周而來，七百有餘歲矣，以其數則過矣，以其時考之則可矣。

『夫天，未欲平治天下也，如欲平治天下，當今之世，舍我其誰也！吾何爲不豫哉？』

孟子去齊，居休。公孫丑問曰：『仕而不受祿，古之道乎？』

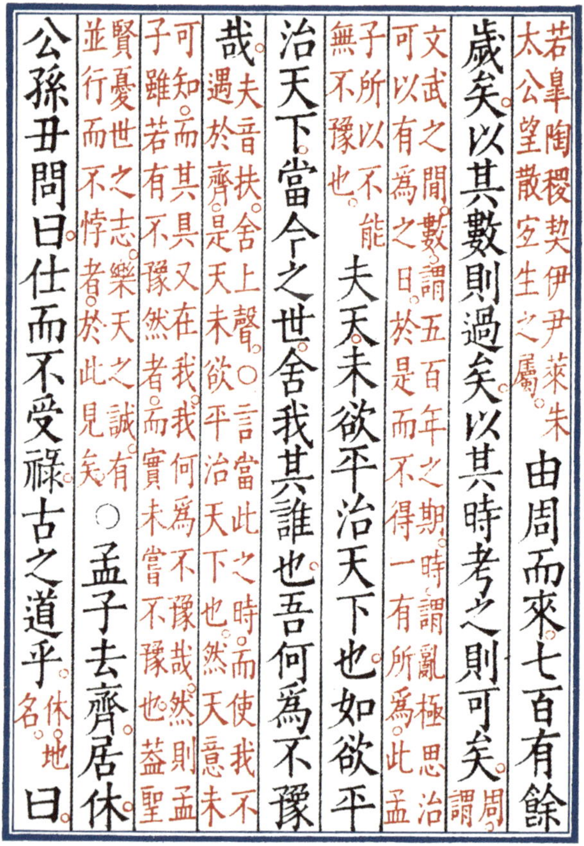
若皋陶稷契伊尹萊朱太公望散宜生之屬。由周而來七百有餘歲矣以其數則過矣以其時考之則可矣周謂文武之間。數謂五百年之期。時謂亂極思治可以有爲之日。於是而不得一有所爲，此孟子所以不能無不豫也。夫天未欲平治天下也如欲平治天下當今之世舍我其誰也吾何爲不豫哉夫音扶。舍上聲。○言當此之時，而使我不遇於齊，是天未欲平治天下也。然天意未可知，而其具又在我，我何爲不豫哉？然則孟子雖若有不豫然者，而實未嘗不豫也。蓋聖賢憂世之志，樂天之誠，有並行而不悖者，於此見矣。○孟子去齊居休公孫丑問曰仕而不受祿古之道乎休，地名。

曰：『非也。於崇，吾得見王；退而有去志，不欲變，故不受也。

『繼而有師命，不可以請。久於齊，非我志也。』

非也。於崇。吾得見王。退而有去志。不欲變。故不受也。崇。亦地名。孟子始見齊王。必有所不合。故有去志。變。謂變其去志。繼而有師命。不可以請。久於齊。非我志也。師命。師旅之命也。國既被兵。難請去也。○孔氏曰。仕而受祿。禮也。不受齊祿。義也。義之所在。禮有時而變。公孫丑欲以一端裁之。不亦誤乎。

孟子集注卷四

孟子集注卷五

滕文公章句上

滕文公爲世子，將之楚，過宋而見孟子。

孟子道性善，言必稱堯舜。

孟子集注卷五

滕文公章句上 凡五章。

滕文公爲世子，將之楚，過宋而見孟子。世子，太子也。

孟子道性善，言必稱堯舜。道，言也。性者，人所稟於天以生之理也，渾然至善，未嘗有惡。人與堯舜初無少異，但衆人汩於私欲而失之，堯舜則無私欲之蔽，而能充其性爾。故孟子與世子言，每道性善，而必稱堯舜以實之。欲其知仁義不假外求，聖人可學而至，而不懈於用力也。門人不能悉記其辭，而撮其大旨如此。程子曰：性即理也。天下之理，原其所自，未有不善。喜怒哀樂未發，何嘗不善。發而中節，即無往而不善。發不中節，然後爲不善。故凡言善惡，皆先善而後惡；言吉凶，皆先吉而後凶；言是非，皆

世子自楚反，復見孟子。孟子曰：『世子疑吾言乎？夫道一而已矣。

『成覸謂齊景公曰：「彼丈夫也，我丈夫也，吾何畏彼哉？」顏淵曰：「舜何人也？予何人也？有爲者亦若是。」公明儀曰：「文王我師也，周公豈欺我哉？」

皆先是而後非。世子自楚反。復見孟子。孟子曰。世子疑吾言乎。夫道一而已矣。復扶又反。夫音扶。時人不知性之本善。而以聖賢爲不可企及。故世子於孟子之言不能無疑。而復來求見。蓋恐別有卑近易行之說也。孟子知之。故但告之如此。以明古今聖愚本同一性。前言已盡。無復有他說也。成覸謂齊景公曰。彼丈夫也。我丈夫也。吾何畏彼哉。顏淵曰。舜何人也。予何人也。有爲者亦若是。公明儀曰。文王我師也。周公豈欺我哉。覸古莧反。○成覸。人姓名。彼謂聖賢也。有爲者亦若是。言人能有爲。則皆如舜也。公明姓。儀名。魯賢人也。文王我師也。蓋周公之言。公明儀亦以文王爲必可師。故誦周

『今滕，絕長補短，將五十里也，猶可以爲善國。《書》曰：「若藥不瞑眩，厥疾不瘳。」』

滕定公薨。世子謂然友曰：『昔者孟子嘗與我言於宋，於心終不忘。今也不幸至於大故，吾欲使子問於孟子，然後行事。』

公之言。而歎其不我欺也。孟子既告世子以
道無二致。而復引此三言以明之。欲世子篤
信力行。以師聖賢。不當復求他說也。今滕。絕長補短將五十里
也。猶可以爲善國。書曰。若藥不瞑眩。厥疾不
瘳。瞑莫甸反。眩音縣。○絕。猶截也。書。商書說
命篇。瞑眩。憒亂。言滕國雖小。猶足爲治。但
恐安於卑近。不能自克。則不足以去惡而爲
善也。○愚按孟子之言性善。始見於此。而詳
具於告子之篇。然默識而旁通之。則七篇之
中。無非此理。其所以擴前聖之未發。而有功
於聖人之門。程
子之言信矣。○滕定公薨。世子謂然友曰。
昔者孟子嘗與我言於宋。於心終不忘。今也
不幸至於大故。吾欲使子問於孟子。然後行

然友之鄒問於孟子。孟子曰：『不亦善乎！親喪固所自盡也。曾子曰：「生事之以禮，死葬之以禮，祭之以禮，可謂孝矣。」諸侯之禮，吾未之學也。雖然，吾嘗聞之矣：三年之喪，齋疏之服，飦粥之食，自天子達於庶人，三代共之。』

事。定公，文公父也。然友，世子之傅也。大故，大喪也。事，謂喪禮。然友之鄒問於孟子。孟子曰：不亦善乎。親喪固所自盡也。曾子曰：生事之以禮，死葬之以禮，祭之以禮，可謂孝矣。諸侯之禮，吾未之學也。雖然，吾嘗聞之矣。三年之喪，齊疏之服，飦粥之食，自天子達於庶人，三代共之。齊音資。疏所居反。飦諸延反。○當時諸侯莫能行古喪禮，而文公獨能以此爲問，故孟子善之。又言父母之喪，固人子之心所自盡者。蓋悲哀之情，痛疾之意，非自外至，宜乎文公於此有所不能自已也。但所引曾子之言，本孔子告樊遲者，豈曾子嘗誦之以告其門人歟。三年之喪者，子生三年，然後免於父母

然友反命，定爲三年之喪。父兄百官皆不欲，曰：『吾宗國魯先君莫之行，吾先君亦莫之行也；至於子之身而反之，不可。且《志》曰：「喪祭從先祖。」』曰：『吾有所受之也。』

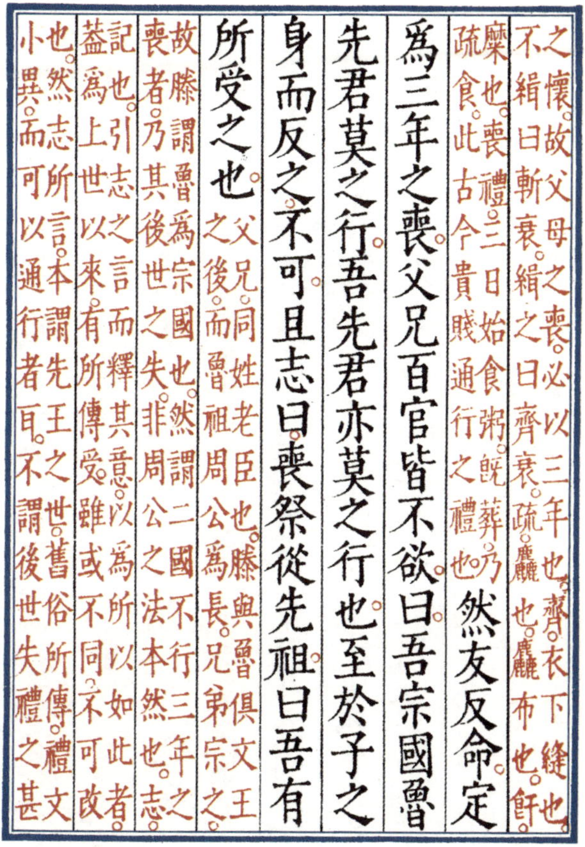
之懷。故父母之喪，必以三年也。齊，衣下縫也。
不緝曰斬衰，緝之曰齊衰。疏，麤也，麤布也。飦，
糜也。喪禮：三日始食粥，既葬，乃
疏食。此古今貴賤通行之禮也。然友反命，定
爲三年之喪。父兄百官皆不欲，曰：吾宗國魯
先君莫之行，吾先君亦莫之行也，至於子之
身而反之，不可。且志曰：喪祭從先祖。曰：吾有
所受之也。父兄，同姓老臣也。滕與魯俱文王
之後，而魯祖周公爲長。兄弟宗之，
故滕謂魯爲宗國也。然謂二國不行三年之
喪者，乃其後世之失，非周公之法本然也。志，
記也。引志之言而釋其意，以爲所以如此者，
蓋爲上世以來，有所傳受，雖或不同，不可改
也。然志所言，本謂先王之世，舊俗所傳，禮文
小異，而可以通行者耳。不謂後世失禮之甚

謂然友曰：『吾他日未嘗學問，好馳馬試劍。今也父兄百官不我足也，恐其不能盡於大事。子爲我問孟子。』然友復之鄒問孟子。孟子曰：『然，不可以他求者也。孔子曰：「君薨，聽於冢宰，歠粥，面深墨，即位而哭。百官有司，莫敢不哀，先之也。上有好者，下必有甚焉者矣。君子之德，風也；小人之德，草也。草上之風必偃。」。是在世子。』

者也。謂然友曰。吾他日未嘗學問好馳馬試劒。今也父兄百官不我足也。恐其不能盡於大事。子爲我問孟子。然友復之鄒問孟子。孟子曰。然。不可以他求者也。孔子曰。君薨聽於冢宰。歠粥。面深墨。卽位而哭。百官有司。莫敢不哀。先之也。上有好者。下必有甚焉者矣。君子之德。風也。小人之德。草也。草尚之風必偃。是在世子。好爲皆去聲。復扶又反。歠川悅反。○不我足。謂不以我滿足其意也。然者。然其不我足之言。不可他求者。言當責之於己。冢宰。六卿之長也。歠。飲也。深墨。甚黑色也。

然友反命。世子曰：『然，是誠在我。』五月居廬，未有命戒。百官族人，可謂曰知。及至葬，四方來觀之。顏色之戚，哭泣之哀，弔者大悅。

卽就也尚加也論語作上古字通也偃伏也孟子言但在世子自盡其哀而已然友反命世子曰然是誠在我五月居廬未有命戒百官族人可謂曰知及至葬四方來觀之顏色之戚哭泣之哀弔者大悅諸侯五月而葬未葬居倚廬於中門之外居喪不言故未有命令教戒也可謂曰知疑有闕誤或曰皆謂世子之知禮也○林氏曰孟子之時喪禮既壞然三年之喪惻隱之心痛疾之意出於人心之所固有者初未嘗亡也惟其溺於流俗之弊是以喪其良心而不自知耳文公見孟子而聞性善堯舜之說則固有以啓發其良心矣是以至此而哀痛之誠心發焉及其父兄百官皆不欲行則亦反躬自責悼其前行之不足以取信而不敢有非其父兄百官之心雖其資

滕文公問爲國。

孟子曰：『民事不可緩也。《詩》云：「晝爾于茅，宵爾索綯。亟其乘屋，其始播百穀。」

『民之爲道也，有恒產者有恒心，無恒產者無恒心。苟無恒心，放辟邪侈，無不爲已。及陷乎罪然

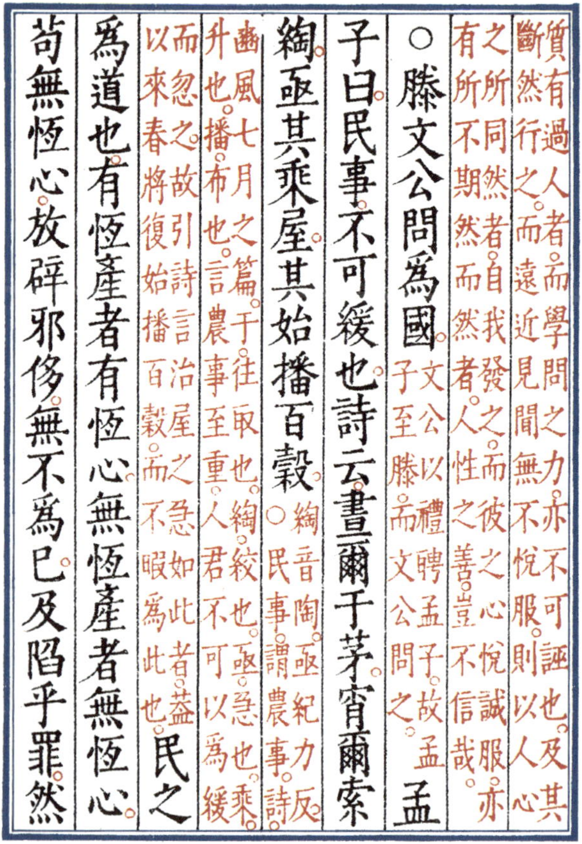

質有過人者而學問之力亦不可誣也及其斷然行之而遠近見聞無不悅服則以人心之所同然者自我發之而彼之心悅誠服亦有所不期然而然者人性之善豈不信哉

○滕文公問爲國文公以禮聘孟子故孟子至滕而文公問之孟子曰民事不可緩也詩云晝爾于茅宵爾索綯亟其乘屋其始播百穀○綯音陶亟紀力反民事謂農事詩豳風七月之篇于往取也綯絞也亟急也乘升也播布也言農事至重人君不可以爲緩而忽之故引詩言治屋之急如此者葢以來春將復始播百穀而不暇爲此也民之爲道也有恆產者有恆心無恆產者無恆心苟無恆心放辟邪侈無不爲已及陷乎罪然

後從而刑之，是罔民也。焉有仁人在位，罔民而可爲也？

『是故賢君必恭儉，禮下，取於民有制。

『陽虎曰：「爲富不仁矣，爲仁不富矣。」

『夏后氏五十而貢，殷人七十而助，周人百畝而徹。其實皆什一也。徹者徹也，助者藉也。

後從而刑之是罔民也焉有仁人在位罔民而可爲也音義並見前篇是故賢君必恭儉禮下取於民有制恭則能以禮接下儉則能取民以制陽虎曰爲富不仁矣爲仁不富矣陽虎陽貨魯季氏家臣也天理人欲不容並立虎之言此恐爲仁之害於富也孟子引之恐爲富之害於仁也君子小人每相反而已矣夏后氏五十而貢殷人七十而助周人百畝而徹其實皆什一也徹者徹也助者藉也徹敕列反藉子夜反○此以下乃言制民常產與其取之之制也夏時一夫授田五十畝而每夫計其五畝之入以爲貢商人始爲井田之制以六百三十畝之地畫爲九區區七十畝中爲

『龍子曰：「治地莫善於助，莫不善於貢。貢者校數歲之中以爲常。樂歲粒米狼戾，多取之而不爲虐，則寡取之；兇年糞其田而不足，則必取盈焉。爲民父母，使民盻盻然，將終歲勤動，不得以養其父母，又稱貸而益之，使

公田。其外八家各授一區。但借其力以助耕公田。而不復稅其私田。周時一夫授田百畝。鄉遂用貢法。十夫有溝。都鄙用助法。八家同井。耕則通力而作。收則計畝而分。故謂之徹。其實皆什一者。貢法固以十分之一爲常數。惟助法乃是九一。而商制不可考。周制則公田百畝。中以二十畝爲廬舍。一夫所耕公田實計十畝。通私田百畝。爲十一分而取其一。蓋又輕於什一矣。竊料商制亦當似此。而以十四畝爲廬舍。一夫實耕公田七畝。是亦不過什一也。徹。通也。均也。藉。借也。

龍子曰。治地莫善於助。莫不善於貢。貢者校數歲之中以爲常。樂歲粒米狼戾。多取之而不爲虐。則寡取之。凶年糞其田而不足。則必取盈焉。爲民父母。使民盻盻

老稚轉乎溝壑，惡在其爲民父母也？」

「夫世祿，滕固行之矣。

「《詩》云：「雨我公田，遂及我私。」惟助爲有公田。由此觀之，雖周亦助也。

然將終歲勤動不得以養其父母又稱貸而益之使老稚轉乎溝壑惡在其爲民父母也

樂音洛盻五禮反從目從兮或音普莧反者非養去聲惡平聲○龍子古賢人狼戾猶狼藉言多也糞擁也盈滿也盻恨視也勤動勞苦也稱舉也貸借也取物於人而出息以償之也益之以足取盈之數也稚幼子也

夫世祿滕固行之矣

夫音扶○孟子嘗言文王治岐耕者九一仕者世祿二者王政之本也今世祿滕已行之惟助法未行故取於民者無制耳蓋世祿者授之土田使之食其公田之入實與助法相爲表裏所以使君子野人各有定業而上下相安者也故下文遂言助法

詩云雨我公田遂及我私惟助爲有公田由此觀之雖

設爲庠序學校以教之。庠者養也，校者教也，序者射也。夏曰校，殷曰序，周曰庠，學則三代共之，皆所以明人倫也。人倫明於上，小民親於下。

『有王者起，必來取法，是爲王者師也。』

周亦助也。雨于付反。○詩小雅大田之篇。雨降雨也。言願天雨於公田，而遂及私田，先公而後私也。當時助法盡廢，典籍不存，惟有此詩，可見周亦用助，故引之也。設爲庠序學校以教之。庠者養也。校者教也。序者射也。夏曰校，殷曰序，周曰庠，學則三代共之，皆所以明人倫也。人倫明於上，小民親於下。庠以養老爲義，校以教民爲義，序以習射爲義，皆鄉學也。學，國學也。共之，無異名也。倫，序也。父子有親，君臣有義，夫婦有別，長幼有序，朋友有信，此人之大倫也。庠序學校，皆以明此而已。有王者起，必來取法，是爲王者師也。滕國褊小，雖行仁政，未必能興王業。然爲王者師，則雖不有天下，而其澤亦足以及天下。

『《詩》云：「周雖舊邦，其命維新。」文王之謂也。子力行之，亦以新子之國。』

使畢戰問井地。孟子曰：『子之君將行仁政，選擇而使子，子必勉之。夫仁政，必自經界始。經界不正，井地不均，穀祿不平。是故暴君汙吏，必慢其經界。經界既正，分田制祿，可坐而定也。』

矣。聖賢至公無我之心，於此可見。詩云周雖舊邦。其命惟新。文王之謂也。子力行之。亦以新子之國。詩大雅文王之篇。言周雖后稷以來，舊爲諸侯，其受天命而有天下，則自文王始也。子，指文公。諸侯未踰年之稱也。

使畢戰問井地。孟子曰。子之君將行仁政。選擇而使子。子必勉之。夫仁政。必自經界始。經界不正。井地不鈞。穀祿不平。是故暴君汙吏。必慢其經界。經界既正。分田制祿。可坐而定也。夫音扶。○畢戰，滕臣。文公因孟子之言，而使畢戰主爲井地之事，故又使之來問其詳也。井地，即井田也。經界，謂治地分田，經畫其溝塗封植之界也。此法不

『夫滕壤地褊小，將爲君子焉，將爲野人焉。無君子莫治野人，無野人莫養君子。

『請野九一而助，國中什一使自賦。

修。則田無定分，而豪強得以兼并。故井地有
不鈞。賦無定法，而貪暴得以多取。故穀祿有
不平。此欲行仁政者之所以必從此始，而暴
君汙吏，則必欲慢而廢之也。有以正之，則分
田制祿，可不勞而定矣。

夫滕壤地褊小，將爲君子焉，將爲野人焉。無君子莫治野人，無野人莫養君子。

夫音扶。養去聲。○言滕地雖小，然其閒亦必有爲君子而仕者，亦必有爲野人而耕者。是以分田制祿之法，不可偏廢也。

請野九一而助，國中什一使自賦。

此分田制祿之常法，所以治野人使養君子也。野，郊外都鄙之地也。九一而助，爲公田而行助法也。國中，郊門之內，鄉遂之地也。田不井授，但爲溝洫，使什而自賦其一。蓋用貢法也。周所謂徹法者蓋如此。以此推之，當時非惟助法不行，其貢亦不止什

『卿以下必有圭田。圭田五十畝，餘夫二十五畝。

『死徒無出鄉，鄉田同井，出入相友，守望相助，疾病相扶持，則百姓親睦。

『方里而井；井九百畝，其中爲公田。八家皆私百畝，同養公田。公事畢，然後敢治私事，所以別野人也。

矣。一卿以下必有圭田。圭田五十畝。此世祿常制之外。又有圭田。所以厚君子也。圭。潔也。所以奉祭祀也。不言世祿者。滕已行之。但此未備耳。餘夫二十五畝。程子曰。一夫上父母。下妻子。以五口八口爲率。受田百畝。如有弟。是餘夫也。年十六。別受田二十五畝。俟其壯而有室。然後更受百畝之田。愚按。此百畝常制之外。又有餘夫之田。以厚野人也。死徙無出鄕。鄕田同井。出入相友。守望相助。疾病相扶持。則百姓親睦。死。謂葬也。徙。謂徙其居也。同井者。八家也。友。猶伴也。守望。防寇盜也。方里而井。井九百畝。其中爲公田。八家皆私百畝。同養公田。公事畢。然後敢治私事。所以別野人

『此其大略也。若夫潤澤之，則在君與子矣。』

也。養去聲。別彼列反。○此詳言井田形體之制，乃周之助法也。公田以爲君子之祿，而私田野人之所受。先公後私，所以別君子野人之分也。不言君子，據野人而言，省文耳。上言野及國中二法，此獨詳於治野者，國中貢法，當時已行，但取之過於什一爾。

此其大略也。若夫潤澤之，則在君與子矣。

夫音扶。○井地之法，諸侯皆去其籍，此特其大略而已。潤澤，謂因時制宜，使合於人情，宜於土俗，而不失乎先王之意也。○呂氏曰：子張子慨然有意三代之治。論治人先務，未始不以經界爲急。講求法制，粲然備具，要之可以行於今。如有用我者，舉而措之耳。嘗曰：仁政必自經界始。貧富不均，敎養無法，雖欲言治，皆苟而已。世之病難行者，未始不以亟奪富人之田爲辭。然兹法之行，悅之者衆。苟處之有術，期以數年，不刑一人而可復。所病者特上之未行耳。

有爲神農之言者許行，自楚之滕，踵門而告文公，曰：『遠方之人，聞君行仁政，願受一廛而爲氓。』文公與之處。其徒數十人，皆衣褐，捆屨、織席以爲食。

乃言曰。縱不能行之天下。猶可驗之一鄉。方與學者議古之法。買田一方。畫爲數井。上不失公家之賦役。退以其私。正經界。分宅里。立斂法。廣儲蓄。興學校。成禮俗。救菑卹患。厚本抑末。足以推先王之遺法。明當今之可行。有志未就而卒。○愚按。喪禮經界兩章。見孟子之學。識其大者。是以雖當禮法廢壞之後。制度節文。不可復考。而能因略以致詳。推舊而爲新。不屑屑於既往之迹。而能合乎先王之意。眞可謂命世亞聖之才矣。○

有爲神農之言者許行自楚之滕踵門而告文公曰。遠方之人聞君行仁政願受一廛而爲氓。文公與之處。其徒數十人皆衣褐捆屨織席以爲食。

衣去聲。捆音閫。○神農炎帝神農氏。始爲耒耜。教民稼穡者也。爲其言者

『陳良之徒陳相，與其弟辛，負耒耜而自宋之滕，曰：『聞君行聖人之政，是亦聖人也，願爲聖人氓。』

陳相見許行而大悅，盡棄其學而學焉。陳相見孟子，道許行之言曰：『滕君，則誠賢君也；雖然，未聞道也。賢者與民并耕而食，饔飧而治。今也滕有倉廩府庫，則是厲民而以自養也，惡得賢？』

史遷所謂農家者流也。許，姓。行，名也。踵門，足至門也。仁政，上章所言井地之法也。廛，民所居也。氓，野人之稱。褐，毛布。賤者之服也。捆，扣椓之，欲其堅也。以爲食，賣以供食也。程子曰：許行所謂神農之言，乃後世稱述上古之事，失其義理者耳。猶陰陽醫方稱黃帝之說也。

陳良之徒陳相，與其弟辛，負耒耜而自宋之滕，曰：聞君行聖人之政，是亦聖人也，願爲聖人氓。陳良，楚之儒者。耜，所以起土。耒，其柄也。陳相見許行而大悅，盡棄其學而學焉。陳相見孟子，道許行之言曰：滕君，則誠賢君也；雖然，未聞道也。賢者與民並耕而食，饔飧而治。今也滕有倉廩府

孟子曰：『許子必種粟而後食乎？』曰：『然。』『許子必織布而後衣乎？』曰：『否，許子衣褐。』『許子冠乎？』曰：『冠。』曰：『奚冠？』曰：『冠素。』曰：『自織之與？』曰：『否，以粟易之。』曰：『許子奚爲不自織？』曰：『害於耕。』曰：『許子以釜甑爨、以鐵耕乎？』曰：『然。』『自爲之與？』曰：『否，以粟易之。』

『以粟易械器者，不爲厲陶冶；陶冶亦以其械器易粟者，豈爲厲農夫哉？

庫則是厲民而以自養也惡得賢饔音雍飧音孫惡平聲○饔飧熟食也朝曰饔夕曰飧言當自炊爨以爲食而兼治民事也厲病也許行此言蓋欲陰壞孟子分別君子野人之法孟子曰許子必種粟而後食乎曰然許子必織布而後衣乎曰否許子衣褐許子冠乎曰冠曰奚冠曰冠素曰自織之與曰否以粟易之曰許子奚爲不自織曰害於耕曰許子以釜甑爨以鐵耕乎曰然自爲之與曰否以粟易之衣去聲與平聲○釜所以煑甑所以炊爨然火也鐵耜屬也此語八反皆孟子問而陳相對也以粟易械器者不

且許子何不爲陶冶，舍皆取諸其宮中而用之？何爲紛紛然與百工交易？何許子之不憚煩？』曰：『百工之事，固不可耕且爲也。』

『然則治天下獨可耕且爲與？有大人之事，有小人之事。且一人之身，而百工之所爲備。如必自爲而後用之，是率天下而路也。故曰：或勞心，或勞力；勞心者治人，勞力者治於人；治於人者食人，治人者食於人：天下之通義也。

爲厲陶冶陶冶亦以其械器易粟者豈爲厲
農夫哉且許子何不爲陶冶舍皆取諸其宮
中而用之何爲紛紛然與百工交易何許子
之不憚煩曰百工之事固不可耕且爲也舍去
聲○此孟子言而陳相對也械器釜甑之屬也陶爲甑者冶爲釜鐵者舍止也或讀屬上
句舍謂作陶冶之處也然則治天下獨可耕且爲與有
大人之事有小人之事且一人之身而百工
之所爲備如必自爲而後用之是率天下而
路也故曰或勞心或勞力勞心者治人勞力

『當堯之時，天下猶未平，洪水橫流，氾濫於天下，草木暢茂，禽獸繁殖，五穀不登，禽獸偪人，獸蹄鳥跡之道，交於中國。堯獨憂之，舉舜而敷治焉。舜使益掌火，益烈山澤而焚之，禽獸逃匿。禹疏九河，

者治於人治於人者食人治人者食於人天下之通義也與平聲食音嗣○此以下皆孟子言也路謂奔走道路無時休息也治於人者見治於人也食人者出賦稅以給公上也食於人者見食於人也此四句皆古語而孟子引之也君子無小人則飢小人無君子則亂以此相易正猶農夫陶冶以粟與械器相易乃所以相濟而非所以相病也治天下者豈必耕且爲哉當堯之時天下猶未平洪水橫流氾濫於天下草木暢茂禽獸繁殖五穀不登禽獸偪人獸蹄鳥跡之道交於中國堯獨憂之舉舜而敷治焉舜使益掌火益烈山澤而焚之禽獸逃匿禹

瀹濟、漯，而注諸海；決汝、漢，排淮、泗，而注之江，然後中國可得而食也。當是時也，禹八年於外，三過其門而不入，雖欲耕得乎？

疏九河瀹濟漯而注諸海決汝漢排淮泗而注之江然後中國可得而食也當是時也禹八年於外三過其門而不入雖欲耕得乎瀹音藥濟子禮反漯他合反○天下猶未平者洪荒之世生民之害多矣聖人迭興漸次除治至此尚未盡平也洪大也橫流不由其道而散溢妄行也氾濫橫流之貌暢茂長盛也繁殖衆多也五穀稻黍稷麥菽也登成熟也道路也獸蹄鳥跡交於中國言禽獸多也敷布也益舜臣名烈熾也禽獸逃匿然後禹得施治水之功疏通也分也九河曰徒駭曰太史曰馬頰曰覆釜曰胡蘇曰簡曰潔曰鉤盤曰鬲津瀹亦疏通之意濟漯二水名決排皆去其壅塞也汝漢淮泗亦皆水名也據禹貢及今水路惟漢水入江耳汝泗則入淮而淮自

『后稷教民稼穡，樹藝五穀，五穀熟而民人育。人之有道也，飽食煖衣，逸居而無教，則近於禽獸。聖人有憂之，使契爲司徒，教以人倫：父子有親，君臣有義，夫婦有別，長幼有序，朋友有信。放勳曰：「勞之來之，匡之直之，輔之翼之，使自得之，又從而振德之。」聖人之憂民如此，而暇耕乎？

入海。此謂四水皆入于江。記者之誤也。

后稷教民稼穡。樹藝五穀。五穀熟而民人育。人之有道也。飽食煖衣。逸居而無教。則近於禽獸。聖人有憂之。使契爲司徒。教以人倫。父子有親。君臣有義。夫婦有別。長幼有序。朋友有信。放勳曰。勞之來之。匡之直之。輔之翼之。使自得之。又從而振德之。聖人之憂民如此。而暇耕乎。

契音薛。別彼列反。長、放皆上聲。勞、來皆去聲。○言水土平。然後得以敎稼穡。衣食足。然後得以施敎化。后稷。官名。棄爲之。然言敎民。則亦非並耕矣。樹。亦種也。藝。殖也。契。亦舜臣名也。司徒。官名也。人之有道

『堯以不得舜爲己憂，舜以不得禹、皋陶爲己憂。夫以百畝之不易爲己憂者，農夫也。

『分人以財謂之惠，教人以善謂之忠，爲天下得人者謂之仁。是故以天下與人易，爲天下得人難。

言其皆有秉彝之性也。然無教則亦放逸怠惰而失之，故聖人設官而教以人倫，亦因其固有者而道之耳。書曰：「天敘有典，勑我五典五惇哉。」此之謂也。放勳，本史臣贊堯之辭，孟子因以爲堯號也。德，猶惠也。堯言勞者勞之，來者來之，邪者正之，枉者直之，輔以立之，翼以行之，使自得其性矣，又從而提撕警覺以加惠焉，不使其放逸怠惰而或失之。蓋命契之辭也。

堯以不得舜爲己憂，舜以不得禹、皋陶爲己憂。夫以百畝之不易爲己憂者，農夫也。

夫，音扶。易，去聲。○易，治也。堯舜之憂民，非事事而憂之也，急先務而已。所以憂民者其大如此，則不惟不暇耕，而亦不必耕矣。

分人以財謂之惠，教人以善謂之忠，爲天下得人者謂之仁。是故以天

『孔子曰：「大哉堯之爲君！惟天爲大，惟堯則之。蕩蕩乎民無能名焉！君哉舜也！巍巍乎，有天下而不與焉！」堯舜之治天下，豈無所用其心哉？亦不用於耕耳。

『吾聞用夏變夷者，未聞變於夷者也。陳良，楚產也，悅周公、仲尼之道，北學於中國，北方之學者，

下與人易爲天下得人難爲易並去聲○分人以財小惠而已教人以善雖有愛民之實然其所及亦有限而難久惟若堯之得舜舜之得禹臯陶乃所謂爲天下得人者而其恩惠廣大教化無窮矣此其所以爲仁也孔子曰大哉堯之爲君惟天爲大惟堯則之蕩蕩乎民無能名焉君哉舜也巍巍乎有天下而不與焉堯舜之治天下豈無所用其心哉亦不用於耕耳與去聲○則法也蕩蕩廣大之貌君哉言盡君道也巍巍高大之貌不與猶言不相關言其不以位爲樂也吾聞用夏變夷者未聞變於夷者也陳良楚產也悅周公仲尼之道北

未能或之先也。彼所謂豪傑之士也。子之兄弟，事之數十年，師死而遂倍之。

『昔者孔子沒，三年之外，門人治任將歸，入揖於子貢，相嚮而哭，皆失聲，然後歸。子貢反，筑室於場，獨居三年，然後歸。他日子夏、子張、子遊，以有若似聖人，欲以所事孔子事之，彊曾子。

學於中國北方之學者未能或之先也彼所謂豪傑之士也子之兄弟事之數十年師死而遂倍之此以下責陳相倍師而學許行也夏諸夏禮義之教也變夷變化蠻夷之人也變於夷反見變化於蠻夷之人也產生也陳良生於楚在中國之南故北遊而學於中國也先過也豪傑才德出衆之稱言其能自拔於流俗也倍與背同言陳良用夏變夷陳相變於夷也昔者孔子沒三年之外門人治任將歸入揖於子貢相嚮而哭皆失聲然後歸子貢反築室於場獨居三年然後歸他日子夏子張子游以有若似聖人欲以所事孔子

曾子曰：「不可，江漢以濯之，秋陽以暴之，皜皜乎不可尚已。」

『今也南蠻鴃舌之人，非先王之道。子倍子之師而學之，亦異於曾子矣。

『吾聞出於幽谷，遷于喬木者，未聞下喬木而入於幽谷者。

事之彊曾子曾子曰不可江漢以濯之秋陽以暴之皜皜乎不可尚已任平聲彊上聲暴蒲木反皜音杲○三年古者爲師心喪三年若喪父而無服也任擔也場冢上之壇場也有若似聖人蓋其言行氣象有似之者如檀弓所記子游謂有若之言似夫子之類是也所事孔子所以事夫子之禮也江漢水多言濯之潔也秋日燥烈言暴之乾也皜皜潔白貌尚加也言夫子道德明著光輝潔白非有若所能彷彿也○或曰此三語者孟子贊美曾子之辭也今也南蠻鴃舌之人非先王之道子倍子之師而學之亦異於曾子矣鴃亦作鵙古役反○鴃博勞也惡聲之鳥南蠻之聲似之指許行也吾聞出於幽谷遷于喬木者未

『魯頌曰：「戎狄是膺，荊舒是懲。」周公方且膺之，子是之學，亦爲不善變矣。』

『從許子之道，則市賈不貳，國中無僞，雖使五尺之童適市，莫之或欺。布帛長短同，則賈相若；麻縷絲絮輕重同，則賈相若；五穀多寡同，則賈相若；屨大小同，則賈相若。』

閒下喬木而入於幽谷者。小雅伐木之詩云。伐木丁丁。鳥鳴嚶嚶。出自幽谷。遷于喬木。魯頌曰。戎狄是膺。荊舒是懲。周公方且膺之。子是之學。亦爲不善變矣。魯頌。閟宮之篇也。膺。擊也。荊。楚本號也。舒。國名。近楚者也。懲。艾也。按今此詩爲僖公之頌。而孟子以周公言之。亦斷章取義也。從許子之道。則市賈不貳。國中無僞。雖使五尺之童適市。莫之或欺。布帛長短同。則賈相若。麻縷絲絮輕重同。則賈相若。五穀多寡同。則賈相若。屨大小同。則賈相若。賈音價。下同。○陳相又言許子之道如此。蓋神農始爲市井。故許行又託於神農而有是

曰：『夫物之不齊，物之情也。或相倍蓰，或相什百，或相千萬。子比而同之，是亂天下也。巨屨小屨同賈，人豈爲之哉？從許子之道，相率而爲僞者也，惡能治國家？』

墨者夷之，因徐辟而求見孟子。孟子曰：『吾固願見，今吾尚病，病愈，我且往見。夷子不來。』

說也。五尺之童，言幼小無知也。許行欲使市中所粥之物，皆不論精粗美惡，但以長短輕重多寡大小爲價也。

曰夫物之不齊物之情也或相倍蓰或相什伯或相千萬子比而同之是亂天下也巨屨小屨同賈人豈爲之哉從許子之道相率而爲僞者也惡能治國家

夫音扶。蓰音師。又山綺反。比，必二反。惡，平聲。○倍，一倍也。蓰，五倍也。什伯，千萬，皆倍數也。比，次也。孟子言物之不齊，乃其自然之理。其有精粗，猶其有大小也。若大屨小屨同價，則人豈肯爲其大者哉。今不論精粗，使之同價，是使天下之人皆不肯爲其精者，而競爲濫惡之物以相欺耳。

○墨者夷之因徐辟而求見孟子孟子曰吾

他日又求見孟子。孟子曰：『吾今則可以見矣。不直，則道不見，我且直之。吾聞夷子墨者。墨者之治喪也，以薄爲其道也。夷子思以易天下，豈以爲非是而不貴也？然而夷子葬其親厚，則是以所賤事親也？』

固願見今吾尚病病愈我且往見夷子不來辟音壁又音闢○墨者治墨翟之道者夷姓之名徐辟孟子弟子孟子稱疾疑亦託辭以觀其意之誠否他日又求見孟子孟子曰吾今則可以見矣不直則道不見我且直之吾聞夷子墨者墨之治喪也以薄爲其道也夷子思以易天下豈以爲非是而不貴也然而夷子葬其親厚則是以所賤事親也不見之見音現○又求見則其意已誠矣故因徐辟以質之如此直盡言以相正也莊子曰墨子生不歌死無服桐棺三寸而無椁是墨之治喪以薄爲道也易天下謂移易天下之風俗也夷子學於墨氏而不

徐子以告夷子。夷子曰：『儒者之道，古之人「若保赤子」，此言何謂也？之則以爲愛無差等，施由親始。』徐子以告孟子。孟子曰：『夫夷子，信以爲人之親其兄之子爲若親其鄰之赤子乎？彼有取爾也。赤子匍匐將入井，非赤子之罪也。且天之生物也使之一本，而夷子二本故也。

從其教其心必有所不安者故孟子因以詰之徐子以告夷子夷子曰儒者之道古之人若保赤子此言何謂也之則以爲愛無差等施由親始徐子以告孟子孟子曰夫夷子信以爲人之親其兄之子爲若親其鄰之赤子乎彼有取爾也赤子匍匐將入井非赤子之罪也且天之生物也使之一本而夷子二本故也夫音扶下同匍音蒲匐蒲北反○若保赤子周書康誥篇文此儒者之言也夷子引之蓋欲援儒而入於墨以拒孟子之非己又曰愛無差等施由親始則推墨而附於儒以釋己所以厚葬其親之意皆所謂遁辭也

『蓋上世嘗有不葬其親者，其親死則舉而委之於壑。他日過之，狐狸食之，蠅蚋姑嘬之。其顙有泚，睨而不視。夫泚也，非爲人泚，中心達於面目。蓋歸反虆梩而掩之，掩之誠是也。則孝子仁人之掩其親，亦必有道矣。』

孟子言人之愛其兄子與鄰之子本有差等書之取譬本爲小民無知而犯法如赤子無知而入井耳且人物之生必各本於父母而無二乃自然之理若天使之然也故其愛由此立而推以及人自有差等今如夷子之言則是視其父母本無異於路人但其施之之序姑自此始耳非二本而何哉然其於先後之間猶知所擇則又其本心之明有終不得而息者此其所以卒能受命而自覺其非也

蓋上世嘗有不葬其親者其親死則舉而委之於壑他日過之狐狸食之蠅蚋姑嘬之其顙有泚睨而不視夫泚也非爲人泚中心達於面目蓋歸反虆梩而掩之掩之誠是也則孝子仁人之掩其親

徐子以告夷子。夷子憮然爲閒曰：『命之矣。』

亦必有道矣。蚋音汭。嘬楚怪反。泚七禮反。睨音詣。爲去聲。虆力追反。梩力知反。○因夷子厚葬其親而言此。以深明一本之意。上世。謂太古也。委。棄也。壑。山水所趨也。蚋。蚊屬。姑。語助聲。或曰螻蛄也。嘬。攢共食之也。顙。額也。泚。泚然汗出之貌。睨。邪視也。視。正視也。不能不視。而又不忍正視。哀痛迫切。不能爲心之甚也。非爲人泚。言非爲他人見之而然也。所謂一本者。於此見之。尤爲親切。蓋惟至親故如此。在他人。則雖有不忍之心。而其哀痛迫切。不至若此之甚矣。反。覆也。虆。土籠也。梩。土轝也。於是歸而掩覆其親之尸。此葬埋之禮所由起也。此掩其親者。若所當然。則孝子仁人所以掩其親者。必有其道。而不以薄爲貴矣。

徐子以告夷子。夷子憮然爲閒曰。命之矣。憮音武。閒如字。○憮然。茫然自失之貌。爲閒者。有頃之閒也。命。猶教也。言孟子已斅我矣。蓋因其本心之明。以攻其所學之蔽。是以吾之言易入。而彼之惑易解也。

孟子集注卷五

吴縣吴志忠校刊

孟子集注卷六

滕文公章句下

陳代曰：『不見諸侯，宜若小然。今一見之，大則以王，小則以霸。且《志》曰「枉尺而直尋」，宜若可爲也。』

孟子曰：『昔齊景公田，招虞人以旌，不至，將殺之。「志士不忘在溝壑，勇士不忘喪其元。」孔子奚取焉？取非其招不往也。如不待其招而往，何哉？

孟子集注卷六

滕文公章句下（凡十章。）

陳代曰不見諸侯宜若小然今一見之大則以王小則以霸且志曰枉尺而直尋宜若可爲也（王，去聲。○陳代，孟子弟子也。小，謂小節也。枉，屈也。直，伸也。八尺曰尋。枉尺直尋，猶屈己一見諸侯而可以致王霸，所屈者小，所伸者大也。）孟子曰昔齊景公田招虞人以旌不至將殺之志士不忘在溝壑勇士不忘喪其元孔子奚取焉取非其招不往也如不待其招而往何哉（喪，去聲。○田，獵也。虞

『且夫枉尺而直尋者，以利言也。如以利，則枉尋直尺而利，亦可爲與？

『昔者趙簡子使王良與嬖奚乘，終日而不獲一禽。嬖奚反命曰：「天下之賤工也。」或以告王良。良曰：「請復之。」彊而後可。一朝而獲十禽。嬖奚反命曰：「天下之良工也。」

人守苑囿之吏也。招大夫以旌，招虞人以皮冠。元，首也。志士固窮，常念死無棺槨，棄溝壑而不恨。勇士輕生，常念戰鬭而死，喪其首而不顧也。此二句乃孔子歎美虞人之言。夫虞人招之不以其物，尚守死而不往，況君子豈可不待其招而自往見之邪？此以上告之以不可往見之意。且夫枉尺而直尋者，以利言也。如以利，則枉尋直尺而利，亦可爲與？夫音扶。與，平聲。○此以下正其所稱枉尺直尋之非。夫所謂枉小而所伸者大則爲之者，計其利耳。一有計利之心，則雖枉多伸少而有利，亦將爲之邪？甚言其不可也。昔者趙簡子使王良與嬖奚乘，終日而不獲一禽。嬖奚反命曰：天下之賤工也。或以告王良。良曰：請復之。彊

簡子曰：「我使掌與女乘。」謂王良。良不可，曰：「吾爲之範我馳驅，終日不獲一；爲之詭遇，一朝而獲十。《詩》云：『不失其馳，舍矢如破。』我不貫與小人乘，請辭。」

『御者且羞與射者比。比而得禽獸，

而後可一朝而獲十禽嬖奚反命曰天下之良工也簡子曰我使掌與女乘謂王良良不可曰吾爲之範我馳驅終日不獲一爲之詭遇一朝而獲十詩云不失其馳舍矢如破我不貫與小人乘請辭

乘去聲彊上聲女音汝爲去聲舍上聲○趙簡子晉大夫趙鞅也王良善御者也嬖奚簡子幸臣與之乘爲之御也復之再乘也彊而後可嬖奚不肯彊之而後肯也一朝自晨至食時也掌專主也範法度也詭遇不正而與禽遇也言奚不善射以法馳驅則不獲廢法詭遇而後中也詩小雅車攻之篇言御者不失其馳驅之法而射者發矢皆中而力今嬖奚不能也貫習也

御者且羞與

雖若丘陵，弗爲也。如枉道而從彼，何也？且子過矣，枉己者，未有能直人者也。』

景春曰：『公孫衍、張儀豈不誠大丈夫哉？一怒而諸侯懼，安居而天下熄。』

孟子曰：『是焉得爲大丈夫乎？子

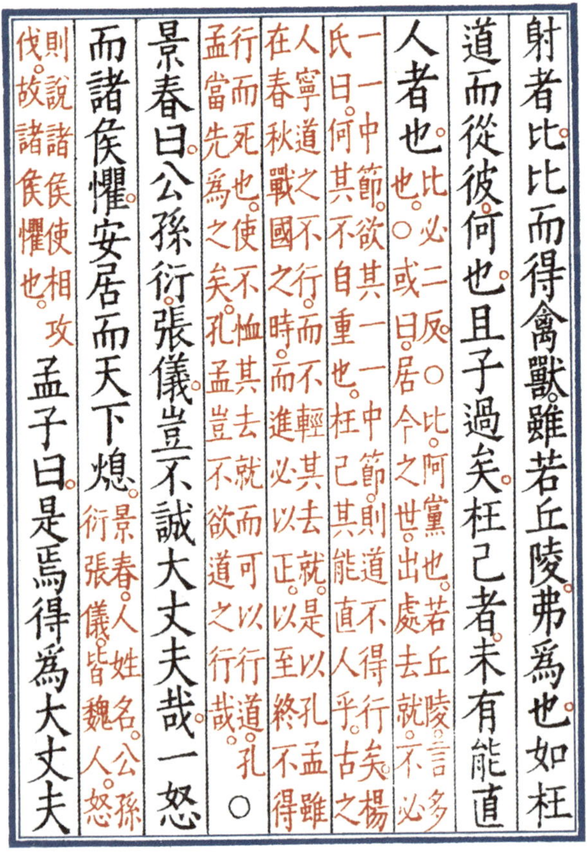

射者比。比而得禽獸。雖若丘陵。弗爲也。如枉道而從彼。何也。且子過矣。枉己者。未有能直人者也。比必二反。○比阿黨也。若丘陵。言多也。○或曰。居今之世。出處去就。不必一一中節。欲其一一中節。則道不得行矣。楊氏曰。何其不自重也。枉己其能直人乎。古之人寧道之不行。而不輕其去就。是以孔孟雖在春秋戰國之時。而進必以正。以至終不得行而死也。使不恤其去就而可以行道。孔孟當先爲之矣。孔孟豈不欲道之行哉。○

景春曰。公孫衍張儀。豈不誠大丈夫哉。一怒而諸侯懼。安居而天下熄。景春。人姓名。公孫衍張儀。皆魏人。怒則說諸侯使相攻伐。故諸侯懼也。

孟子曰。是焉得爲大丈夫

未學禮乎？丈夫之冠也，父命之；女子之嫁也，母命之，往送之門，戒之曰：「往之女家，必敬必戒，無違夫子。」以順爲正者，妾婦之道也。

『居天下之廣居，立天下之正位，行天下之大道；得志與民由之，不得志獨行其道；富貴不能淫，貧賤不能移，威武不能屈：此之謂大丈夫。』

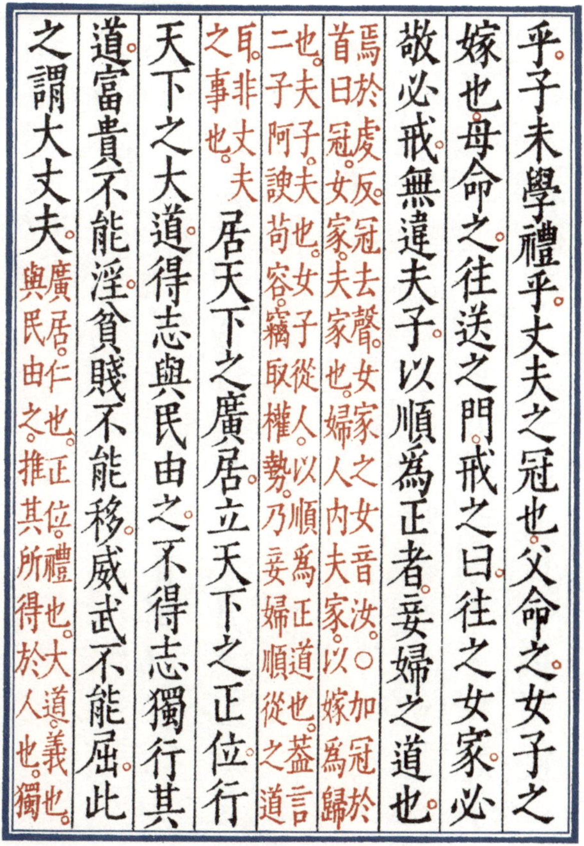

乎子未學禮乎丈夫之冠也父命之女子之嫁也母命之往送之門戒之曰往之女家必敬必戒無違夫子以順爲正者妾婦之道也焉於虔反冠去聲女家之女音汝○加冠於首曰冠女家夫家也婦人內夫家以嫁爲歸也夫子夫也女子從人以順爲正道也蓋言二子阿諛苟容竊取權勢乃妾婦順從之道耳非丈夫之事也居天下之廣居立天下之正位行天下之大道得志與民由之不得志獨行其道富貴不能淫貧賤不能移威武不能屈此之謂大丈夫廣居仁也正位禮也大道義也與民由之推其所得於人也獨

周霄問曰：『古之君子仕乎？』孟子曰：『仕。《傳》曰：「孔子三月無君，則皇皇如也；出疆必載質。」公明儀曰：「古之人三月無君則弔。」』

『三月無君則弔，不以急乎？』

曰：『士之失位也，猶諸侯之失國家也。《禮》曰：「諸侯耕助，

行其道守其所得於己也淫蕩其心也移變其節也屈挫其志也○何叔京曰戰國之時聖賢道否天下不復見其德業之盛但見姦巧之徒得志橫行氣燄可畏遂以爲大丈夫不知由君子觀之是乃妾婦之道耳何足道哉

○周霄問曰古之君子仕乎孟子曰仕傳曰孔子三月無君則皇皇如也出疆必載質公明儀曰古之人三月無君則弔

傳直戀反質與贄同下同○周霄魏人無君謂不得仕而事君也皇皇如有求而弗得之意出疆謂失位而去國也質所執以見人者如士則執雉也出疆載之者將以見所適國之君而事之也

三月無君則弔不以急乎

周霄問也以已通太也後章放此

曰士之失位也猶諸侯之

以供粢盛。夫人蠶繅，以爲衣服。犧牲不成，粢盛不潔，衣服不備，不敢以祭。惟士無田，則亦不祭。」牲殺、器皿、衣服不備，不敢以祭，則不敢以宴，亦不足弔乎？』

『出疆必載質，何也？』

曰：『士之仕也，猶農夫之耕也。農夫豈爲出疆舍其耒耜哉？』

失國家也。禮曰：諸侯耕助，以供粢盛；夫人蠶繅，以爲衣服。犧牲不成，粢盛不潔，衣服不備，不敢以祭。惟士無田，則亦不祭。牲殺、器皿、衣服不備，不敢以祭，則不敢以宴，亦不足弔乎？

盛，音成。繅，素刀反。皿，武永反。○禮曰：「諸侯爲藉百畝，冕而青紘，躬秉耒以耕，而庶人助以終畝。收而藏之御廩，以供宗廟之粢盛。使世婦蠶于公桑蠶室，奉繭以示于君，遂獻于夫人。夫人副褘受之，繅三盆手，遂布于三宮世婦，使繅以爲黼黻文章，而服以祀先王先公。」又曰：「士有田則祭，無田則薦。」黍稷曰粢，在器曰盛。牲殺，牲必特殺也。皿，所以覆器者。

出疆必載質，何也？周霄問也。曰：士之仕也，猶農夫之

曰：『晉國，亦仕國也，未嘗聞仕如此其急。仕如此其急也，君子之難仕，何也？』曰：『丈夫生而願爲之有室，女子生而願爲之有家。父母之心，人皆有之。不待父母之命、媒妁之言，鑽穴隙相窺，踰牆相從，則父母國人皆賤之。古之人未嘗不欲仕也，又惡不由其道。不由其道而往者，與鑽穴隙之類也。』

耕也。農夫豈爲出疆舍其耒耜哉。爲去聲。舍上聲。曰。晉國亦仕國也。未嘗聞仕如此其急。仕如此其急也。君子之難仕。何也。曰。丈夫生而願爲之有室。女子生而願爲之有家。父母之心。人皆有之。不待父母之命。媒妁之言。鑽穴隙相窺。踰牆相從。則父母國人皆賤之。古之人未嘗不欲仕也。又惡不由其道。不由其道而往者。與鑽穴隙之類也。爲去聲。妁音酌。隙去逆反。惡去聲。○晉國解見首篇。仕國。謂君子游宦之國。霄意以孟子不見諸侯爲難仕。故先問古之君子仕否。然後

彭更問曰：『後車數十乘，從者數百人，以傳食於諸侯，不以泰乎？』

孟子曰：『非其道，則一簞食不可受於人；如其道，則舜受堯之天下，不以爲泰。子以爲泰乎？』

曰：『否。士無事而食，不可也。』

曰：『子不通功易事，以羨補不足，則農有餘粟，女有餘布；子如通之，則梓匠輪輿皆得食於子。於

言此以風切之也男以女爲室女以男爲家妁亦媒也言爲父母者非不願其男女之有室家而亦惡其不由道蓋君子雖不潔身以亂倫而亦不殉利而忘義也○彭更問曰後車數十乘從者數百人以傳食於諸侯不以泰乎孟子曰非其道則一簞食不可受於人如其道則舜受堯之天下不以爲泰子以爲泰乎更平聲乘從皆去聲傳直戀反簞音丹食音嗣○彭更孟子弟子也泰侈也曰否士無事而食不可也言不以舜爲泰但謂今之士無功而食人之食則不可也曰子不通功易事以羨補不足則農有餘粟女有餘布子如通之則梓

此有人焉，入則孝，出則悌，守先王之道，以待後之學者，而不得食於子。子何尊梓匠輪輿，而輕爲仁義者哉？』

曰：『梓匠輪輿，其志將以求食也。君子之爲道也，其志亦將以求食與？』曰：『子何以其志爲哉？其有功於子，可食而食之矣。且子

匠輪輿皆得食於子於此有人焉入則孝出則悌守先王之道以待後之學者而不得食於子子何尊梓匠輪輿而輕爲仁義者哉羨延面反○通功易事謂通人之功而交易其事羨餘也有餘言無所貿易而積於無用也梓人匠人木工也輪人輿人車工也曰梓匠輪輿其志將以求食也君子之爲道也其志亦將以求食與曰子何以其志爲哉其有功於子可食而食之矣且子食志乎食功乎曰食志與平聲可食而食食志食功之食皆音嗣下同○孟子言自我而言固不求食自彼而言凡有功者則當食之曰

食志乎？食功乎？』曰：『食志。』曰：『有人於此，毀瓦畫墁，其志將以求食也，則子食之乎？』曰：『否。』曰：『然則子非食志也，食功也。』

萬章問曰：『宋，小國也，今將行王政，齊楚惡而伐之，則如之何？』

孟子曰：『湯居亳，與葛爲鄰。葛伯放而不祀。湯使人問之曰：「何爲不祀？」曰：「無以供犧牲也。」湯使遺之牛羊。葛伯食之，又不以祀。

有人於此。毀瓦畫墁。其志將以求食也。則子
食之乎。曰否。曰然則子非食志也。食功也。墁武
安反。子食之食亦音嗣。○墁。墻壁之飾也。毀
瓦畫墁。言無功而有害也。旣曰食功。則以士
爲無事而食者。眞尊梓匠輪輿而輕爲仁義者矣。○萬章問曰。宋小
國也。今將行王政。齊楚惡而伐之。則如之何。
惡去聲。○萬章。孟子弟子。宋王偃嘗滅滕伐薛。敗齊楚魏之兵。欲霸天下。疑卽此時也。
孟子曰。湯居亳。與葛爲鄰。葛伯放而不祀。湯
使人問之曰。何爲不祀。曰無以供犧牲也。湯
使遺之牛羊。葛伯食之。又不以祀。湯又使人

湯又使人問之曰：「何爲不祀？」曰：「無以供粢盛也。」湯使亳衆往爲之耕，老弱饋食。葛伯率其民，要其有酒食黍稻者奪之，不授者殺之。有童子以黍肉餉，殺而奪之。《書》曰「葛伯仇餉」，此之謂也。

「爲其殺是童子而征之，四海之内皆曰：『非富天下也，爲匹夫匹婦復讎也。』

「湯始征，自葛載，十一征而無敵於天下。東面而征西夷怨，

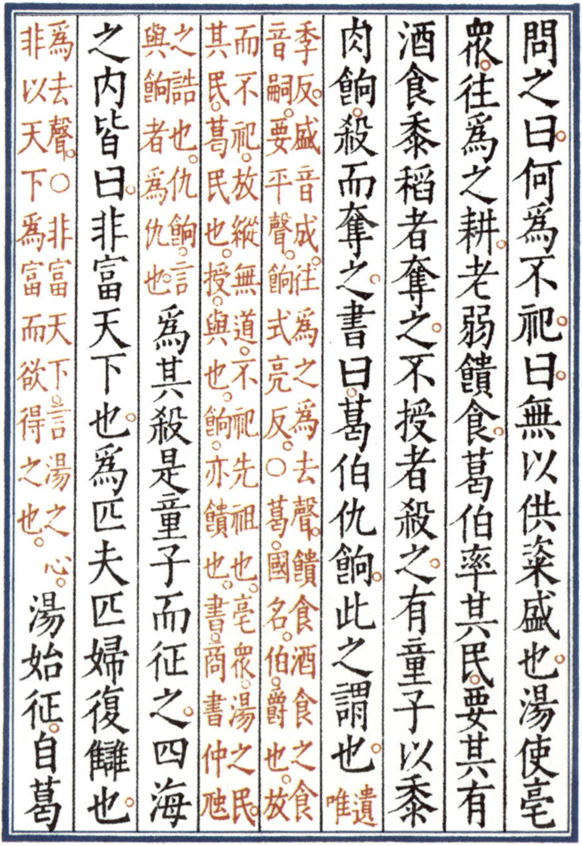
問之曰何爲不祀曰無以供粢盛也湯使亳衆往爲之耕老弱饋食葛伯率其民要其有酒食黍稻者奪之不授者殺之有童子以黍肉餉殺而奪之書曰葛伯仇餉此之謂也遺唯季反盛音成往爲之爲去聲饋食酒食之食音嗣要平聲餉式亮反○葛國名伯爵也放而不祀放縱無道不祀先祖也亳衆湯之民其民葛民也授與也餉亦饋也書商書仲虺之誥也仇餉言與餉者爲仇也爲其殺是童子而征之四海之内皆曰非富天下也爲匹夫匹婦復讎也爲去聲○非富天下言湯之心非以天下爲富而欲得之也湯始征自葛

南面而征北狄怨，曰：「奚爲後我？」民之望之，若大旱之望雨也。歸市者弗止，芸者不變。誅其君，弔其民，如時雨降，民大悅。《書》曰：「徯我后，后來其無罰。」

『「有攸不惟臣。東征，綏厥士女，匪厥玄黃，紹我周王見休，惟臣附于大邑周。」其君子實玄黃于匪以迎其君子，其小人簞食壺漿以迎其小人。救民於水火之中，取其殘而已矣。

載十一征而無敵於天下東面而征西夷怨
南面而征北狄怨曰奚爲後我民之望之若
大旱之望雨也歸市者弗止芸者不變誅其
君弔其民如時雨降民大悅書曰徯我后后
來其無罰載亦始也十一征所征十一國也餘已見前篇有攸不惟
臣東征綏厥士女匪厥玄黃紹我周王見休
惟臣附于大邑周其君子實玄黃于匪以迎
其君子其小人簞食壺漿以迎其小人救民
於水火之中取其殘而已矣食音嗣○按周書武成篇載武

『《太誓》曰：「我武惟揚，侵于之疆。則取于殘，殺伐用張，于湯有光。」

『不行王政云爾，苟行王政，四海之內，皆舉首而望之，欲以爲君。齊楚雖大，何畏焉？』

王之言。孟子約其文如此。然其辭時與今書文不類。今姑依此文解之。有所不惟臣。謂助紂爲惡而不爲周臣者。匪與篚同。玄黃幣也。紹繼也。猶言事也。言其士女以篚盛玄黃之幣。迎武王而事之也。商人而曰我周王。猶商書所謂我后也。休美也。言武王能順天休命而事之者皆見休也。臣附歸服也。孟子又釋其意言商人聞周師之來。各以其類相迎者以武王能拯民於水火之中。取其殘民者誅之。而不爲暴虐耳。君子謂在位之人。小人謂細民也。

大誓曰我武惟揚侵于之疆則取于殘殺伐用張于湯有光

大誓周書也。今書文亦小異。言武王威武奮揚侵彼紂之疆界。取其殘賊。而殺伐之功。因以張大。比於湯之伐桀。又有光焉。引此以證上文取其殘之義。

不行王政云爾苟行王政四海之內

孟子謂戴不謂曰：『子欲子之王之善與？我明告子。有楚大夫於此，欲其子之齊語也，則使齊人傅諸？使楚人傅諸？』曰：『使齊人傅之。』曰：『一齊人傅之，眾楚人咻之，雖日撻而求其齊也，不可得矣；引而置之莊嶽之間數年，雖日撻而求其楚，亦不可得矣。』

皆舉首而望之欲以爲君齊楚雖大何畏焉宋實不能行王政後果爲齊所滅王偃走死○尹氏曰爲國者能自治而得民心則天下皆將歸往之恨其征伐之不早也尚何強國之足畏哉苟不自治而以強弱之勢言之是可畏而已矣○孟子謂戴不勝曰子欲子之王之
善與我明告子有楚大夫於此欲其子之齊
語也則使齊人傅諸使楚人傅諸曰使齊人
傅之曰一齊人傅之衆楚人咻之雖日撻而
求其齊也不可得矣引而置之莊嶽之間數
年雖日撻而求其楚亦不可得矣與平聲咻音休○戴

『子謂薛居州，善士也，使之居於王所。在於王所者，長幼卑尊，皆薛居州也，王誰與爲不善？在王所者，長幼卑尊，皆非薛居州也，王誰與爲善？一薛居州，獨如宋王何？』

公孫丑問曰：『不見諸侯何義？』
孟子曰：『古者不爲臣不見。

『段干木踰垣而辟之，泄柳閉門而不納，是皆已甚。迫，斯可以見矣。

不勝宋臣也。齊語齊人語也。傅教也。咻讙也。齊齊語也。莊嶽齊街里名也。楚楚語也。此先設譬以曉之也。子謂薛居州善士也使之居於王所在於王所者長幼卑尊皆薛居州也王誰與爲不善在王所者長幼卑尊皆非薛居州也王誰與爲善一薛居州獨如宋王何長上聲。居州亦宋臣。言小人衆而君子獨無以成正君之功。○公孫丑問曰不見諸侯何義孟子曰古者不爲臣不見不爲臣謂未仕於其國者也。此不見諸侯之義也。段干木踰垣而辟之泄柳閉門而不内是皆已甚迫斯可以見矣辟去聲。内

『陽貨欲見孔子。而惡無禮。大夫有賜於士，不得受於其家，則往拜其門。陽貨矙孔子之亡也，而餽孔子蒸豚，孔子亦矙其亡也，而往拜之。當是時，陽貨先，豈得不見？

『曾子曰：「脅肩諂笑，病于夏畦。」

與納同。○段干木，魏文侯時人。泄柳，魯繆公時人。文侯、繆公欲見此二人，而二人不肯見之。蓋未爲臣也。已甚，過甚也。迫，謂求見之切也。

陽貨欲見孔子而惡無禮。大夫有賜於士，不得受於其家，則往拜其門。陽貨矙孔子之亡也，而饋孔子蒸豚，孔子亦矙其亡也，而往拜之。當是時，陽貨先，豈得不見？

欲見之見，音現。惡，去聲。矙，音勘。○此又引孔子之事，以明可見之節也。欲見孔子，欲召孔子來見己也。惡無禮，畏人以己爲無禮也。受於其家，對使人拜受於家也。其門，大夫之門也。矙，窺也。陽貨於魯爲大夫，孔子爲士，故以此物及其不在而饋之，欲其來拜而見之也。先，謂先來加禮也。

曾子曰：脅肩諂笑，病于夏

子路曰：「未同而言，觀其色赧赧然，非由之所知也。」由是觀之，則君子之所養可知已矣。』

戴盈之曰：『什一，去關市之征，今茲未能。請輕之，以待來年，然後已，何如？』

畦。子路曰。未同而言。觀其色赧赧然。非由之所知也。由是觀之。則君子之所養可知已矣

脅虛業反。赧奴簡反。○脅肩。竦體。諂笑。強笑。皆小人側媚之態也。病。勞也。夏畦。夏月治畦之人也。言為此者。其勞過於夏畦之人也。未同而言。與人未合而強與之言也。赧赧。慙而面赤之貌。由。子路名。言非己所知。甚惡之之辭也。孟子言由此二言觀之。則二子之所養可知。必不肯不俟其禮之至。而輒往見之也。○此章言聖人禮義之中正。過之者傷於迫切而不洪。不及者淪於汙賤而可恥。

○戴盈之曰。什一。去關市之征。今茲未能。請輕之。以待來年。然後已。何如。

去上聲。○盈之。亦宋大夫也。什一。井田之法也。關市之征。商賈之稅也。已。止也。

孟

孟子曰：『今有人日攘其鄰之雞者，或告之曰：「是非君子之道。」曰：「請損之，月攘一雞；以待來年，然後已。」

『如知其非義，斯速已矣，何待來年？』

公都子曰：『外人皆稱夫子好辯，敢問何也？』孟子曰：『予豈好辯哉？予不得已也。

『天下之生久矣，一治一亂。

『當堯之時，水逆行，泛濫於中國。蛇龍居之，民無所定。下者爲巢，上者爲營窟。《書》曰：「洚水警

子曰。今有人日攘其鄰之雞者。或告之曰。是非君子之道。曰。請損之。月攘一雞。以待來年。然後已。攘如羊反。○攘，物自來而取之也。損，減也。如知其非義。斯速已矣。何待來年。知義理之不可而不能速改，與月攘一雞何以異哉。

○公都子曰。外人皆稱夫子好辯。敢問何也。孟子曰。予豈好辯哉。予不得已也。好去聲。下同。天下之生久矣。一治一亂。治去聲。○生，謂生民也。一治一亂，氣化盛衰，人事得失，反覆相尋，理之常也。當堯之時。水逆行。氾濫於中國。蛇龍居之。民無所定。下者爲巢。上者爲

餘。」洚水者，洪水也。

『使禹治之。禹掘地而注之海，驅蛇龍而放之菹，水由地中行，江、淮、河、漢是也。險阻既遠，鳥獸之害人者消，然後人得平土而居之。

『堯舜既沒，聖人之道衰。暴君代作，壞宮室以爲污池，民無所安息；棄田以爲園囿，使民不得衣食。邪說暴行又作。園囿污地

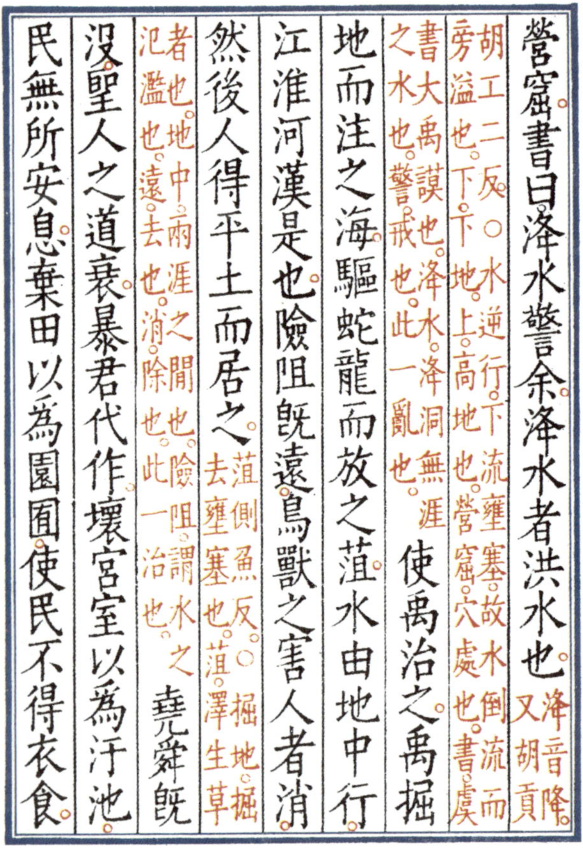
警窟書曰洚水警余洚水者洪水也
洚音降又胡貢胡工二反○水逆行下流壅塞故水倒流而旁溢也下下地上高地也營窟穴處也書虞書大禹謨也洚水洚洞無涯之水也警戒也此一亂也
使禹治之禹掘地而注之海驅蛇龍而放之菹水由地中行江淮河漢是也險阻既遠鳥獸之害人者消然後人得平土而居之
菹側魚反○掘地掘去壅塞也菹澤生草者也地中兩涯之間也險阻謂水之氾濫也遠去也消除也此一治也
堯舜既沒聖人之道衰暴君代作壞宮室以爲汙池民無所安息棄田以爲園囿使民不得衣食

沛澤多，而禽獸至。及紂之身，天下又大亂。

『周公相武王，誅紂伐奄，三年討其君，驅飛廉於海隅而戮之，滅國者五十，驅虎豹犀象而遠之。天下大悅。《書》曰：「丕顯哉，文王謨！丕承哉，武王烈！佑啓我後人，咸以正無缺。」』

邪說暴行又作園囿汙池沛澤多而禽獸至

及紂之身天下又大亂壞音怪行去聲下同沛蒲內反○暴君謂夏太康孔甲履癸商武乙之類也宮室民居也沛草木之所生也澤水所鍾也自堯舜沒至此治亂非一及紂而又一大亂也

周公相武王誅紂伐奄三年討其君驅飛廉於海隅而戮之滅國者五十驅虎豹犀象而遠之天下大悅書曰丕顯哉文王謨丕承哉武王烈佑啓我後人咸以正無缺相去聲奄平聲○奄東方之國助紂爲虐者也飛廉紂幸臣也五十國皆紂黨虐民者也書周書君牙之篇丕大也顯明也謨謀也承繼也烈光也佑助也啓開也

『世衰道微，邪說暴行有作，臣弒其君者有之，子弒其父者有之。

『孔子懼，作《春秋》。《春秋》，天子之事也。是故孔子曰：「知我者其惟《春秋》乎！罪我者其惟《春秋》乎！」

『聖王不作，諸侯放恣，處士橫議，楊朱、墨翟之言盈天下。天下之言，

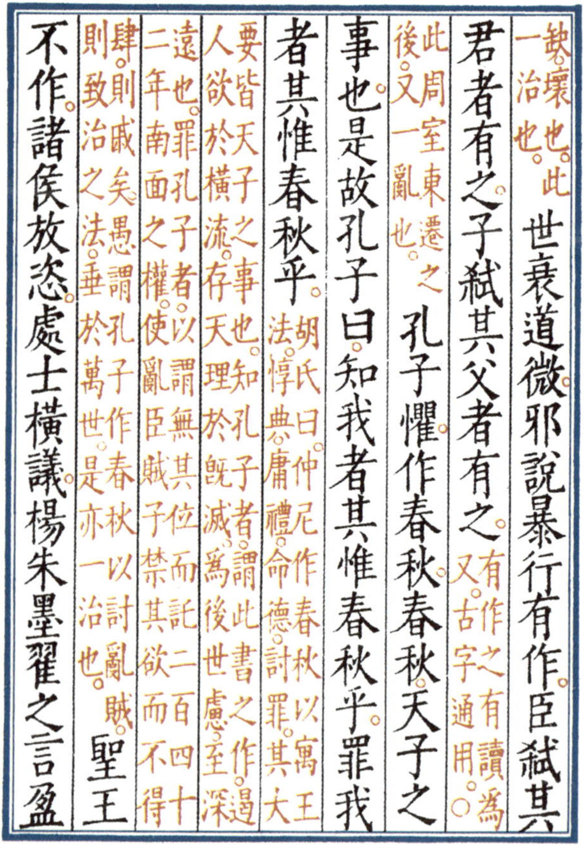
缺壞也。此一治也。世衰道微，邪說暴行有作，臣弒其君者有之，子弒其父者有之。有作之有讀爲又，古字通用。此周室東遷之後，又一亂也。孔子懼，作春秋。春秋，天子之事也。是故孔子曰：知我者其惟春秋乎！罪我者其惟春秋乎！胡氏曰：仲尼作春秋以寓王法。惇典、庸禮、命德、討罪，其大要皆天子之事也。知孔子者，謂此書之作，遏人欲於橫流，存天理於既滅，爲後世慮至深遠也。罪孔子者，以謂無其位而託二百四十二年南面之權，使亂臣賊子禁其欲而不得肆，則戚矣。愚謂孔子作春秋以討亂賊，則致治之法垂於萬世，是亦一治也。聖王不作，諸侯放恣，處士橫議，楊朱墨翟之言盈

不歸楊，則歸墨。楊氏爲我，是無君也；墨氏兼愛，是無父也。無父無君，是禽獸也。公明儀曰：「庖有肥肉，廄有肥馬，民有飢色，野有餓莩，此率獸而食人也。」楊墨之道不息，孔子之道不著，是邪說誣民，充塞仁義也。仁義充塞，則率獸食人，人將相食。

天下天下之言不歸楊則歸墨楊氏爲我是無君也墨氏兼愛是無父也無父無君是禽獸也公明儀曰庖有肥肉廄有肥馬民有飢色野有餓莩此率獸而食人也楊墨之道不息孔子之道不著是邪說誣民充塞仁義也仁義充塞則率獸食人人將相食

横爲皆去聲莩皮表反○楊朱但知愛身而不復知有致身之義故無君墨子愛無差等而視其至親無異衆人故無父無父無君則人道滅絕是亦禽獸而已公明儀之言義見首篇充塞仁義謂邪說徧滿妨於仁義也孟子引儀之言以明楊墨道行則人皆無父無君以陷於禽獸而大

『吾爲此懼，閑先聖之道，距楊墨，放淫辭，邪說者不得作。作於其心，害於其事；作於其事，害於其政。聖人復起，不易吾言矣。

『昔者禹抑洪水而天下平，周公兼夷狄、驅猛獸而百姓寧，孔子成《春秋》而亂臣賊子懼。

亂將起。是亦率獸食人而人又相食也。此又一亂也。吾爲此懼閑先聖之道距楊墨放淫辭邪說者不得作作於其心害於其事作於其事害於其政聖人復起不易吾言矣。爲去聲。復扶又反。○閑衛也。放驅而遠之也。作起也。事所行。政大體也。孟子雖不得志於時。然楊墨之害自是滅息。而君臣父子之道賴以不墜。是亦一治也。程子曰。楊墨之害甚於申韓。佛氏之害甚於楊墨。蓋楊氏爲我疑於義。墨氏兼愛疑於仁。申韓則淺陋易見。故孟子止闢楊墨。爲其惑世之甚也。佛氏之言近理。又非楊墨之比。所以爲害尤甚。昔者禹抑洪水而天下平周公兼夷狄驅猛獸而百姓寧孔子成春秋而亂臣

『《詩》云：「戎狄是膺，荊舒是懲；則莫我敢承。」無父無君，是周公所膺也。

『我亦欲正人心、息邪說、距詖行、放淫辭，以承三聖者。豈好辯哉？予不得已也。

『能言距楊墨者，聖人之徒也。』

賊子懼。抑，止也。兼，并之也。總結上文也。詩云戎狄是膺，荊舒是懲，則莫我敢承。無父無君，是周公所膺也。說見上篇。承，當也。

我亦欲正人心，息邪說，距詖行，放淫辭，以承三聖者。豈好辯哉？予不得已也。行、好，皆去聲。○詖淫解見前篇。辭者，說之詳也。承，繼也。三聖，禹、周公、孔子也。蓋邪說橫流，壞人心術，甚於洪水猛獸之災，慘於夷狄篡弒之禍，故孟子深懼而力救之。再言豈好辯哉，予不得已也，所以深致意焉。然非知道之君子，孰能真知其所以不得已之故哉。

能言距楊墨者，聖人之徒也。言苟有能為此距楊墨之說者，則其所趨正矣，雖未必知道，是亦聖人之徒也。孟子既答公都子之問，而意有未盡，故復言此。蓋邪

匡章曰：『陳仲子，豈不誠廉士哉？居於於陵，三日不食，耳無聞，目無見也。井上有李，螬食實者過半矣，匍匐往將食之，三咽，然後耳有聞、目有見。』

說害正。人人得而攻之。不必聖賢。如春秋之法。亂臣賊子。人人得而討之。不必士師也。聖人救世立法之意。其切如此。若以此意推之則不能攻討。而又唱爲不必攻討之說者。其爲邪詖之徒。亂賊之黨可知矣。○尹氏曰。學者於是非之原。毫釐有差。則害流於生民。禍及於後世。故孟子辨邪說如是之嚴。而自以爲承三聖之功也。當是時。方且以好辯目之是以常人之心而度聖賢之心也。

○匡章曰陳仲子豈不誠廉士哉居於陵三日不食耳無聞目無見也井上有李螬食實者過半矣匍匐往將食之三咽然後耳有聞目有見於音烏下於陵同。螬音曹。咽音宴。○匡章。陳仲子。皆齊人。廉。有分辨。不苟取也。於陵。地名。螬。蠐螬蟲也。匍匐。言無力不能行也。

孟子曰：『於齊國之士，吾必以仲子爲巨擘焉。雖然，仲子惡能廉？充仲子之操，則蚓而後可者也。

『夫蚓，上食槁壤，下飲黃泉。仲子所居之室，伯夷之所筑與？抑亦盜蹠之所筑與？所食之粟，伯夷之所樹與？抑亦盜蹠之所樹與？是未可知也。』

咽。吞也。

孟子曰。於齊國之士。吾必以仲子爲巨擘焉。雖然仲子惡能廉。充仲子之操則蚓而後可者也。擘薄厄反。惡平聲。蚓音引。○巨擘大指也。言齊人中有仲子。如衆小指中有大指也。充推而滿之也。操所守也。蚓丘蚓也。言仲子未得爲廉也。必若滿其所守之志。則惟丘蚓之無求於世。然後可以爲廉耳。

夫蚓上食槁壤。下飲黃泉。仲子所居之室。伯夷之所築與。抑亦盜跖之所築與。所食之粟。伯夷之所樹與。抑亦盜跖之所樹與。是未可知也。夫音扶。與平聲。○槁壤。乾土也。黃泉。濁水也。抑。發語辭也。言蚓無求於人而自足。而仲子未免居室食粟。若所從來或有

曰：『是何傷哉？彼身織屨、妻辟纑，以易之也。』

曰：『仲子，齊之世家也。兄戴，蓋祿萬鍾。以兄之祿爲不義之祿而不食也，以兄之室爲不義之室而不居也，避兄離母，處於於陵。他日歸，則有餽其兄生鵝者，己頻顣曰：「惡用是鶃鶃者爲哉？」他日其母殺是鵝也，與之食之。其兄自外至，曰：「是鶃鶃之肉也。」出而哇之。

非義則是未能如蚓之廉也。曰是何傷哉彼身織屨妻辟纑以易之也辟音壁纑音盧辟績也纑練麻也○曰仲子齊之世家也兄戴蓋祿萬鍾以兄之祿爲不義之祿而不食也以兄之室爲不義之室而不居也辟兄離母處於於陵他日歸則有饋其兄生鵝者己頻顣曰惡用是鶃鶃者爲哉他日其母殺是鵝也與之食之其兄自外至曰是鶃鶃之肉也出而哇之蓋音閤辟音避頻與顰同顣與蹙同子六反惡平聲鶃魚一反哇音蛙○世家世卿之家兄名戴食采於蓋其入萬鍾也歸自於陵

『以母則不食，以妻則食之；以兄之室則弗居，以於陵則居之。是尚爲能充其類也乎？若仲子者，蚓而後充其操者也。』

歸也。己，仲子也。鶃鶃，鵝聲也。頻顣而言。以其兄受饋爲不義也。哇，吐之也。

以母則不食，以妻則食之；以兄之室則弗居，以於陵則居之。是尚爲能充其類也乎？若仲子者，蚓而後充其操者也。

言仲子以母之食、兄之室爲不義而不食不居。其操守如此。至於妻所易之粟，於陵所居之室，既未必伯夷之所爲，則亦不義之類耳。今仲子於此則不食不居，於彼則食之居之，豈爲能充滿其操守之類者乎？必其無求自足，如丘蚓然，乃爲能滿其志而得爲廉耳。然豈人之所可爲哉？○范氏曰：天之所生，地之所養，惟人爲大。人之所以爲大者，以其有人倫也。仲子避兄離母，無親戚君臣上下，是無人倫也。豈有無人倫而可以爲廉哉？

孟子集注卷六

吴縣吴志忠校刊

孟子集注

誦讀版（下）

（戰國）孟子／著
（南宋）朱熹／集注
刁子曦／校、誦

金城出版社
GOLD WALL PRESS
·北京·

上冊目錄

下冊目錄

離婁章句上

孟子曰：『離婁之明，公輸子之巧，不以規矩，不能成方員。師曠之聰，不以六律，不能正五音。堯舜之道，不以仁政，不能平治天下。

『今有仁心仁聞，而民不被其澤，不可法於後世者，不行先王之道也。

孟子集注卷七

離婁章句上凡二十八章

孟子曰離婁之明公輸子之巧不以規矩不能成方員師曠之聰不以六律不能正五音堯舜之道不以仁政不能平治天下離婁古之明目者公輸子名班魯之巧人也規所以爲員之器也矩所以爲方之器也師曠晉之樂師知音者也六律截竹爲筩陰陽各六以節五音之上下黃鍾太蔟姑洗蕤賓夷則無射爲陽大呂夾鍾仲呂林鍾南呂應鍾爲陰也五音宮商角徵羽也范氏曰此言治天下不可無法度仁政者治天下之法度也今有仁心仁聞而民不被其

『故曰：徒善不足以爲政，徒法不能以自行。

『《詩》云：「不愆不忘，率由舊章。」遵先王之法而過者，未之有也。

澤不可法於後世者不行先王之道也聞去聲
仁心愛人之心也仁聞者有愛人之聲聞於
人也先王之道仁政是也范氏曰齊宣王不
忍一牛之死以羊易之可謂有仁心梁武帝
終日一食蔬素宗廟以麪爲犧牲斷死刑必
爲之涕泣天下知其慈仁可謂有仁聞然而
宣王之時齊國不治武帝之末江南大亂其
故何哉有仁心仁聞而
不行先王之道故也
故曰徒善不足以爲
政徒法不能以自行
徒猶空也有其心無其
政是謂徒善有其政無
其心是爲徒法程子嘗言爲政須要有綱紀
文章謹權審量讀法平價皆不可闕而又曰
必有關雎麟趾之意然後可
以行周官之法度正謂此也
詩云不愆不忘
率由舊章遵先王之法而過者未之有也詩大

『聖人既竭目力焉，繼之以規矩準繩，以爲方員平直，不可勝用也；既竭耳力焉，繼之以六律，正五音，不可勝用也；既竭心思焉，繼之以不忍人之政，而仁覆天下矣。

『故曰：爲高必因丘陵，爲下必因川澤；爲政不因先王之道，可謂智乎？

雅假樂之篇。愆，過也。率，循也。章，典法也。所行不過差不遺忘者，以其循用舊典故也。

聖人既竭目力焉，繼之以規矩準繩，以爲方員平直，不可勝用也；既竭耳力焉，繼之以六律，正五音，不可勝用也；既竭心思焉，繼之以不忍人之政，而仁覆天下矣。

勝，平聲。○準，所以爲平；繩，所以爲直。覆，被也。此言古之聖人既竭耳目心思之力，然猶以爲未足以徧天下、及後世，故制爲法度以繼續之，則其用不窮，而仁之所被者廣矣。

故曰：爲高必因丘陵，爲下必因川澤；爲政不因先王之道，可謂智乎？

丘陵本高，川澤本下，爲高下者因之，則用力少而成功多矣。鄒氏曰：自章首至此，論

『是以惟仁者宜在高位。不仁而在高位，是播其惡於衆也。

『上無道揆也，下無法守也；朝不信道，工不信度；君子犯義，小人犯刑，國之所存者幸也。

『故曰：城郭不完，兵甲不多，非國之災也；田野不辟，貨財不聚，

以仁心仁聞行先王之道是以惟仁者宜在高位不仁而在高位是播其惡於衆也仁者有仁心仁聞而能擴而充之以行先王之道者也播惡於衆謂貽患於下也上無道揆也下無法守也朝不信道工不信度君子犯義小人犯刑國之所存者幸也朝音潮○此言不仁而在高位之禍也道義理也揆度也法制度也道揆謂以義理度量事物而制其宜法守謂以法度自守工官也度卽法也君子小人以位而言也由上無道揆故下無法守無道揆則朝不信道而君子犯義無法守則工不信度而小人犯刑有此六者其國必亡其不亡者僥倖而已故曰城郭不完兵甲不多非國之災也田野不辟

非國之害也；上無禮，下無學，賊民興，喪無日矣。

《詩》曰：「天之方蹶，無然泄泄。」

『泄泄，猶沓沓也。

『事君無義，進退無禮，言則非先王之道者，猶沓沓也。

『故曰：責難於君謂之恭，陳善閉邪謂之敬，吾君不能謂之賊。』

貨財不聚，非國之害也。上無禮，下無學，賊民興，喪無日矣。辟與闢同。喪，去聲。○上不知禮，則無以教民；下不知學，則易與爲亂。鄒氏曰：「自是以惟仁者至此，所以責其君。」

詩曰：「天之方蹶，無然泄泄。」蹶，居衛反。泄，弋制反。○詩大雅板之篇。蹶，顚覆之意。泄泄，怠緩悅從之貌。言天欲顚覆周室，羣臣無得泄泄然，不急救正之。

泄泄，猶沓沓也。沓，徒合反。○沓沓，卽泄泄之意。蓋孟子時人語如此。

事君無義，進退無禮，言則非先王之道者，猶沓沓也。非，詆毀也。

故曰：責難於君謂之恭，陳善閉邪謂之敬，吾君不能謂之賊。范氏曰：「人臣以難事責於君，使其君爲堯舜之君者，尊君之大也；開陳善道以

孟子曰：『規矩，方員之至也。聖人，人倫之至也。

『欲爲君，盡君道；欲爲臣，盡臣道，二者皆法堯舜而已矣。不以舜之所以事堯事君，不敬其君者也；不以堯之所以治民治民，賊其民者也。

『孔子曰：「道二，仁與不仁而已矣。」

禁閉君之邪心惟恐其君或陷於有過之地者敬君之至也謂其君不能行善道而不以告者賊害其君之甚也鄒氏曰自詩云天之方蹶至此所以責其臣○鄒氏曰此章言爲治者當有仁心仁聞以行先王之政而君臣又當各任其責也○孟子曰規矩方員之至也聖人人倫之至也至極也人倫說見前篇規矩盡所以爲方員之理猶聖人盡所以爲人之道欲爲君盡君道欲爲臣盡臣道二者皆法堯舜而已矣不以舜之所以事堯事君不敬其君者也不以堯之所以治民治民賊其民者也法堯舜以盡君臣之道猶用規矩以盡方員之極此孟子所以道性善而稱堯舜也孔子曰道二仁

『暴其民甚，則身弒國亡；不甚，則身危國削。名之曰「幽」、「厲」，雖孝子慈孫，百世不能改也。

『《詩》云「殷鑒不遠，在夏后之世」，此之謂也。』

『孟子曰：『三代之得天下也以仁，其失天下也以不仁，

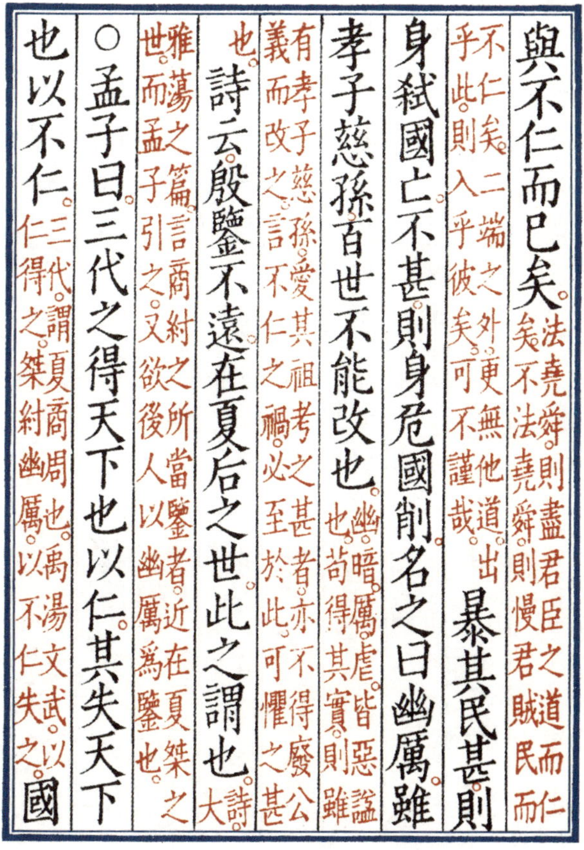
與不仁而已矣。〔法堯舜則盡君臣之道而仁矣，不法堯舜則慢君賊民而不仁矣。二端之外，更無他道。出乎此則入乎彼矣，可不謹哉。〕暴其民甚，則身弒國亡；不甚，則身危國削。名之曰幽厲，雖孝子慈孫，百世不能改也。〔幽，暗；厲，虐，皆惡謚也。苟得其實，則雖有孝子慈孫愛其祖考之甚者，亦不得廢公義而改之。言不仁之禍必至於此，可懼之甚也。〕詩云：殷鑒不遠，在夏后之世。此之謂也。〔詩大雅蕩之篇。言商紂之所當鑒者，近在夏桀之世。而孟子引之，又欲後人以幽厲爲鑒也。〕

○孟子曰：三代之得天下也以仁，其失天下也以不仁。〔三代，謂夏商周也。禹湯文武以仁得之，桀紂幽厲以不仁失之。〕國

『國之所以廢興存亡者亦然。

『天子不仁，不保四海；諸侯不仁，不保社稷；卿大夫不仁，不保宗廟；士庶人不仁，不保四體。

『今惡死亡而樂不仁，是由惡醉而彊酒。』

孟子曰：『愛人不親反其仁，治人不治反其智，禮人不答反其敬。行有不得者，皆反求諸己。其身正而天下歸之。

之所以廢興存亡者亦然。國謂諸侯之國。天子不仁。不保四海。諸侯不仁。不保社稷。卿大夫不仁。不保宗廟。士庶人不仁。不保四體。言必死亡。今惡死亡而樂不仁。是猶惡醉而強酒。惡去聲。樂音洛。強上聲。○此承上章之意而推言之也。

○孟子曰愛人不親反其仁。治人不治反其智。禮人不答反其敬。治人之治平聲。不治之治去聲。○我愛人而人不親我。則反求諸己。恐我之仁未至也。智敬放此。

行有不得者。皆反求諸己。其身正而天下歸之。不得。謂不得其所欲。如不親不治不答是也。反求諸己。謂反其仁反其智反其敬也。

《詩》云：「永言配命，自求多福。」』

孟子曰：『人有恆言，皆曰「天下國家」。天下之本在國，國之本在家，家之本在身。』

孟子曰：『爲政不難，不得罪於巨室。巨室之所慕，一國慕之；一國之所慕，天下慕之。故沛然德教溢乎四海。』

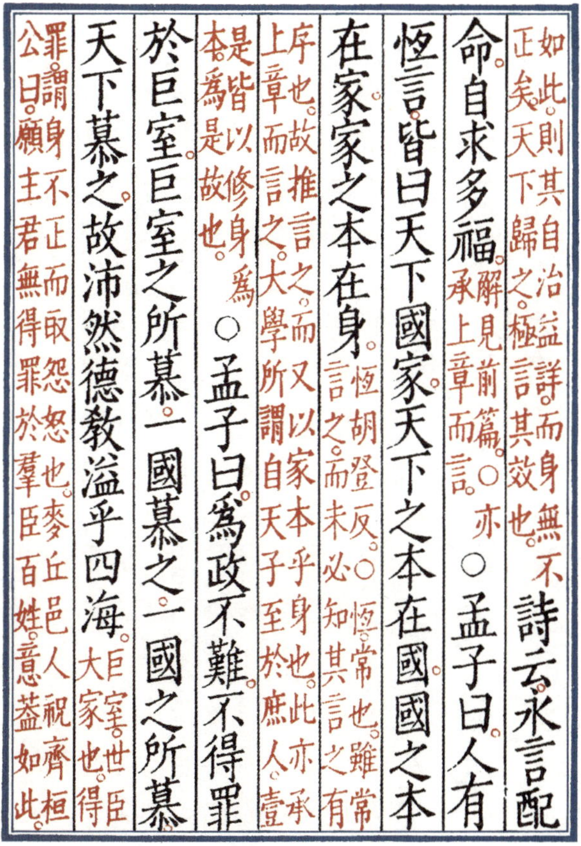

如此則其自治益詳而身無不正矣天下歸之極言其效也詩云永言配命自求多福解見前篇○亦承上章而言○孟子曰人有恆言皆曰天下國家天下之本在國國之本在家家之本在身恆胡登反○恆常也雖常言之而未必知其言之有序也故推言之而又以家本乎身也此亦承上章而言之大學所謂自天子至於庶人壹是皆以修身爲本爲是故也○孟子曰爲政不難不得罪於巨室巨室之所慕一國慕之一國之所慕天下慕之故沛然德敎溢乎四海巨室世臣大家也得罪謂身不正而取怨怒也麥丘邑人祝齊桓公曰願主君無得罪於羣臣百姓意蓋如此

孟子曰：『天下有道，小德役大德，小賢役大賢。天下無道，小役大，弱役彊。斯二者，天也。順天者存，逆天者亡。

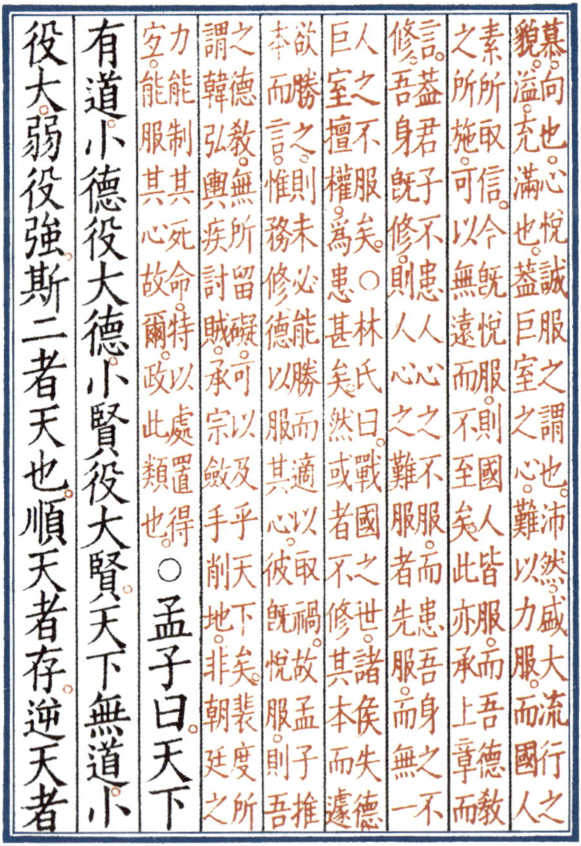
慕向也。心悅誠服之謂也。沛然盛大流行之貌。溢充滿也。蓋巨室之心難以力服。而國人素所取信。今既悅服。則國人皆服。而吾德教之所施。可以無遠而不至矣。此亦承上章而言。蓋君子不患人心之不服。而患吾身之不修。吾身既修。則人心之難服者先服。而無一人之不服矣。○林氏曰。戰國之世。諸侯失德巨室擅權。爲患甚矣。然或者不修其本而遽欲勝之。則未必能勝而適以取禍。故孟子推本而言。惟務修德以服其心。彼既悅服。則吾之德教。無所留礙。可以及乎天下矣。裴度所謂韓弘輿疾討賊。承宗斂手削地。非朝廷之力能制其死命。特以處置得宜。能服其心。故爾。政此類也。○孟子曰。天下有道。小德役大德。小賢役大賢。天下無道。小役大。弱役強。斯二者天也。順天者存。逆天者

『齊景公曰：「既不能令，又不受命，是絕物也。」涕出而女於吳。

『今也小國師大國而恥受命焉，是猶弟子而恥受命於先師也。

『如恥之，莫若師文王。師文王，大國五年，小國七年，必爲政於天下矣。

亡。有道之世。人皆修德。而位必稱其德之大小。天下無道。人不修德。則但以力相役而已。天者。理勢之當然也。齊景公曰既不能令又不受命是絕物也。涕出而女於吳。女去聲。○引此以言小役大弱役強之事也。令出令以使人也。受命聽命於人也。物。猶人也。女。以女與人也。吳。蠻夷之國也。景公恥與爲昏而畏其強。故涕泣而以女與之。今也小國師大國而恥受命焉。是猶弟子而恥受命於先師也。言小國不修德以自強。其般樂怠敖。皆若效大國之所爲者。而獨恥受其教命。不可得也。如恥之。莫若師文王。師文王。大國五年。小國七年。必爲政於天下矣。此因其愧恥之心而勉以修德也。文王之政。布

『《詩》云：「商之孫子，其麗不億。上帝既命，侯于周服。侯服于周，天命靡常。殷士膚敏，祼將于京。」孔子曰：「仁不可爲衆也。夫國君好仁，天下無敵。」

在方策。舉而行之。所謂師文王也。五年七年。以其所乘之勢不同爲差。蓋天下雖無道。然修德之至。則道自我行。而大國反爲吾役矣。程子曰。五年七年。聖人度其時則可矣。然凡此類。學者皆當思其作爲如何。乃有益耳。

詩云。商之孫子。其麗不億。上帝既命。侯于周服。侯服于周。天命靡常。殷士膚敏。祼將于京。孔子曰。仁不可爲衆也。夫國君好仁。天下無敵。

祼音灌。夫音扶。好去聲。○詩大雅文王之篇。孟子引此詩及孔子之言。以言文王之事。麗。數也。十萬曰億。侯。維也。商士。商孫子之臣也。膚。大也。敏。達也。祼。宗廟之祭。以鬱鬯之酒灌地而降神也。將。助也。言商之孫子衆多。其數不但十萬而已。上帝既命周以天下。則凡此商之孫子。皆臣服于周矣。所以然者。以天

『今也欲無敵於天下而不以仁，是猶執熱而不以濯也。《詩》云：「誰能執熱，逝不以濯？」』

孟子曰：『不仁者可與言哉？安其危而利其菑，樂其所以亡者。不仁而可與言，則何亡國敗家之有？

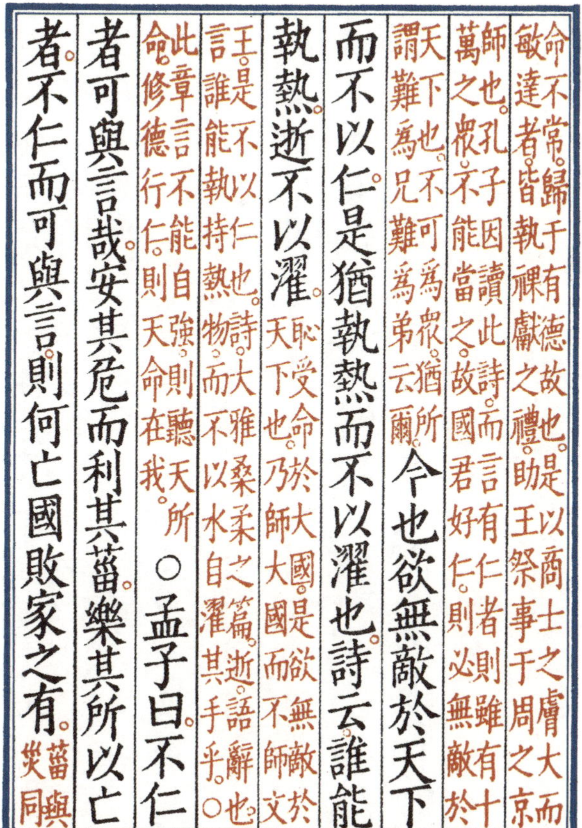

命不常。歸于有德故也。是以商士之膚大而
敏達者。皆執祼獻之禮。助王祭事于周之京
師也。孔子因讀此詩。而言有仁者則雖有十
萬之衆。不能當之。故國君好仁。則必無敵於
天下也。不可爲衆。猶所
謂難爲兄難爲弟云爾。今也欲無敵於天下
而不以仁是猶執熱而不以濯也。詩云誰能
執熱逝不以濯
恥受命於大國。是欲無敵於
天下也。乃師大國而不師文
王。是不以仁也。詩大雅桑柔之篇。逝語辭也。
言誰能執持熱物。而不以水自濯其手乎。○
此章言不能自強。則聽天所
命。修德行仁。則天命在我。○孟子曰不仁
者可與言哉安其危而利其菑樂其所以亡
者不仁而可與言則何亡國敗家之有。菑與
災同

『有孺子歌曰：「滄浪之水清兮，可以濯我纓；滄浪之水濁兮，可以濯我足。」

『孔子曰：「小子聽之。清斯濯纓，濁斯濯足矣，自取之也。」

『夫人必自侮，然後人侮之；家必自毀，而後人毀之；國必自伐，而後人伐之。

『《太甲》曰「天作孽，猶可違；自作孽，不可活」，此之謂也。』

樂音洛。○安其危利其菑者，不知其爲危菑而反以爲安利也。所以亡者，謂荒淫暴虐，所以致亡之道也。不仁之人，私欲固蔽，失其本心。故其顛倒錯亂，至於如此。所以不可告以忠言，而卒至於敗亡也。有孺子歌曰：滄浪之水清兮，可以濯我纓；滄浪之水濁兮，可以濯我足。浪音郎。○滄浪，水名。纓，冠系也。孔子曰：小子聽之。清斯濯纓，濁斯濯足矣，自取之也。言水之清濁有以自取之也。聖人聲入心通，無非至理，此類可見。夫人必自侮，然後人侮之；家必自毀，而後人毀之；國必自伐，而後人伐之。夫音扶。○所謂自取之者。太甲曰：天作孽，猶可違；自作孽，不可活。

孟子曰：『桀紂之失天下也，失其民也；失其民者，失其心也。得天下有道：得其民，斯得天下矣。得其民有道，得其心，斯得民矣。得其心有道：所欲與之聚之，所惡勿施爾也。

『民之歸仁也，猶水之就下，獸之走壙也。

此之謂也。解見前篇。○此章言心存則有以審夫得失之幾，不存則無以辨於存亡之著。禍福之來，皆其自取。○孟子曰：桀紂之失天下也，失其民也；失其民者，失其心也。得天下有道：得其民，斯得天下矣。得其民有道：得其心，斯得民矣。得其心有道：所欲與之聚之，所惡勿施爾也。惡，去聲。○民之所欲，皆為致之，如聚斂然。民之所惡，則勿施於民。鼂錯所謂人情莫不欲壽，三王生之而不傷；人情莫不欲富，三王厚之而不困；人情莫不欲安，三王扶之而不危；人情莫不欲逸，三王節其力而不盡。此類之謂也。民之歸仁也，猶水之就下，獸之走壙也。走，音奏。○壙，廣野也。言民之所

『故爲淵驅魚者獺也；爲叢敺爵者鸇也；爲湯、武驅民者，桀與紂也。

『今天下之君有好仁者，則諸侯皆爲之敺矣；雖欲無王，不可得已。

『今之欲王者，猶七年之病，求三年之艾也。茍爲不畜，終身不得。茍不志於仁，終身憂辱，以陷於死亡。

以歸乎此。以其所欲之在乎此也。

故爲淵敺魚者獺也。爲叢敺爵者鸇也。爲湯武敺民者桀與紂也。爲去聲。敺與驅同。獺音闥。爵與雀同。鸇諸延反。○淵深水也。獺食魚者也。叢茂林也。鸇食雀者也。言民之所以去此。以其所欲在彼而所畏在此也。

今天下之君有好仁者則諸侯皆爲之敺矣雖欲無王不可得已。好爲王皆去聲。

今之欲王者猶七年之病求三年之艾也。茍爲不畜終身不得。茍不志於仁終身憂辱以陷於死亡。王去聲。○艾草名。所以灸者乾久益善。夫病已深而欲求乾久之艾。固難卒辦。然自今畜之。則猶或可及。不然。則病日益深。死日益迫。而艾終

『《詩》云「其何能淑？載胥及溺」，此之謂也。』

孟子曰：『自暴者，不可與有言也；自棄者，不可與有爲也。言非禮義，謂之自暴也；吾身不能居仁由義，謂之自棄也。』

『仁，人之安宅也；義，人之正路也。

不可得矣。詩云：「其何能淑，載胥及溺。」此之謂也。詩大雅桑柔之篇。淑，善也。載，則也。胥，相也。言今之所爲，其何能善，則相引以陷於亂亡而已。

○孟子曰：「自暴者，不可與有言也；自棄者，不可與有爲也。言非禮義，謂之自暴也；吾身不能居仁由義，謂之自棄也。暴，猶害也。非，猶毀也。自害其身者，不知禮義之爲美而非毀之，雖與之言，必不見信也。自棄其身者，猶知仁義之爲美，但溺於怠惰，自謂必不能行，與之有爲，必不能勉也。程子曰：「人苟以善自治，則無不可移者，雖昏愚之至，皆可漸磨而進也。惟自暴者拒之以不信，自棄者絕之以不爲，雖聖人與居，不能化而入也，此所謂下愚之不移也。」

仁，人之安宅也；義，人之正

『曠安宅而弗居，舍正路而不由，哀哉！』

孟子曰：『道在爾而求諸遠，事在易而求諸難。人人親其親、長其長而天下平。』

孟子曰：『居下位而不獲於上，民不可得而治也。獲於上有道，不信於友，弗獲於上矣。信於友有道，

路也。仁宅已見前篇。義者宜也。乃天理之當行。無人欲之邪曲。故曰正路。曠安宅而弗居舍正路而不由哀哉舍上聲。○曠空也。由行也。○此章言道本固有而人自絕之。是可哀也。此聖賢之深戒學者所當猛省也。○孟子曰。道在爾而求諸遠。事在易而求之難。人人親其親長其長而天下平。爾邇古字通用。易去聲。長上聲。○親長在人爲甚邇。親之長之在人爲甚易。而道初不外是也。舍此而他求。則遠且難而反失之。但人人各親其親各長其長。則天下自平矣。○孟子曰。居下位而不獲於上。民不可得而治也。獲於上有道。不信於友。弗獲於上矣。信於友有道。事親弗

事親弗悅，弗信於友矣。悅親有道，反身不誠，不悅於親矣。誠身有道，不明乎善，不誠其身矣。

『是故誠者，天之道也；思誠者，人之道也。』

『至誠而不動者，未之有也。不誠，未有能動者也。』

悅弗信於友矣。悅親有道。反身不誠。不悅於親矣。誠身有道。不明乎善。不誠其身矣。獲於上得其上之信任也。誠實也。反身不誠。反求諸身而其所以爲善之心有不實也。不明乎善。不能即事以窮理。無以眞知善之所在也。游氏曰。欲誠其意。先致其知。不明乎善。不誠乎身矣。學至於誠身。則安往而不致其極哉。以內則順乎親。以外則信乎友。以上則可以得君。以下則可以得民矣。是故誠者。天之道也。思誠者。人之道也。誠者。理之在我者皆實而無僞。天道之本然也。思誠者。欲此理之在我者皆實而無僞。人道之當然也。至誠而不動者。未之有也。不誠。未有能動者也。至。極也。楊氏曰。動便是驗處。若獲乎上信乎友悅於親之

孟子曰：『伯夷辟紂，居北海之濱，聞文王作興，曰：「盍歸乎來！吾聞西伯善養老者。」太公辟紂，居東海之濱，聞文王作興，曰：「盍歸乎來！吾聞西伯善養老者。」

『二老者，天下之大老也，而歸之，是天下之父歸之也。天下之父歸之，其子焉往？

類是也。○此章述中庸孔子之言，見思誠爲修身之本，而明善又爲思誠之本。乃子思所聞於曾子，而孟子所受乎子思者，亦與大學相表裏，學者宜潛心焉。

○孟子曰：伯夷辟紂，居北海之濱，聞文王作興，曰：盍歸乎來！吾聞西伯善養老者。太公辟紂，居東海之濱，聞文王作興，曰：盍歸乎來！吾聞西伯善養老者。

辟，去聲。○作、興，皆起也。盍，何不也。西伯，卽文王也。紂命爲西方諸侯之長，得專征伐，故稱西伯。太公，姜姓，呂氏，名尚。文王發政，必先鰥寡孤獨，庶人之老皆無凍餒，故伯夷、太公來就其養，非求仕也。

二老者，天下之大老也，而歸之，是天下之父歸之也。天下之父歸之，其

『諸侯有行文王之政者，七年之內，必爲政於天下矣。』

孟子曰：『求也爲季氏宰，無能改於其德，而賦粟倍他日。孔子曰：「求非我徒也，小子鳴鼓而攻之，可也。」』

由此觀之，君不行仁政而富之，皆棄於孔子者也，況於爲之彊戰？爭

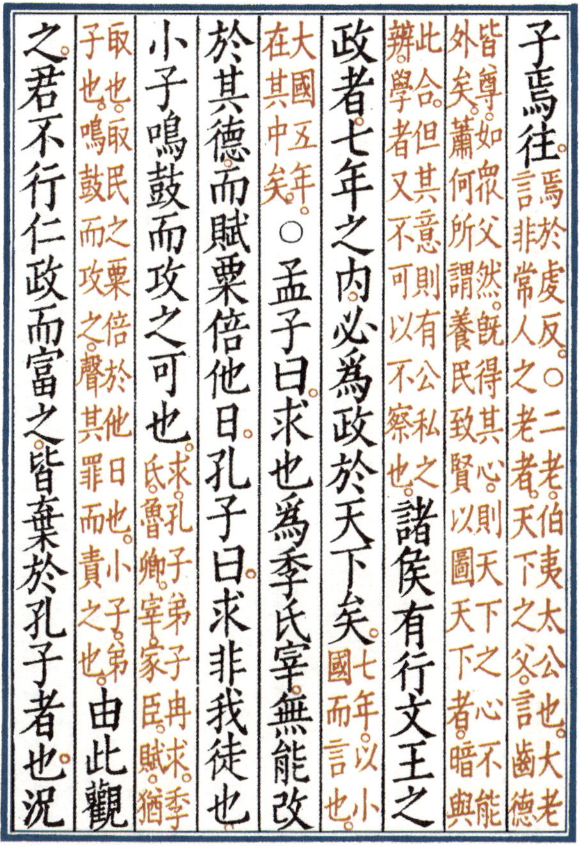
子焉往。焉於虔反。○二老伯夷太公也。大老言非常人之老者。天下之父。言齒德皆尊。如衆父然。既得其心。則天下之心不能外矣。蕭何所謂養民致賢以圖天下者。暗與此合。但其意則有公私之辨。學者又不可以不察也。諸侯有行文王之政者。七年之內。必爲政於天下矣。七年以小國而言也。大國五年。在其中矣。○孟子曰。求也爲季氏宰。無能改於其德。而賦粟倍他日。孔子曰。求非我徒也。小子鳴鼓而攻之可也。求。孔子弟子冉求。季氏。魯卿。宰。家臣。賦。猶取也。取民之粟倍於他日也。小子。弟子也。鳴鼓而攻之。聲其罪而責之也。由此觀之。君不行仁政而富之。皆棄於孔子者也。況

地以戰，殺人盈野；爭城以戰，殺人盈城，此所謂率土地而食人肉，罪不容於死。

『故善戰者服上刑，連諸侯者次之，辟草萊、任土地者次之。』

孟子曰：『存乎人者，莫良於眸子，眸子不能掩其惡。胸中正，則眸子瞭焉；胸中不正，則眸子眊焉。

於爲之強戰爭地以戰殺人盈野爭城以戰殺人盈城此所謂率土地而食人肉罪不容於死爲去聲○林氏曰富其君者奪民之財耳而夫子猶惡之況爲土地之故而殺人使其肝腦塗地則是率土地而食人之肉其罪之太雖至於死猶不足以容之也故善戰者服上刑連諸侯者次之辟草萊任土地者次之辟與闢同○善戰如孫臏吳起之徒連結諸侯如蘇秦張儀之類辟開墾也任土地謂分土授民使任耕稼之責如李悝盡地力商鞅開阡陌之類也○

孟子曰存乎人者莫良於眸子眸子不能掩其惡胸中正則眸子瞭焉胸中不正則眸子

聽其言也，觀其眸子，人焉廋哉？』

孟子曰：『恭者不侮人，儉者不奪人。侮奪人之君，惟恐不順焉，惡得爲恭儉？恭儉豈可以聲音笑貌爲哉？』

淳于髡曰：『男女授受不親，禮與？』孟子曰：『禮也。』曰：『嫂溺則援之以手乎？』曰：『嫂溺不

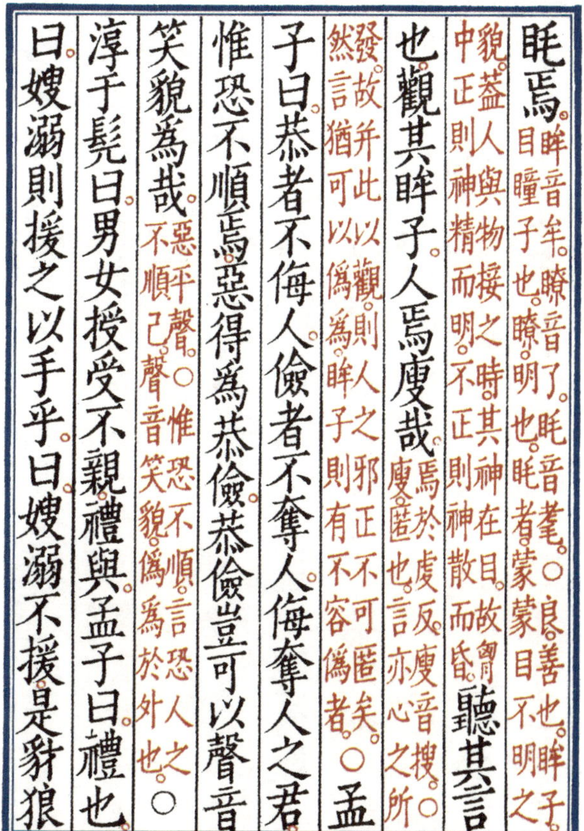
眊焉。眸音牟。瞭音了。眊音耄。○良善也。眸子目瞳子也。瞭明也。眊者蒙蒙目不明之貌。蓋人與物接之時，其神在目，故胷中正則神精而明，不正則神散而昏。聽其言也觀其眸子人焉廋哉。焉於虔反。廋音搜。○廋匿也。言亦心之所發。故幷此以觀，則人之邪正不可匿矣。然言猶可以僞爲，眸子則有不容僞者。○孟子曰恭者不侮人儉者不奪人侮奪人之君惟恐不順焉惡得爲恭儉恭儉豈可以聲音笑貌爲哉。惡平聲。○惟恐不順，言恐人之不順己。聲音笑貌，僞爲於外也。○淳于髡曰男女授受不親禮與孟子曰禮也曰嫂溺則援之以手乎曰嫂溺不援是豺狼

援，是豺狼也。男女授受不親，禮也；嫂溺援之以手者，權也。』

曰：『今天下溺矣，夫子之不援，何也？』

曰：『天下溺，援之以道；嫂溺，援之以手。子欲手援天下乎？』

公孫丑曰：『君子之不教子，何也？』

也男女授受不親禮也嫂溺援之以手者權也與平聲援音爰○淳于姓髡名齊之辯士授與也受取也古禮男女不親授受以遠別也援救之也權稱錘也稱物輕重而往來以取中者也權而得中是乃禮也曰今天下溺矣夫子之不援何也言今天下大亂民遭陷溺亦當從權以援之不可守先王之正道也曰天下溺援之以道嫂溺援之以手子欲手援天下乎言天下溺惟道可以捄之非若嫂溺可手援也今子欲援天下乃欲使我枉道求合則先失其所以援之之具矣是欲使我以手援天下乎○此章言直己守道所以濟時枉道殉人徒爲失己○公孫丑曰君子之不教子何也不親教也孟子曰勢不

孟子曰：『勢不行也。教者必以正；以正不行，繼之以怒；繼之以怒，則反夷矣。「夫子教我以正；夫子未出於正也。」則是父子相夷也。父子相夷，則惡矣。

『古者易子而教之。

『父子之間不責善，責善則離，離則不祥莫大焉。』

孟子曰：『事孰爲大？事親爲大。

行也。教者必以正。以正不行。繼之以怒。繼之以怒。則反夷矣。夫子教我以正。夫子未出於正也。則是父子相夷也。父子相夷。則惡矣。夷傷也。教子者。本爲愛其子也。繼之以怒。則反傷其子矣。父既傷其子。子之心又責其父曰。夫子教我以正道。而夫子之身未必自行正道。則是子又傷其父也。古者易子而教之。易子而教。所以全父子之恩。而亦不失其爲教。父子之間不責善。責善則離。離則不祥莫大焉。責善朋友之道也。○王氏曰。父有爭子何也。所謂爭者非責善也。當不義則爭之而已矣。父之於子也如何。曰當不義則亦戒之而已矣。○孟子曰。事孰爲大。事親爲大。

守孰爲大？守身爲大。不失其身而能事其親者，吾聞之矣；失其身而能事其親者，吾未之聞也。

『孰不爲事？事親事之本也。孰不爲守？守身守之本也。

『曾子養曾晳，必有酒肉；將徹，必請所與；問有餘，必曰「有」。曾晳死，曾元養曾子，必有酒肉；將徹，不請所與；問有餘，曰「亡矣」，將以復進也，此所謂養口體者也。若曾子，則可謂養志也。

守孰爲大守身爲大不失其身而能事其親
者吾聞之矣失其身而能事其親者吾未之
聞也守身持守其身使不陷於不義也一失其身則虧體辱親雖日用三牲之養亦
不足以爲孝矣孰不爲事事親事之本也孰不爲守
守身守之本也事親孝則忠可移於君順可移於長身正則家齊國治而
天下平曾子養曾晳必有酒肉將徹必請所與
問有餘必曰有曾晳死曾元養曾子必有酒
肉將徹不請所與問有餘曰亡矣將以復進
也此所謂養口體者也若曾子則可謂養志

『事親若曾子者，可也。』

孟子曰：『人不足與適也，政不足與間也，惟大人爲能格君心之非。君仁莫不仁，君義莫不義，君正莫不正，一正君而國定矣。』

也。養去聲。復扶又反。○此承上文事親言之。曾晳名點。曾子父也。曾元，曾子子也。曾子養其父，每食必有酒肉。食畢將徹去，必請於父曰：此餘者與誰？或父問此物尚有餘否？必曰有。恐親意更欲與人也。曾元不請所與，雖有言無。其意將以復進於親，不欲其與人也。此但能養父母之口體而已。曾子則能承順父母之志，而不忍傷之也。事親若曾子者，可也。言當如曾子之養志，不可如曾元但養口體。程子曰：子之身所能爲者，皆所當爲，無過分之事也。故事親若曾子可謂至矣，而孟子止曰可也，豈以曾子之孝爲有餘哉。○孟子曰：人不足與適也，政不足與閒也。惟大人爲能格君心之非。君仁莫不仁，君義莫不義，君正莫不正。一正君而國定矣。適音

孟子曰：『有不虞之譽，有求全之毀。』

謫。間，去聲。○趙氏曰：適，過也。間，非也。格，正也。徐氏曰：格者，物之所取正也。書曰：格其非心。愚謂間字上亦當有與字。言人君用人之非不足過謫，行政之失不足非間，惟有大人之德，則能格其君心之不正以歸於正，而國無不治矣。大人者，大德之人，正己而物正者也。○程子曰：天下之治亂，繫乎人君之仁與不仁耳。心之非，即害於政，不待乎發之於外也。昔者孟子三見齊王而不言事，門人疑之。孟子曰：我先攻其邪心，心既正，而後天下之事可從而理也。夫政事之失，用人之非，知者能更之，直者能諫之。然非心存焉，則事事而更之，後復有其事，將不勝其更矣；人人而去之，後復用其人，將不勝其去矣。是以輔相之職，必在乎格君心之非，然後無所不正；而欲格君心之非者，非有大人之德，則亦莫之能也。

○孟子曰：有不虞之譽，有求全之毀。虞，度也。呂氏曰：

孟子曰：『人之易其言也，無責耳矣。』

孟子曰：『人之患在好爲人師。』

樂正子從於子敖之齊。

樂正子見孟子。孟子曰：『子亦來見我乎？』曰：『先生何爲出此言也？』曰：『子來幾日矣？』

行不足以致譽而偶得譽，是謂不虞之譽。求免於毀而反致毀，是謂求全之毀。言毀譽之言，未必皆實，修己者不可以是遽爲憂喜，觀人者不可以是輕爲進退。

○孟子曰：「人之易其言也，無責耳矣。」易，去聲。○人之所以輕易其言者，以其未遭失言之責故耳。蓋常人之情，無所懲於前，則無所警於後。非以爲君子之學必俟有責而後不敢易其言也。然此豈亦有爲而言之與。

○孟子曰：「人之患在好爲人師。」好，去聲。○王勉曰：「學問有餘，人資於己，不得已而應之，可也。若好爲人師，則自足而不復有進矣，此人之大患也。」

○樂正子從於子敖之齊。子敖，王驩字。

樂正子見孟子。孟子曰：「子亦來見我乎？」曰：「先生何爲出此言也？」曰：「子來

曰：『昔者。』曰：『昔者，則我出此言也，不亦宜乎？』曰：『舍館未定。』曰：『子聞之也；「舍館定，然後求見長者」乎？』

曰：『克有罪。』

孟子謂樂正子曰：『子之從於子敖來，徒餔啜也。我不意子學古之道，而以餔啜也。』

幾日矣曰昔者曰昔者則我出此言也不亦宜乎曰舍館未定曰子聞之也舍館定然後求見長者乎長上聲○昔者前日也館客舍也王驩孟子所不與言者則其人可知矣樂正子乃從之行其失身之罪非大矣又不早見長者則其罪又有甚者焉故孟子姑以此責之曰克有罪陳氏曰樂正子固不能無罪矣然其勇於受責如此非好善而篤信之其能若是乎世有強辯飾非聞諫愈甚者又樂正子之罪人也○

孟子謂樂正子曰子之從於子敖來徒餔啜也我不意子學古之道而以餔啜也餔博孤反啜昌悅反○徒但也餔食也啜飲也言其不擇所從但求食耳此乃正其罪而切責之○

孟子曰：『不孝有三，無後爲大。

舜不告而娶，爲無後也，君子以爲猶告也。』

孟子曰：『仁之實，事親是也；義之實，從兄是也；

孟子曰。不孝有三。無後爲大。趙氏曰。於禮有不孝者三事。謂阿意曲從。陷親不義。一也。家貧親老。不爲祿仕。二也。不娶無子。絕先祖祀。三也。三者之中。無後爲大。舜不告而娶爲無後也。君子以爲猶告也。爲無之爲去聲。○舜告焉則不得娶。而終於無後矣。告者禮也。不告者權也。猶告言與告同也。蓋權而得中。則不離於正矣。○范氏曰。天下之道。有正有權。正者萬世之常。權者一時之用。常道人皆可守。權非體道者不能用也。蓋權出於不得已者也。若父非瞽瞍。子非大舜。而欲不告而娶。則天下之罪人也。

○孟子曰。仁之實。事親是也。義之實。從兄是也。仁主於愛。而愛莫切於事親。義主於敬。而敬莫先於從兄。故仁義之道。其用至廣。而其實不越於事親從兄之閒。蓋良心之發

『智之實，知斯二者弗去是也；禮之實，節文斯二者是也；樂之實，樂斯二者，樂則生矣。生則惡可已也，惡可已，則不知足之蹈之、手之舞之。』

孟子曰：『天下大悅而將歸己。視天下悅而歸己，猶草芥也，惟舜爲然。

最爲切近而精實者。有子以孝弟爲爲仁之本。其意亦猶此也。智之實知斯二者弗去是也禮之實節文斯二者是也樂之實樂斯二者樂則生矣生則惡可已也惡可已則不知足之蹈之手之舞之樂斯之樂則樂音洛。惡乎聲。○斯二者指事親從兄而言。知而弗去則見之明而守之固矣。節文謂品節文章。樂則生矣。謂和順從容。無所勉強。事親從兄之意。油然自生。如草木之有生意也。既有生意則其暢茂條達。自有不可遏者。所謂惡可已也。其又盛。則至於手舞足蹈而不自知矣。○此章言事親從兄。良心眞切。天下之道。皆原於此。然必知之明而守之固。然後節之密而樂之深也。

○孟子曰天下大悅而將歸己視天

不得乎親，不可以爲人；不順乎親，不可以爲子。

舜盡事親之道而瞽瞍厎豫，瞽瞍厎豫而天下化，瞽瞍厎豫而天下之爲父子者定，此之謂大孝。』

下悅而歸己，猶草芥也。惟舜爲然。不得乎親，不可以爲人；不順乎親，不可以爲子。言舜視天下之歸己如草芥，而惟欲得其親而順之也。得者，曲爲承順以得其心之悅而已。順則有以諭之於道，心與之一而未始有違，尤人所難也。爲人蓋泛言之，爲子則愈密矣。舜盡事親之道而瞽瞍厎豫，瞽瞍厎豫而天下化，瞽瞍厎豫而天下之爲父子者定，此之謂大孝。厎，之爾反。○瞽瞍，舜父名。厎，致也。豫，悅樂也。瞽瞍至頑，嘗欲殺舜，至是而厎豫焉。書所謂不格姦亦允若是也。蓋舜至此而有以順乎親矣。是以天下之爲子者，知天下無不可事之親，顧吾所以事之者未若舜耳。於是莫不勉而爲孝，至於其親亦厎豫焉，則天下之爲父者。亦莫不慈。所謂化也。子孝父慈。各止其所。而無不安其位之意。所謂定也。爲法於天下。可傳於後世。非止一身一家之孝而已。此所以爲大孝也。○李氏曰。舜之所以能使瞽瞍底豫者。盡事親之道。共爲子職。不見父母之非而已。昔羅仲素語此云。只爲天下無不是底父母。了翁聞而善之曰。惟如此而後天下之爲父子者定。彼臣弑其君子弑其父者。常始於見其有不是處耳。

孟子集注卷七

吳縣吳志忠校刊

孟子集注卷八

離婁章句下

孟子曰：『舜生於諸馮，遷於負夏，卒於鳴條，東夷之人也。

『文王生於岐周，卒於畢郢，西夷之人也。

『地之相去也，千有餘里；世之相後也，千有餘歲。得志行乎中國，若合符節。

『先聖後聖，其揆一也。』

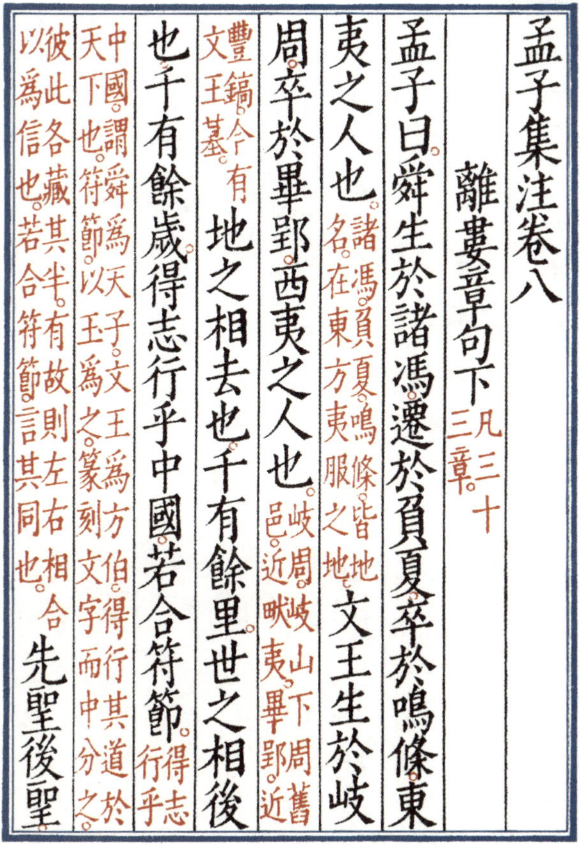
孟子集注卷八
離婁章句下凡三十三章。
孟子曰舜生於諸馮遷於負夏卒於鳴條東夷之人也。諸馮負夏鳴條皆地名。在東方夷服之地。文王生於岐周卒於畢郢西夷之人也。岐周岐山下周舊邑。近畎夷。畢郢近豐鎬。今有文王墓。地之相去也千有餘里世之相後也千有餘歲得志行乎中國若合符節。得志行乎中國謂舜爲天子。文王爲方伯。得行其道於天下也。符節以玉爲之。篆刻文字而中分之。彼此各藏其半。有故則左右相合以爲信也。若合符節言其同也。先聖後聖

子產聽鄭國之政，以其乘輿濟人於溱、洧。

孟子曰：『惠而不知爲政。

『歲十一月徒杠成，十二月輿梁成，民未病涉也。

『君子平其政，行辟人可也，焉得人人而濟之？

其揆一也。揆，度也。其揆一者，言度之而其道無不同也。○范氏曰：言聖人之生雖有先後遠近之不同，然其道則一也。

○子產聽鄭國之政，以其乘輿濟人於溱洧。乘，去聲。溱音臻。洧，榮美反。○子產，鄭大夫公孫僑也。溱洧，二水名也。子產見人有徒涉此水者，以其所乘之車載而渡之。孟子曰：惠而不知爲政。惠，謂私恩小利。政，則有公平正大之體，綱紀法度之施焉。歲十一月徒杠成，十二月輿梁成，民未病涉也。杠，音江。○杠，方橋也。徒杠，可通徒行者。梁亦橋也。輿梁，可通車輿者。周十一月，夏九月也。周十二月，夏十月也。夏令曰：十月成梁。蓋農功已畢，可用民力。又時將寒冱，水有橋梁，則民不患於徒涉，亦王政之一事也。君子平其政，行辟人可

『故爲政者，每人而悅之，日亦不足矣。』

孟子告齊宣王曰：『君之視臣如手足，則臣視君如腹心；君之視臣如犬馬，則臣視君如國人；君之視臣如土芥，則臣視君如寇讎。』

也。焉得人人而濟之。辟與闢同。焉，於虔反。○辟，辟除也。如周禮閽人爲之辟之辟。言能平其政，則出行之際，辟除行人，使之避己，亦不爲過。況國中之水，當涉者衆，豈能悉以乘輿濟之哉。故爲政者，每人而悅之，日亦不足矣。言每人皆欲致私恩以悅其意，則人多日少，亦不足於用矣。諸葛武侯嘗言治世以大德，不以小惠，得孟子之意矣。

○孟子告齊宣王曰：君之視臣如手足，則臣視君如腹心；君之視臣如犬馬，則臣視君如國人；君之視臣如土芥，則臣視君如寇讎。孔氏曰：宣王之遇臣下，恩禮衰薄，至於昔者所進，今日不知其亡，則其於羣臣，可謂邈然無敬矣。故孟子告之以此。手足腹心，相待一體，恩義

王曰：『禮爲舊君有服。何如斯可爲服矣？』

曰：『諫行言聽，膏澤下於民；有故而去，則君使人導之出疆，又先於其所往；去三年不反，然後收其田里：此之謂三有禮焉。如此則爲之服矣。

『今也爲臣，諫則不行，言則不聽，膏澤不下於民；有故而去，則君

之至也。如犬馬則輕賤之。然猶有豢養之恩焉。國人，猶言路人。言無怨無德也。土芥則踐踏之而已矣。斬艾之而已矣。其賤惡之又甚矣。寇讎之報，不亦宜乎。王曰禮爲舊君有服何如斯可爲服矣。爲，去聲。下爲之同。○儀禮曰以道去君而未絕者服齊衰三月。王疑孟子之言太甚，故以此禮爲問。曰諫行言聽膏澤下於民有故而去則君使人導之出疆又先於其所往去三年不反然後收其田里此之謂三有禮焉如此則爲之服矣。導之出疆。防剽掠也。先於其所往，稱道其賢，欲其收用之也。三年而後收其田祿里居，前此猶望其歸也。今也爲臣諫則不行言則不聽膏澤不下

搏執之，又極之於其所往；去之日，遂收其田里：此之謂寇讎。寇讎何服之有？』

孟子曰：『無罪而殺士，則大夫可以去；無罪而戮民，則士可以徙。』

孟子曰：『君仁莫不仁，君義莫不義。』

於民有故而去則君搏執之又極之於其所
往去之日遂收其田里此之謂寇讎寇讎何
服之有極窮也窮之於其所往之國如晉錮欒盈也○潘興嗣曰孟子告齊王之
言猶孔子對定公之意也而其言有迹不若孔子之渾然也蓋聖賢之別如此楊氏曰君
臣以義合者也故孟子爲齊王深言報施之道使知爲君者不可不以禮遇其臣耳若君
子之自處則豈處其薄乎孟子曰王庶幾改之予日望之君子之言蓋如此○孟
子曰無罪而殺士則大夫可以去無罪而戮
民則士可以徙言君子當見幾而作禍已迫則不能去矣○孟子
曰君仁莫不仁君義莫不義張氏曰此章重出然上篇主言

孟子曰：『非禮之禮，非義之義，大人弗爲。』

孟子曰：『中也養不中，才也養不才，故人樂有賢父兄也。如中也棄不中，才也棄不才，則賢不肖之相去，其間不能以寸。』

孟子曰：『人有不爲也，而後可以有爲。』

人臣當以正君爲急。此章直戒人君，義亦小異耳。○孟子曰：非禮之禮，非義之義，大人弗爲。察理不精，故有二者之蔽。大人則隨事而順理，因時而處宜，豈爲是哉。○孟子曰：中也養不中，才也養不才，故人樂有賢父兄也。如中也棄不中，才也棄不才，則賢不肖之相去，其間不能以寸。樂，音洛。○無過不及之謂中，足以有爲之謂才。養，謂涵育薰陶，俟其自化也。賢，謂中而才者也。樂有賢父兄者，樂其終能成己也。爲父兄者，若以子弟之不賢，遂遽絕之而不能教，則吾亦過中而不才矣。其相去之閒，能幾何哉。○孟子曰：人有不爲也，而後可以有爲。程子曰：有不爲，知所擇也。惟能有不爲，是以可

孟子曰：『言人之不善，當如後患何？』

孟子曰：『仲尼不爲已甚者。』

孟子曰：『大人者，言不必信，行不必果，惟義所在。』

孟子曰：『大人者，不失其赤子之心者也。』

以有爲。無所不爲者。安能有所爲邪。○孟子曰。言人之不善。當如後患何。此亦有爲而言。○孟子曰。仲尼不爲已甚者。已猶太也。楊氏曰。言聖人所爲本分之外不加毫末。非孟子眞知孔子。不能以是稱之。○孟子曰。大人者。言不必信。行不必果。惟義所在。行去聲。○必猶期也。大人言行。不先期於信果。但義之所在。則必從之。卒亦未嘗不信果也。○尹氏曰。主於義則信果在其中矣。主於信果。則未必合義。王勉曰。若不合於義而不信不果。則妄人爾。○孟子曰。大人者不失其赤子之心者也。大人之心。通達萬變。赤子之心。則純一無僞而已。然大人之所以爲大人。正以其不爲物誘。而有以全其純一無僞之本然。是以擴而充之。則無所

孟子曰：『養生者，不足以當大事；惟送死，可以當大事。』

孟子曰：『君子深造之以道，欲其自得之也。自得之，則居之安；居之安，則資之深；資之深，則取之左右逢其原。故君子欲其自得之也。』

不知無所不能而極其大也。○孟子曰養生者不足以當大事惟送死可以當大事養去聲。○事生固當愛敬然亦人道之常耳至於送死則人道之大變孝子之事親舍是無以用其力矣故尤以爲大事而必誠必信不使少有後日之悔也。○孟子曰君子深造之以道欲其自得之也自得之則居之安居之安則資之深資之深則取之左右逢其原故君子欲其自得之也造七到反○造詣也深造之者進而不已之意道則其進爲之方也資猶藉也左右身之兩旁言至近而非一處也逢猶値也原本也水之來處也言君子務於深造而必以其道者欲其有所持循以俟夫默識心通自然而得之於己也。

孟子曰：『博學而詳說之，將以反說約也。』

孟子曰：『以善服人者，未有能服人者也。以善養人，然後能服天下。天下不心服而王者，未之有也。』

自得於己。則所以處之者安固而不搖。處之安固。則所藉者深遠而無盡。所藉者深。則日用之間。取之至近。無所往而不值其所資之本也。○程子曰。學不言而自得者。乃自得也。有安排布置者。皆非自得也。然必潛心積慮優游饜飫於其間。然後可以有得。若急迫求之。則是私己而已。終不足以得之也。

○孟子曰。博學而詳說之。將以反說約也。言所以博學於文。而詳說其理者。非欲以誇多而鬬靡也。欲其融會貫通。有以反而說到至約之地耳。蓋承上章之意而言。學非欲其徒博。而亦不可以徑約也。

○孟子曰。以善服人者。未有能服人者也。以善養人。然後能服天下。天下不心服而王者。未之有也。王去聲。○服人者。欲以取勝於人。養人者。欲其同歸

孟子曰：『言無實不詳。不詳之實，蔽賢者當之。』

徐子曰：『仲尼亟稱於水曰：「水哉！水哉！」何取於水也？』

孟子曰：『原泉混混，不舍晝夜，盈科而後進，放乎四海；有本者如是，是之取爾。』

於善。蓋心之公私小異，而人之嚮背頓殊，學者於此，不可以不審也。○孟子曰：言無實不祥，不祥之實，蔽賢者當之。或曰：天下之言無有實不祥者，惟蔽賢爲不祥之實。或曰：言而無實者不祥，故蔽賢爲不祥之實。二說不同，未知孰是，疑或有闕文焉。○徐子曰：仲尼亟稱於水曰：水哉，水哉！何取於水也？亟，去吏反。○亟，數也。水哉水哉，歎美之辭。孟子曰：原泉混混，不舍晝夜，盈科而後進，放乎四海，有本者如是，是之取爾。舍、放，皆上聲。○原泉，有原本之水也。混混，湧出之貌。不舍晝夜，言常出不竭也。盈，滿也。科，坎也。言其進以漸也。放，至也。言水有原本，不已而漸進以至於海；如人有實行，則亦不已而漸進以至於極也。苟

『苟爲無本，七、八月之間雨集，溝澮皆盈；其涸也，可立而待也。故聲聞過情，君子恥之。』

孟子曰：『人之所以異於禽獸者幾希，庶民去之，君子存之。

爲無本七八月之閒雨集溝澮皆盈其涸也。可立而待也故聲聞過情君子恥之。澮古外反涸下各反閒去聲。○集聚也。澮田閒水道也。涸乾也。如人無實行而暴得虛譽不能長久也。聲聞名譽也。情實也。恥者恥其無實而將不繼也。林氏曰。徐子之爲人必有躐等干譽之病故孟子以是答之。○鄒氏曰。孔子之稱水其旨微矣。孟子獨取此者自徐子之所急者言之也。孔子嘗以聞達告子張矣達者有本之謂也。聞則無本之謂也。然則學者其可以不務本乎。

○孟子曰人之所以異於禽獸者幾希。庶民去之君子存之。幾希少也。庶衆也。人物之生同得天地之理以爲性同得天地之氣以爲形其不同者獨人於其閒得形氣之正而能有以全其性爲少

舜明於庶物，察於人倫，由仁義行，非行仁義也。』

孟子曰：『禹惡旨酒而好善言。

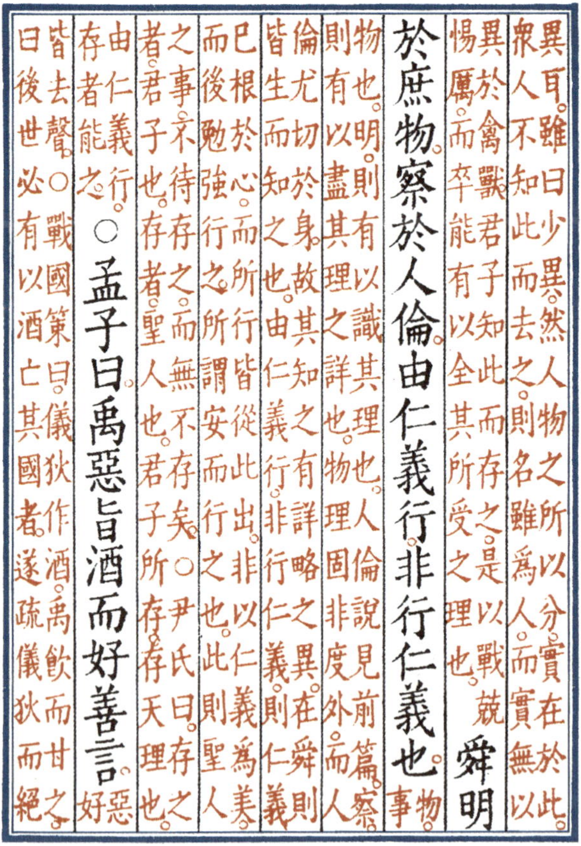
異耳。雖曰少異，然人物之所以分，實在於此。衆人不知此而去之，則名雖爲人，而實無以異於禽獸。君子知此而存之，是以戰兢惕厲，而卒能有以全其所受之理也。舜明於庶物，察於人倫，由仁義行，非行仁義也。物，事物也。明，則有以識其理也。人倫說見前篇。察，則有以盡其理之詳也。物理固非度外，而人倫尤切於身，故其知之有詳略之異。在舜則皆生而知之也。由仁義行，非行仁義，則仁義已根於心，而所行皆從此出。非以仁義爲美，而後勉強行之，所謂安而行之也。此則聖人之事，不待存之，而無不存矣。尹氏曰：存之者，君子也；存者，聖人也。君子所存，存天理也。由仁義行，存者能之。○孟子曰：禹惡旨酒而好善言。惡、好，皆去聲。○戰國策曰：儀狄作酒，禹飲而甘之，曰：後世必有以酒亡其國者。遂疏儀狄而絕

『湯執中，立賢無方。

『文王視民如傷，望道而未之見。

『武王不泄邇，不忘遠。

『周公思兼三王，以施四事：其有不合者，仰而思之，夜以繼日；幸而得之，坐以待旦。』

旨酒。書曰。禹拜昌言。湯執中。立賢無方。執。謂守而不失。中者。無過不及之名。方。猶類也。立賢無方。惟賢則立之於位。不問其類也。文王視民如傷。望道而未之見。而。讀為如。古字通用。○民已安矣。而視之猶若有傷。道已至矣。而望之猶若未見。聖人之愛民深。而求道切如此。不自滿足。終日乾乾之心也。武王不泄邇。不忘遠。泄。狎也。邇者人所易狎而不泄。遠者人所易忘而不忘。德之盛。仁之至也。周公思兼三王。以施四事。其有不合者。仰而思之。夜以繼日。幸而得之。坐以待旦。三王。禹也。湯也。文武也。四事。上四條之事也。時異勢殊。故其事或有所不合。思而得之。則其理初不異矣。坐以待旦。急於行也。○此承上章言舜。因歷叙羣聖以繼之。而各舉

孟子曰：『王者之迹熄而《詩》亡，《詩》亡然後《春秋》作。

『晉之《乘》、楚之《檮杌》、魯之《春秋》，一也。

其一事。以見其憂勤惕厲之意。蓋天理之所以常存，而人心之所以不死也。○程子曰。孟子所稱，各因其一事而言。非謂武王不能執中立賢，湯却泄邇忘遠也。人謂各舉其盛，亦非也。聖人亦無不盛。

○孟子曰。王者之迹熄而詩亡。詩亡然後春秋作。

王者之迹熄，謂平王東遷而政教號令不及於天下也。詩亡，謂黍離降爲國風而雅亡也。春秋，魯史記之名。孔子因而筆削之，始於魯隱公之元年。實平王之四十九年也。

晉之乘。楚之檮杌。魯之春秋。一也。

乘，去聲。檮，音逃。杌，音兀。○乘義未詳。趙氏以爲興於田賦乘馬之事。或曰。取記載當時行事而名之也。檮杌，惡獸名。古者因以爲凶人之號，取記惡垂戒之義也。春秋者，記事者必表年以首事。年有四時，故錯舉以爲所記之名也。古者列國皆有史官，掌記時事。此

其事則齊桓、晉文，其文則史。
孔子曰：「其義則丘竊取之矣。」』

孟子曰：『君子之澤，五世而斬；
小人之澤，五世而斬。

三者皆其所記冊書之名也。其事則齊桓晉文。其文則史。孔子曰其義則丘竊取之矣。春秋之時。五霸迭興。而桓文爲盛。史。史官也。竊取者。謙辭也。公羊傳作其辭則丘有罪焉爾。意亦如此。蓋言斷之在己。所謂筆則筆。削則削。游夏不能贊一辭者也。尹氏曰。言孔子作春秋。亦以史之文。載當時之事也。而其義則定天下之邪正。爲百王之大法。○此又承上章歷敘羣聖。因以孔子之事繼之。而孔子之事。莫大於春秋。故特言之。

○孟子曰君子之澤五世而斬小人之澤五世而斬。澤猶言流風餘韻也。父子相繼爲一世。三十年亦爲一世。斬。絕也。大約君子小人之澤五世而絕也。楊氏曰。四世而緦。服之窮也。五世袒免。殺同姓也。六世親屬竭矣。服窮則遺澤寖微。故五世而斬。子未

『予未得爲孔子徒也，予私淑諸人也。』

孟子曰：『可以取，可以無取，取傷廉。可以與，可以無與，與傷惠。可以死，可以無死，死傷勇。』

得爲孔子徒也，予私淑諸人也。私，猶竊也。淑，善也。李氏以爲方言是也。人，謂子思之徒也。自孔子卒至孟子游梁時，方百四十餘年，而孟子已老。然則孟子之生，去孔子未百年也。故孟子言予雖未得親受業於孔子之門，然聖人之澤尚存，猶有能傳其學者。故我得聞孔子之道於人，而私竊以善其身。蓋推尊孔子而自謙之辭也。○此又承上三章，歷敘舜禹，至於周孔，而以是終之。其辭雖謙，然其所以自任之重，亦有不得而辭者矣。

○孟子曰：可以取，可以無取，取傷廉。可以與，可以無與，與傷惠。可以死，可以無死，死傷勇。先言可以者，略見而自許之辭也。後言可以無者，深察而自疑之辭也。過取固害於廉，然過與亦反害其惠，過死亦反害其勇。蓋過猶不及之意也。林氏曰：公

逢蒙學射於羿，盡羿之道，思天下惟羿爲愈己，於是殺羿。孟子曰：『是亦羿有罪焉。』公明儀曰：『宜若無罪焉？』曰：『薄乎云爾，惡得無罪？

『鄭人使子濯孺子侵衛，衛使庾公之斯追之。子濯孺子曰：「今日我疾作，不可以執弓，吾死矣夫！」問其僕曰：「追我者誰也？」其僕曰：「庾公之斯也。」曰：「吾生矣！」其僕曰：「庾公之斯，衛之善射者也。

西華受五秉之粟是傷廉也冉子與之是傷惠也子路之死於衛是傷勇也○逄蒙學射於羿盡羿之道思天下惟羿爲愈己於是殺羿孟子曰是亦羿有罪焉公明儀曰宜若無罪焉曰薄乎云爾惡得無罪逄薄江反惡平聲○羿有窮后羿也逄蒙羿之家衆也羿善射篡夏自立後爲家衆所殺愈猶勝也薄言其罪差薄耳鄭人使子濯孺子侵衛衛使庾公之斯追之子濯孺子曰今日我疾作不可以執弓吾死矣夫問其僕曰追我者誰也其僕曰庾公之斯也曰吾生矣其僕曰庾公之斯衛

夫子曰『吾生』，何謂也？」曰：「庾公之斯，學射於尹公之他；尹公之他，學射於我。夫尹公之他，端人也，其取友必端矣。」庾公之斯至，曰：「夫子何爲不執弓？」曰：「今日我疾作，不可以執弓。」曰：「小人學射於尹公之他，尹公之他學射於夫子。我不忍以夫子之道，反害夫子。雖然，今日之事，君事也，我不敢廢。」抽矢扣輪，去其金，發乘矢，而後反。』

之善射者也夫子曰吾生何謂也曰庾公之斯學射於尹公之他尹公之他學射於我夫尹公之他端人也其取友必端矣庾公之斯至曰夫子何爲不執弓曰今日我疾作不可以執弓曰小人學射於尹公之他尹公之他學射於夫子我不忍以夫子之道反害夫子雖然今日之事君事也我不敢廢抽矢扣輪去其金發乘矢而後反

他徒何反矣夫夫夫尹之夫並音扶去上聲乘去聲○之語助也僕御也尹公他亦衞人也端正也孺子以尹公正人知其取友必正

孟子曰：『西子蒙不潔，則人皆掩鼻而過之。

『雖有惡人，齊戒沐浴，則可以祀上帝。』

孟子曰：『天下之言性也，則故而已矣。故者以利爲本。

故度庾公必不害己。小人，庾公自稱也。金，鏃也。扣輪出鏃，令不害人，乃以射也。乘矢，四矢也。孟子言使羿如子濯孺子，得尹公他而教之，則必無逢蒙之禍。然夷羿篡弑之賊，蒙乃逆儔，庾斯雖全私恩，亦廢公義，其事皆無足論者。孟子蓋特以取友而言耳。

○孟子曰：西子蒙不潔，則人皆掩鼻而過之。西子，美婦人。蒙，猶冒也。不潔，汙穢之物也。掩鼻，惡其臭也。雖有惡人，齊戒沐浴，則可以祀上帝。齊，側皆反。○惡人，醜貌者也。○尹氏曰：此章戒人之喪善而勉人以自新也。

○孟子曰：天下之言性也，則故而已矣。故者以利爲本。性者，人物所得以生之理也。故者，其已然之迹，若所謂天下之故者也。利，猶順也，語其自然之勢也。言事物之理，雖若無形而難知，然其

『所惡於智者，爲其鑿也。如智者若禹之行水也，則無惡於智矣。禹之行水也，行其所無事也。如智者亦行其所無事，則智亦大矣。』

『天之高也，星辰之遠也，苟求其故，千歲之日至，可坐而致也。』

發見之已然。則必有迹而易見。故天下之言性者。但言其故而理自明。猶所謂善言天者必有驗於人也。然其所謂故者。又必本其自然之勢。如人之善。水之下。非有所矯揉造作而然者也。若人之爲惡。水之在山。則非自然之故矣。

所惡於智者爲其鑿也。如智者若禹之行水也。則無惡於智矣。禹之行水也。行其所無事也。如智者亦行其所無事。則智亦大矣。

惡爲皆去聲。○天下之理。本皆順利。小智之人。務爲穿鑿。所以失之。禹之行水。則因其自然之勢而導之。未嘗以私智穿鑿而有所事。是以水得其潤下之性而不爲害也。

天之高也。星辰之遠也。苟求其故。千歲之日至。可坐而致也。

天雖高。星辰雖遠。然

公行子有子之喪，右師往弔。入門，有進而與右師言者；有就右師之位，而與右師言者。

孟子不與右師言。右師不悅曰：『諸君子皆與驩言，孟子獨不與驩言，是簡驩也。』

孟子聞之曰：『禮，朝庭不歷位而

求其已然之迹。則其運有常。雖千歲之久。其日至之度。可坐而得。況於事物之近。若因其故而求之。豈有不得其理者。而何以穿鑿爲哉。必言日至者。造曆者以上古十一月甲子朔夜半冬至爲曆元也。○程子曰。此章專爲智而發。愚謂事物之理。莫非自然。順而循之則爲大智。若用小智而鑿以自私。則害於性而反爲不智。程子之言。可謂深得此章之旨矣。

○公行子有子之喪。右師往弔。入門。有進而與右師言者。有就右師之位。而與右師言者。公行子。齊大夫。右師。王驩也。孟子不與右師言。右師不悅曰。諸君子皆與驩言。孟子獨不與驩言。是簡驩也。簡。略也。孟子聞之曰。禮。朝廷不歷位而相與言，不踰階而相揖也。我欲行禮，子敖以我爲簡，不亦異乎？』

孟子曰：『君子所以異於人者，以其存心也。君子以仁存心，以禮存心。

『仁者愛人，有禮者敬人。

『愛人者人恒愛之，敬人者人恒敬之。

相與言不踰階而相揖也我欲行禮子敖以我爲簡不亦異乎朝音潮○是時齊卿大夫以君命弔各有位次若周禮凡有爵者之喪禮則職喪涖其禁令序其事故云朝廷也歷更涉也位他人之位也右師未就位而進與之言則右師歷己之位矣右師已就位而就與之言則己歷右師之位矣孟子右師之位又不同階孟子不敢失此禮故不與右師言也○孟子曰君子所以異於人者以其存心也君子以仁存心以禮存心以仁禮存心言以是存於心而不忘也仁者愛人有禮者敬人此仁禮之施愛人者人恒愛之敬人者人恒敬之恒胡登反○此仁禮之驗有人於此其待

『有人於此，其待我以橫逆，則君子必自反也：「我必不仁也，必無禮也，此物奚宜至哉？」

『其自反而仁矣，自反而有禮矣，其橫逆由是也，君子必自反也：「我必不忠。」

『自反而忠矣。其橫逆由是也，君子曰：「此亦妄人也已矣。如此則與禽獸奚擇哉？於禽獸又何難焉！」

『是故君子有終身之憂，無一朝之患也。乃若所憂則有之：舜人也，我亦

我以橫逆。則君子必自反也。我必不仁也。必無禮也。此物奚宜至哉。橫，去聲。下同。○橫逆，謂強暴不順理也。物，事也。其自反而仁矣。自反而有禮矣。其橫逆由是也。君子必自反也。我必不忠。由與猶同，下放此。○忠者，盡己之謂。我必不忠，恐所以愛敬人者，有所不盡其心也。自反而忠矣。其橫逆由是也。君子曰。此亦妄人也已矣。如此則與禽獸奚擇哉。於禽獸又何難焉。難，去聲。○奚擇，何異也。又何難焉，言不足與之校也。是故君子有終身之憂。無一朝之患也。乃若所憂則有之。舜人也。我亦

人也；舜爲法於天下，可傳於後世，我由未免爲鄉人也，是則可憂也。憂之如何？如舜而已矣。若夫君子所患則亡矣：非仁無爲也，非禮無行也。如有一朝之患，則君子不患矣。』

禹、稷當平世，三過其門而不入，孔子賢之。

顏子當亂世，居於陋巷，一簞食，一瓢飲，人不堪其憂，顏子不改其樂，孔子賢之。

『孟子曰：『禹、稷、顏回同道。

人也舜爲法於天下可傳於後世我由未免爲鄉人也是則可憂也憂之如何如舜而已矣若夫君子所患則亡矣非仁無爲也非禮無行也如有一朝之患則君子不患矣夫音扶鄉人鄉里之常人也君子存心不苟故無後憂○禹稷當平世三過其門而不入孔子賢之事見前篇顏子當亂世居於陋巷一簞食一瓢飲人不堪其憂顏子不改其樂孔子賢之食音嗣樂音洛孟子曰禹稷顏回同道聖賢之道進則救民退則修己其心一而已矣禹思天下有溺

『禹思天下有溺者，由己溺之也；稷思天下有飢者，由己飢之也：是以如是其急也。

『禹、稷、顏子，易地則皆然。

『今有同室之人鬭者，救之，雖被髮纓冠而救之，可也。

『鄉鄰有鬭者，被髮纓冠而往救之，則惑也，雖閉戶可也。』

者由己溺之也。稷思天下有飢者，由己飢之也。是以如是其急也。由與猶同。○禹稷身任其職，故以爲己責而救之急也。禹稷顏子，易地則皆然。聖賢之心，無所偏倚，隨感而應，各盡其道。故使禹稷居顏子之地，則亦能樂顏子之樂；使顏子居禹稷之任，亦能憂禹稷之憂也。今有同室之人鬭者，救之，雖被髮纓冠而救之，可也。不暇束髮，而結纓往救，言急也。以喻禹稷。鄉鄰有鬭者，被髮纓冠而往救之，則惑也，雖閉戶可也。喻顏子也。○此章言聖賢心無不同，事則所遭或異；然處之各當其理，是乃所以爲同也。尹氏曰：當其可之謂時，前聖後聖，其心一也，故所遇皆盡善。

○公都子曰：

公都子曰：『匡章，通國皆稱不孝焉。夫子與之遊，又從而禮貌之，敢問何也？』

孟子曰：『世俗所謂不孝者五：惰其四支，不顧父母之養，一不孝也；博弈、好飲酒，不顧父母之養，二不孝也；好貨財、私妻子，不顧父母之養，三不孝也；從耳目之欲，以爲父母戮，四不孝也；好勇鬬很，以危父母，五不孝也。章子有一於是乎？

夫章子，子父責善而不相遇也。

匡章通國皆稱不孝焉夫子與之遊又從而禮貌之敢問何也匡章齊人通國盡一國之人也禮貌敬之也孟子曰世俗所謂不孝者五惰其四支不顧父母之養一不孝也博弈好飲酒不顧父母之養二不孝也好貨財私妻子不顧父母之養三不孝也從耳目之欲以爲父母戮四不孝也好勇鬬很以危父母五不孝也章子有一於是乎○好養從皆去聲很胡懇反戮羞辱也很忿戾也夫章子子父責善而不相遇也夫音扶○遇合也相責以善而不相合故爲父

責善，朋友之道也。父子責善，賊恩之大者。

夫章子，豈不欲有夫妻子母之屬哉？爲得罪於父，不得近，出妻屏子，終身不養焉。其設心以爲不若是，是則罪之大者。是則章子已矣。』

曾子居武城，有越寇。或曰：『寇至，盍去諸？』曰：『無寓人於我室，

所逐也 責善朋友之道也父子責善賊恩之大
者 賊害也朋友當相責以善父子行之則害天性之恩也 夫章子豈不
欲有夫妻子母之屬哉爲得罪於父不得近
出妻屏子終身不養焉其設心以爲不若是
是則罪之大者是則章子已矣 夫章之夫音扶爲去聲屏
必井反養去聲○言章子非不欲身有夫妻
之配子有子母之屬但爲身不得近於父故
不敢受妻子之養以自責罰其心以爲不如
此則其罪益大也○此章之旨於衆所惡而
必察焉可以見聖賢至公至仁之心矣楊氏
曰章子之行孟子非取之也特哀其志而不
與之絕耳 ○曾子居武城有越寇或曰寇至盍去

毀傷其薪木。』寇退，則曰：『修我牆屋，我將反。』寇退，曾子反。左右曰：『待先生，如此其忠且敬也，寇至則先去以爲民望，寇退則反，殆於不可。』沈猶行曰：『是非汝所知也。昔沈猶有負芻之禍，從先生者七十人，未有與焉。』

子思居於衞，有齊寇。或曰：『寇至，盍去諸？』子思曰：『如伋去，君誰與守？』

諸曰無寓人於我室毀傷其薪木寇退則曰修我牆屋我將反寇退曾子反左右曰待先生如此其忠且敬也寇至則先去以爲民望寇退則反殆於不可沈猶行曰是非汝所知也昔沈猶有負芻之禍從先生者七十人未有與焉與去聲○武城魯邑名盍何不也左右曾子之門人也忠敬言武城之大夫事曾子忠誠恭敬也爲民望言使民望而效之沈猶行弟子姓名也言曾子嘗舍於沈猶氏時有負芻者作亂來攻沈猶氏曾子率其弟子去之不與其難言師賓不與臣同子思居於衞有齊寇或曰寇至盍去諸子思

孟子曰：『曾子、子思同道。曾子師也，父兄也；子思臣也，微也。曾子、子思，易地則皆然。』

儲子曰：『王使人瞷夫子，果有以異於人乎？』孟子曰：『何以異於人哉？堯舜與人同耳。』

齊人有一妻一妾而處室者，其良人出，則必饜酒肉而後反。其妻問其

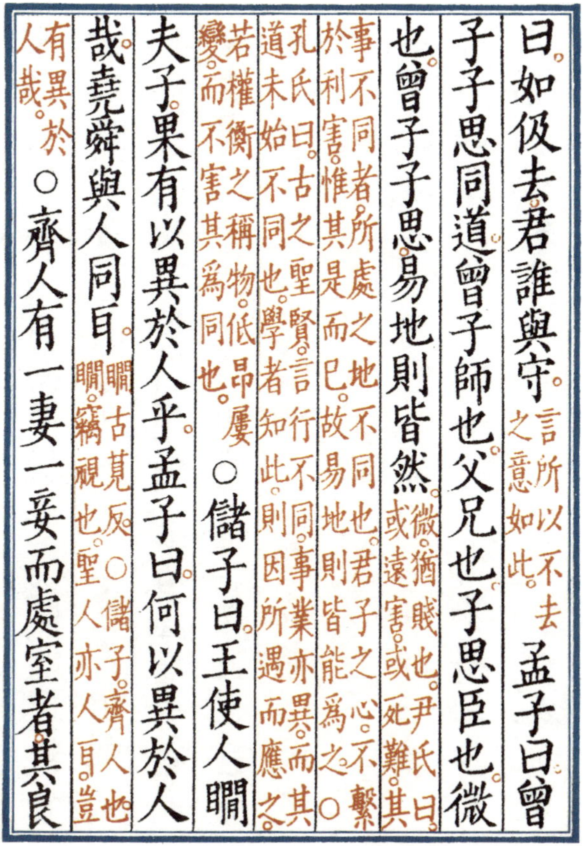
曰如伋去君誰與守言所以不去之意如此孟子曰曾子子思同道曾子師也父兄也子思臣也微也曾子子思易地則皆然微猶賤也尹氏曰或遠害或死難其事不同者所處之地不同也君子之心不繫於利害惟其是而已故易地則皆能爲之○孔氏曰古之聖賢言行不同事業亦異而其道未始不同也學者知此則因所遇而應之若權衡之稱物低昂屢變而不害其爲同也○儲子曰王使人瞷夫子果有以異於人乎孟子曰何以異於人哉堯舜與人同耳瞷古莧反○儲子齊人也瞷竊視也聖人亦人耳豈有異於人哉○齊人有一妻一妾而處室者其良

所與飲食者，則盡富貴也。其妻告其妾曰：『良人出，則必饜酒肉而後反；問其與飲食者，盡富貴也。而未嘗有顯者來。吾將瞯良人之所之也。』早起，施從良人之所之，徧國中無與立談者。卒之東郭墦間，之祭者乞其餘；不足，又顧而之他，此其爲饜足之道也。其妻歸，告其妾曰：『良人者，所仰望而終身也。今若此！』與其妾訕其良人，而相泣於中庭。而良人未之知也，施施從外來，驕其妻妾。

人出則必饜酒肉而後反其妻問所與飲食
者則盡富貴也其妻告其妾曰良人出則必
饜酒肉而後反問其與飲食者盡富貴也而
未嘗有顯者來吾將瞯良人之所之也蚤起
施從良人之所之徧國中無與立談者卒之
東郭墦間之祭者乞其餘不足又顧而之他
此其爲饜足之道也其妻歸告其妾曰良人
者所仰望而終身也今若此與其妾訕其良
人而相泣於中庭而良人未之知也施施從

由君子觀之，則人之所以求富貴利達者，其妻妾不羞也，而不相泣者幾希矣。

外來驕其妻妾。施音迤，又音易。墦音燔。施施如字。○章首當有孟子曰字，闕文也。良人，夫也。饜，飽也。顯者，富貴人也。施，邪施而行，不使良人知也。墦，冢也。顧，望也。訕，怨詈也。施施，喜悅自得之貌。

由君子觀之，則人之所以求富貴利達者，其妻妾不羞也，而不相泣者幾希矣。孟子言自君子而觀，今之求富貴者，皆若此人耳。使其妻妾見之，不羞而泣者少矣，言可羞之甚也。○趙氏曰：言今之求富貴者，皆以枉曲之道，昏夜乞哀以求之，而以驕人於白日，與斯人何以異哉？

孟子集注卷八

吴縣吴志忠校刊

孟子集注卷九

萬章章句上

萬章問曰：『舜往于田，號泣于旻天。何爲其號泣也？』孟子曰：『怨慕也。』

萬章曰：『父母愛之，喜而不忘；父母惡之，勞而不怨。然則舜怨乎？』曰：『長息問於公明高曰：「舜往于田，則吾既得聞命矣；號泣于旻天、于父母，則吾不知也。」公明高曰：「是非爾所知也。」夫公明高以孝子之心，爲不若是恝：

孟子集注卷九

萬章章句上 凡九章。

萬章問曰舜往于田號泣于旻天何爲其號泣也孟子曰怨慕也 號，平聲。○舜往于田，耕歷山時也。仁覆閔下，謂之旻天。號泣于旻天，呼天而泣也。事見虞書大禹謨篇。怨慕，怨己之不得其親而思慕也。

萬章曰父母愛之喜而不忘父母惡之勞而不怨然則舜怨乎曰長息問於公明高曰舜往于田則吾既得聞命矣號泣于旻天于父母則吾不知也公明高曰是非爾所知也夫

「我竭力耕田，共爲子職而已矣；父母之不我愛，於我何哉？」

『帝使其子九男二女，百官牛羊倉廩備，以事舜於畎畝之中，天下之士多就之者。帝將胥天下而遷之焉，爲不順於父母，如窮人無所歸。

公明高以孝子之心，爲不若是恝。我竭力耕田，共爲子職而已矣，父母之不我愛，於我何哉。惡去聲。夫音扶。恝，苦八反。共，平聲。○長息，公明高弟子。公明高，曾子弟子。于父母，亦書辭，言呼父母而泣也。恝，無愁之貌。於我何哉，自責不知己有何罪耳，非怨父母也。楊氏曰：非孟子深知舜之心，不能爲此言。蓋舜惟恐不順於父母，未嘗自以爲孝也；若自以爲孝，則非孝矣。

帝使其子九男二女，百官牛羊倉廩備，以事舜於畎畝之中，天下之士多就之者，帝將胥天下而遷之焉。爲不順於父母，如窮人無所歸。爲去聲。○帝，堯也。史記云：二女妻之，以觀其內；九男事之，以觀其外。

『天下之士悅之，人之所欲也，而不足以解憂。好色，人之所欲；妻帝之二女，而不足以解憂。富，人之所欲；富有天下，而不足以解憂。貴，人之所欲；貴爲天子，而不足以解憂。人悅之、好色、富貴，無足以解憂者，惟順於父母，可以解憂。

『人，少則慕父母；知好色，則慕少艾，有妻子，則慕妻子；

又言一年所居成聚。二年成邑。三年成都。是天下之士就之也。胥。相視也。遷之。移以與之也。如窮人之無所歸。言其怨慕迫切之甚也。天下之士悅之。人之所欲也。而不足以解憂。好色人之所欲。妻帝之二女。而不足以解憂。富人之所欲。富有天下。而不足以解憂。貴人之所欲。貴爲天子。而不足以解憂。人悅之。好色。富貴無足以解憂者。惟順於父母。可以解憂。孟子推舜之心如此。以解上文之意。極天下之欲。不足以解憂。而惟順於父母。可以解憂。孟子眞知舜之心哉。人少則慕父母。知好色則慕少艾。有妻子。則慕妻子。

仕則慕君，不得於君則熱中。大孝終身慕父母，五十而慕者，予於大舜見之矣。』

萬章問曰：『《詩》云：「娶妻如之何？必告父母。」信斯言也，宜莫如舜。舜之不告而娶，何也？』

孟子曰：『告則不得娶。男女居室，人之大倫也。如告，則廢人之大倫，以懟父母，是以不告也。』

仕則慕君。不得於君則熱中。大孝終身慕父母。五十而慕者。予於大舜見之矣。少好皆去聲。○言常人之情因物有遷惟聖人爲能不失其本心也。艾美好也。楚辭戰國策所謂幼艾義與此同。不得。失意也。熱中。躁急心熱也。言五十者舜攝政時年五十也。五十而慕則其終身慕可知矣。○此章言舜不以得衆人之所欲爲己樂。而以不順乎親之心爲己憂。非聖人之盡性。其孰能之。

○萬章問曰。詩云娶妻如之何。必告父母。信斯言也。宜莫如舜。舜之不告而娶。何也。孟子曰。告則不得娶。男女居室。人之大倫也。如告則廢人之大倫。以懟父母。是以不告也。

萬章曰：『舜之不告而娶，則吾既得聞命矣。帝之妻舜而不告，何也？』曰：『帝亦知告焉則不得妻也。』

萬章曰：『父母使舜完廩，捐階，瞽瞍焚廩。使浚井，出，從而揜之。象曰：「謨蓋都君咸我績。牛羊父母，倉廩父母，干戈朕，琴朕，弤朕，二嫂使治朕棲。」象往入舜宮，舜在牀琴。象曰：「鬱陶思君爾。」

也。懟直類反。詩齊國風南山之篇也。信誠也。誠如此詩之言也。懟讎怨也。舜父頑母嚚常欲害舜。告則不聽其娶。是廢人之大倫。以讎怨於父母也。萬章曰舜之不告而娶則吾既得聞命矣帝之妻舜而不告何也曰帝亦知告焉則不得妻也。妻去聲。以女爲人妻曰妻。程子曰。堯妻舜而不告者。以君治之而已。如今之官府治民之私者亦多。萬章曰父母使舜完廩捐階瞽瞍焚廩使浚井出從而揜之象曰謨蓋都君咸我績牛羊父母倉廩父母干戈朕琴朕弤朕二嫂使治朕棲象往入舜宮舜在牀琴象曰鬱陶思君

忸怩。舜曰：「唯茲臣庶，汝其于予治。」不識舜不知象之將殺己與？』曰：『奚而不知也？象憂亦憂，象喜亦喜。』

爾忸怩舜曰惟茲臣庶汝其于予治不識舜不知象之將殺己與曰奚而不知也象憂亦憂象喜亦喜弤都禮反忸女六反怩音尼與平聲○完治也捐去也階梯也揜蓋也按史記曰使舜上塗廩瞽瞍從下縱火焚廩舜乃以兩笠自捍而下去得不死後又使舜穿井舜穿井爲匿空旁出舜既入深瞽瞍與象共下土實井舜從匿空中出去即其事也象舜異母弟也謨謀也蓋蓋井也舜所居三年成都故謂之都君咸皆也績功也舜既入井象不知舜已出欲以殺舜爲己功也干盾也戈戟也琴舜所彈五弦琴也弤琱弓也象欲以舜之牛羊倉廩與父母而自取此物也二嫂堯二女也棲牀也象欲使爲己妻也象往舜宮欲分取所有見舜生在牀彈琴蓋既出即潛歸其宮也鬱陶思之甚而氣

曰：『然則舜僞喜者與？』曰：『否。昔者有餽生魚於鄭子產，子產使校人畜之池。校人烹之，反命曰：「始舍之圉圉焉，少則洋洋焉，攸然而逝。」子產曰：「得其所哉！得其所哉！」校人出曰：「孰謂子產智？予既烹而食之，曰：『得其所哉！得其所哉！』」故君子可欺以其方，難罔以非其道。彼以愛兄之道來，故誠信而喜之。奚僞焉？』

不得伸也。象言已思君之甚。故來見爾。忸怩慙色也。臣庶謂其百官也。象素憎舜。不至其宮故舜見其來而喜。使之治其臣庶也。孟子言舜非不知其將殺己。但見其憂則憂見其喜則喜。兄弟之情。自有所不能已耳。萬章所言。其有無不可知。然舜之心。則孟子有以知之矣。他亦不足辨也。程子曰。象憂亦憂象喜亦喜。人情天理。於是爲至。

曰然則舜僞喜者與曰否昔者有饋生魚於鄭子產子產使校人畜之池校人烹之反命曰始舍之圉圉焉少則洋洋焉攸然而逝子產曰得其所哉得其所哉校人出曰孰謂子產智予既烹而食之曰得其所哉得其所哉故君子

萬章問曰：『象日以殺舜爲事，立爲天子，則放之，何也？』孟子曰：『封之也。或曰放焉。』

萬章曰：『舜流共工于幽州，放驩兜于崇山，殺三苗于三危，殛鯀于

可欺以其方。難罔以非其道。彼以愛兄之道來。故誠信而喜之。奚僞焉。與平聲。校音效。又音教。畜許六反。○校人。主池沼小吏也。圉圉。困而未紓之貌。洋洋則稍縱矣。攸然而逝者。自得而遠去也。方亦道也。罔。蒙蔽也。欺以其方。謂誑之以理之所有。罔以非其道。謂昧之以理之所無。象以愛兄之道來。所謂欺之以其方也。舜本不知其僞。故實喜之。何僞之有。○此章又言舜遭人倫之變。而不失天理之常也。○萬章問曰。象日以殺舜爲事。立爲天子。則放之。何也。孟子曰。封之也。或曰放焉。放猶置也。置之於此。使不得去也。萬章疑舜何不誅之。孟子言舜實封之。而或者誤以爲放也。萬章曰。舜流共工于幽州。放驩兜

羽山，四罪而天下咸服，誅不仁也。象至不仁，封之有庳。有庳之人奚罪焉？仁人固如是乎？在他人則誅之，在弟則封之。』曰：『仁人之於弟也，不藏怒焉，不宿怨焉，親愛之而已矣。親之，欲其貴也；愛之，欲其富也。封之有庳，富貴之也。身爲天子，弟爲匹夫，可謂親愛之乎？』

于崇山。殺三苗于三危。殛鯀于羽山。四罪而天下咸服。誅不仁也。象至不仁。封之有庳。有庳之人奚罪焉。仁人固如是乎。在他人則誅之。在弟則封之。曰。仁人之於弟也。不藏怒焉。不宿怨焉。親愛之而已矣。親之欲其貴也。愛之欲其富也。封之有庳。富貴之也。身爲天子。弟爲匹夫。可謂親愛之乎。庳音鼻。○流。徙也。共工。官名。驩兜。人名。二人比周。相與爲黨。三苗。國名。負固不服。殺。殺其君也。殛。誅也。鯀。禹父名。方命圮族。治水無功。皆不仁之人也。幽州。崇山。三危。羽山。有庳。皆地名也。或曰。今道州鼻亭。即有庳之

『敢問「或曰放」者何謂也？』曰：『象不得有爲於其國，天子使吏治其國，而納其貢稅焉，故謂之放。豈得暴彼民哉？雖然，欲常常而見之，故源源而來。「不及貢，以政接于有庳」，此之謂也。』

地也。未知是否。萬章疑舜不當封象。使彼有庳之民。無罪而遭象之虐。非仁人之心也。藏怒謂藏匿其怒。宿怨謂留蓄其怨。

敢問或曰放者何謂也曰象不得有爲於其國天子使吏治其國而納其貢稅焉故謂之放豈得暴彼民哉雖然欲常常而見之故源源而來不及貢以政接于有庳此之謂也

孟子言象雖封爲有庳之君然不得治其國。天子使吏代之治。而納其所收之貢稅於象。有似於放。故或者以爲放也。蓋象至不仁。處之如此。則旣不失吾親愛之心。而彼亦不得虐有庳之民也。源源。若水之相繼也。來。謂來朝覲也。不及貢以政接于有庳。謂不待及諸侯朝貢之期而以政事接見有庳之君。蓋古書之辭。而孟

咸丘蒙問曰：『語云：「盛德之士，君不得而臣，父不得而子。」舜南面而立，堯帥諸侯北面而朝之，瞽瞍亦北面而朝之。舜見瞽瞍，其容有蹙。孔子曰：「於斯時也，天下殆哉，岌岌乎！」不識此語誠然乎哉？』孟子曰：『否，此非君子之言，齊東野人之語也。堯老而舜攝也，《堯典》曰：「二十有八載，放勳乃徂落，百姓如喪考妣。三年，四海遏密八音。」孔子曰：「天無二日，民無二王。」舜既爲天子矣，又帥天下諸侯以爲堯三年喪，是二天子矣。』

子引以證源源而來之意。見其親愛之無已
如此也。○吳氏曰。言聖人不以公義廢私恩。
亦不以私恩害公義。舜之
於象。仁之至。義之盡也。
○咸丘蒙問曰。語
云。盛德之士。君不得而臣。父不得而子。舜南
面而立。堯帥諸侯北面而朝之。瞽瞍亦北面
而朝之。舜見瞽瞍。其容有蹙。孔子曰。於斯時
也。天下殆哉。岌岌乎。不識此語誠然乎哉。孟
子曰。否。此非君子之言。齊東野人之語也。堯
老而舜攝也。堯典曰。二十有八載。放勳乃徂
落。百姓如喪考妣。三年。四海遏密八音。孔子

咸丘蒙曰：『舜之不臣堯，則吾既得聞命矣。《詩》云：「普天之下，莫非王土；率土之濱，莫非王臣。」

曰天無二日民無二王舜既爲天子矣又帥天下諸侯以爲堯三年喪是二天子矣朝音潮岌魚及反○咸丘蒙孟子弟子語者古語也蹙顰蹙不自安也岌岌不安貌也言人倫乖亂天下將危也齊東齊國之東鄙也孟子言堯但老不治事而舜攝天子之事耳堯在時舜未嘗即天子位堯何由北面而朝乎又引書及孔子之言以明之堯典虞書篇名今此文乃見於舜典蓋古書二篇或合爲一耳言舜攝位二十八年而堯死也徂升也落降也人死則魂升而魄降故古者謂死爲徂落遏止也密靜也八音金石絲竹匏土革木樂器之音也

咸丘蒙曰舜之不臣堯則吾既得聞命矣詩云普天之下莫非王土率土之濱莫非王

而舜既爲天子矣，敢問瞽瞍之非臣，如何？』曰：『是詩也，非是之謂也，勞於王事，而不得養父母也。曰：「此莫非王事，我獨賢勞也。」故說詩者，不以文害辭，不以辭害志；以意逆志，是爲得之。如以辭而已矣。《雲漢》之詩曰「周餘黎民，靡有孑遺」，信斯言也，是周無遺民也。

臣而舜既爲天子矣敢問瞽瞍之非臣如何曰是詩也非是之謂也勞於王事而不得養父母也曰此莫非王事我獨賢勞也故說詩者不以文害辭不以辭害志以意逆志是爲得之如以辭而已矣雲漢之詩曰周餘黎民靡有孑遺信斯言也是周無遺民也不臣堯不以堯爲臣使北面而朝也詩小雅北山之篇也普徧也率循也此詩今毛氏序云役使不均己勞於王事而不得養其父母焉其詩下文亦云大夫不均我從事獨賢乃作詩者自言天下皆王臣何爲獨使我以賢才而勞苦乎非謂天子可臣其父也文字也辭語也逆迎也

『孝子之至，莫大乎尊親；尊親之至，莫大乎以天下養。爲天子父，尊之至也；以天下養，養之至也。《詩》曰「永言孝思，孝思惟則」，此之謂也。

《書》曰「祇載見瞽瞍，夔夔齋栗，瞽瞍亦允若」，是爲父不得而子也。』

雲漢。大雅篇名也。孑。獨立之貌。遺。脫也。言說詩之法。不可以一字而害一句之義。不可以一句而害設辭之志。當以己意迎取作者之志。乃可得之。若但以其辭而已。則如雲漢所言。是周之民眞無遺種矣。惟以意逆之。則知作詩者之志在於憂旱。而非眞無遺民也。

孝子之至莫大乎尊親尊親之至莫大乎以天下養爲天下父尊之至也以天下養養之至也詩曰永言孝思孝思維則此之謂也

養去聲。○言瞽瞍既爲天子之父。則當享天下之養。此舜之所以爲尊親養親之至也。豈有使之北面而朝之理乎。詩大雅下武之篇。言人能長言孝思而不忘。則可以爲天下法則也。

書曰祇載見瞽瞍夔夔齊栗瞽瞍亦允若是

萬章曰：『堯以天下與舜，有諸？』

孟子曰：『否，天子不能以天下與人。』

『然則舜有天下也，孰與之？』

曰：『天與之。』

『天與之者，諄諄然命之乎？』

曰：『否，天不言，以行與事示之而已矣。』

爲父不得而子也。見，音現。齊，側皆反。○書大禹謨篇也。祇，敬也。載，事也。夔夔齊栗，敬謹恐懼之貌。允，信也。若，順也。言舜敬事瞽瞍，往而見之，敬謹如此，瞽瞍亦信而順之也。孟子引此而言瞽瞍不能以不善及其子，而反見化於其子，則是所謂父不得而子者，而非如咸丘蒙之說也。○萬章曰：堯以天下與舜，有諸？孟子曰：否。天子不能以天下與人。天下者，天下之天下，非一人之私有故也。然則舜有天下也，孰與之？曰：天與之。萬章問而孟子答也。天與之者，諄諄然命之乎？諄，之淳反。○萬章問也。諄諄，詳語之貌。曰：否。天不言，以行與事示之而已矣。行，去聲，下同。○行之於身謂之行，措諸天下謂之事。言但因舜之行

曰：『以行與事示之者如之何？』

曰：『天子能薦人於天，不能使天與之天下；諸侯能薦人於天子，不能使天子與之諸侯；大夫能薦人於諸侯，不能使諸侯與之大夫。昔者堯薦舜於天而天受之，暴之於民而民受之。故曰：天不言，以行與事示之而已矣。』

曰：『敢問「薦之於天而天受之，暴之於民而民受之」，如何？』曰：『使之主祭而百神享之，是天受之；

事而示以與之之意耳。曰。以行與事示之者如之何。曰。天子能薦人於天。不能使天與之天下。諸侯能薦人於天子。不能使天子與之諸侯。大夫能薦人於諸侯。不能使諸侯與之大夫。昔者堯薦舜於天而天受之。暴之於民而民受之。故曰天不言以行與事示之而已矣。暴步卜反。下同。○暴顯也。言下能薦人於上。不能令上必用之。舜爲天人所受。是因舜之行與事。而示之以與之之意也。曰。敢問薦之於天而天受之。暴之於民而民受之。如何。曰。使之主祭而百神享之。

使之主事而事治，百姓安之，是民受之也。天與之，人與之，故曰：天子不能以天下與人。

『舜相堯，二十有八載，非人之所能爲也，天也。堯崩，三年之喪畢，舜避堯之子於南河之南。天下諸侯朝覲者，不之堯之子而之舜；訟獄者，不之堯之子而之舜；謳歌者，不謳歌堯之子而謳歌舜：故曰天也。夫然後之中國，踐天子位焉。而居堯之宮，逼堯之子，是「簒」也，非天與也。

是天受之。使之主事而事治。百姓安之。是民受之也。天與之。人與之。故曰天子不能以天下與人。（治去聲。）舜相堯二十有八載。非人之所能爲也。天也。堯崩。三年之喪畢。舜避堯之子於南河之南。天下諸侯朝覲者。不之堯之子而之舜。訟獄者。不之堯之子而之舜。謳歌者。不謳歌堯之子而謳歌舜。故曰天也。夫然後之中國。踐天子位焉。而居堯之宮。逼堯之子。是簒也。非天與也。（相去聲。朝音潮。夫音扶。○南河在冀州之南。其南卽）

『《太誓》曰「天視自我民視，天聽自我民聽」，此之謂也。』

萬章問曰：『人有言「至於禹而德衰，不傳於賢而傳於子」，有諸？』孟子曰：『否，不然也。天與賢，則與賢；天與子，則與子。昔者舜薦禹於天，十有七年，舜崩，三年之喪畢，禹避舜之子於陽城；天下之民從之，若堯崩之後，不從堯之子而從舜也。禹薦益於天，七年，禹崩，三年之喪畢，益避禹之子於箕山之陰；朝覲訟獄者，不之益而之啓，曰「吾君之子也」；謳歌者，不謳歌益而謳歌啓，曰「吾君之子也」，

豫州也。訟獄謂獄不決而訟之也。太誓曰天視自我民視天聽自我民聽此之謂也自從也。天無形，其視聽皆從於民之視聽。民之歸舜如此，則天與之可知矣。○萬章問曰人有言至於禹而德衰不傳於賢而傳於子有諸孟子曰否不然也天與賢則與賢天與子則與子昔者舜薦禹於天十有七年舜崩三年之喪畢禹避舜之子於陽城天下之民從之若堯崩之後不從堯之子而從舜也禹薦益於天七年禹崩三年之喪畢益避禹之子於箕山之

『丹朱之不肖，舜之子亦不肖。舜之相堯、禹之相舜也，歷年多，施澤於民久。啓賢，能敬承繼禹之道。益之相禹也，歷年少，施澤於民未久。舜、禹、益相去久遠，其子之賢不肖，皆天也，非人之所能爲也。莫之爲而爲者，天也；莫之致而至者，命也。

陰朝覲訟獄者不之益而之啓曰吾君之子
也謳歌者不謳歌益而謳歌啓曰吾君之子
也朝音潮。○陽城箕山之陰皆嵩山下深谷中可藏處。啓禹之子也。楊氏曰此語孟子必有所受然不可考矣但云天與賢則與賢天與子則與子可以見堯舜禹之心皆無一毫私意也丹朱之不肖舜之子亦不肖舜之相堯
禹之相舜也歷年多施澤於民久啓賢能敬
承繼禹之道益之相禹也歷年少施澤於民
未久舜禹益相去久遠其子之賢不肖皆天
也非人之所能爲也莫之爲而爲者天也莫

『匹夫而有天下者，德必若舜禹，而又有天子薦之者，故仲尼不有天下。』

『繼世而有天下，天之所廢，必若桀紂者也，故益、伊尹、周公不有天下。』

之致而至者，命也。之相之相去聲。相去之相如字。○堯舜之子皆不肖。而舜禹之爲相久。此堯舜之子所以不有天下。而舜禹有天下也。禹之子賢。而益相不久。此啓所以有天下而益不有天下也。然此皆非人力所爲而自爲。非人力所致而自至者。蓋以理言之謂之天。自人言之謂之命。其實則一而已。匹夫而有天下者，德必若舜禹，而又有天子薦之者，故仲尼不有天下。孟子因禹益之事。歷舉此下兩條以推明之。言仲尼之德。雖無愧於舜禹。而無天子薦之者。故不有天下。繼世以有天下，天之所廢，必若桀紂者也，故益伊尹周公不有天下。繼世而有天下者。其先世皆有大功德於民。故必有大惡如桀紂。則天乃廢之。如啓及大甲成

『伊尹相湯以王於天下，湯崩，太丁未立，外丙二年，仲壬四年。太甲顛覆湯之典刑，伊尹放之於桐，三年。太甲悔過，自怨自艾，於桐處仁遷義三年，以聽伊尹之訓己也，復歸于亳。

王雖不及益、伊尹、周公之賢聖，但能嗣守先業，則天亦不廢之。故益、伊尹、周公雖有舜、禹之德，而亦不有天下。

伊尹相湯以王於天下。湯崩，太丁未立，外丙二年，仲壬四年。太甲顛覆湯之典刑，伊尹放之於桐。三年，太甲悔過，自怨自艾，於桐處仁遷義；三年，以聽伊尹之訓己也，復歸于亳。

相、王，皆去聲。艾音乂。○此承上文言伊尹不有天下之事。趙氏曰：「太丁，湯之太子，未立而死。外丙立二年，仲壬立四年，皆太丁弟也。太甲，太丁子也。」程子曰：「古人謂歲爲年。湯崩時，外丙方二歲，仲壬方四歲，惟大甲差長，故立之也。」二說未知孰是。顛覆，壞亂也。典刑，常法也。桐，湯墓所在。艾，治也，說文云「芟草也」，蓋斬絕自新之意。亳，商所都也。

『周公之不有天下，猶益之於夏、伊尹之於殷也。

『孔子曰：「唐虞禪，夏後、殷、周繼，其義一也。」』

萬章問曰：『人有言「伊尹以割烹要湯」，有諸？』

孟子曰：『否，不然。伊尹耕於有莘之野，而樂堯舜之道焉。非其義也，非其道也，祿之以天下，弗顧也；

周公之不有天下。猶益之於夏。伊尹之於殷也。此復言周公所以不有天下之意。孔子曰。唐虞禪夏后殷周繼。其義一也。禪音擅。○禪。授也。或禪或繼。皆天命也。聖人豈有私意於其間哉。○尹氏曰。孔子曰。唐虞禪夏后殷周繼。其義一也。孟子曰。天與賢則與賢。天與子則與子。知前聖之心者。無如孔子。繼孔子者孟子而已矣。○萬章問曰。人有言伊尹以割烹要湯。有諸。要平聲。下同。○要。求也。按史記。伊尹欲行道以致君而無由。乃爲有莘氏之媵臣。負鼎俎以滋味說湯。致於王道。蓋戰國時有爲此說者。孟子曰。否。不然。伊尹耕於有莘之野。而樂堯舜之道焉。非其義也。非其道也。祿之

繫馬千駟，弗視也。非其義也，非其道也，一介不以與人，一介不以取諸人。

『湯使人以幣聘之。囂囂然曰：「我何以湯之聘幣爲哉？我豈若處畎畝之中，由是以樂堯舜之道哉？」

『湯三使往聘之。既而幡然改曰：「與我處畎畝之中，由是以樂堯舜之道，吾豈若使是君爲堯舜之君哉？吾豈若使是民爲堯舜之民哉？吾豈若於吾身親見之哉？

以天下。弗顧也。繫馬千駟。弗視也。非其義也。
非其道也。一介不以與人。一介不以取諸人。
樂音洛。○莘國名。樂堯舜之道者。誦其詩讀其書而欣慕愛樂之也。駟。四匹也。介與草芥
之芥同。言其辭受取與。無大無細。一以道義而不苟也。湯使人以幣聘
之。囂囂然曰。我何以湯之聘幣爲哉。我豈若
處畎畝之中。由是以樂堯舜之道哉。囂五高反。又戶
驕反。○囂囂。無欲自得之貌。湯三使往聘之。既而幡然改
曰。與我處畎畝之中。由是以樂堯舜之道。吾
豈若使是君爲堯舜之君哉。吾豈若使是民

『天之生此民也，使先知覺後知，使先覺覺後覺也。予天民之先覺者也。予將以斯道覺斯民也，非予覺之而誰也？』

『思天下之民，匹夫匹婦有不被堯舜之澤者，若己推而內之溝中。

爲堯舜之民哉。吾豈若於吾身親見之哉。幡然。變動之貌。於吾身親見之，言於我之身親見其道之行，不徒誦說向慕之而已也。天之生此民也，使先知覺後知，使先覺覺後覺也。予天民之先覺者也。予將以斯道覺斯民也，非予覺之而誰也。此亦伊尹之言也。知，謂識其事之所當然。覺，謂悟其理之所以然。覺後知後覺，如呼寐者而使之寤也。言天使者，天理當然，若使之也。程子曰：予天民之先覺，謂我乃天生此民中盡得民道而先覺者也。既爲先覺之民，豈可不覺其未覺者。及彼之覺，亦非分我所有以予之也。皆彼自有此理，我但能覺之而已。思天下之民，匹夫匹婦有不被堯舜之澤者，若

其自任以天下之重如此，故就湯而說之，以伐夏救民。

『吾未聞枉己而正人者也，況辱己以正天下者乎？聖人之行不同也，或遠或近，或去或不去，歸潔其身而已矣。

己推而內之溝中。其自任以天下之重如此。故就湯而說之以伐夏救民。推吐回反。內音納。說音稅。○書曰。昔先正保衡作我先王。曰予弗克俾厥后爲堯舜。其心愧恥。若撻于市。一夫不獲。則曰時予之辜。孟子之言蓋取諸此。是時夏桀無道。暴虐其民。故欲使湯伐夏以救之。徐氏曰。伊尹樂堯舜之道。堯舜揖遜。而伊尹說湯以伐夏者。時之不同。義則一也。吾未聞枉己而正人者也。況辱己以正天下者乎。聖人之行不同也。或遠或近。或去或不去。歸潔其身而已矣。行去聲。○辱己甚於枉己。正天下難於正人。若伊尹以割烹要湯。辱己甚矣。何以正天下乎。遠。謂隱遁也。近。謂仕近君也。言聖人之行。雖不必同。然其要

吾聞其以堯舜之道要湯，未聞以割烹也。

《伊訓》曰：「天誅造攻自牧宮，朕載自亳。」』

萬章問曰：『或謂「孔子於衛主癰疽，於齊主侍人瘠環」，有諸乎？』

孟子曰：『否，不然也，好事者爲之也。

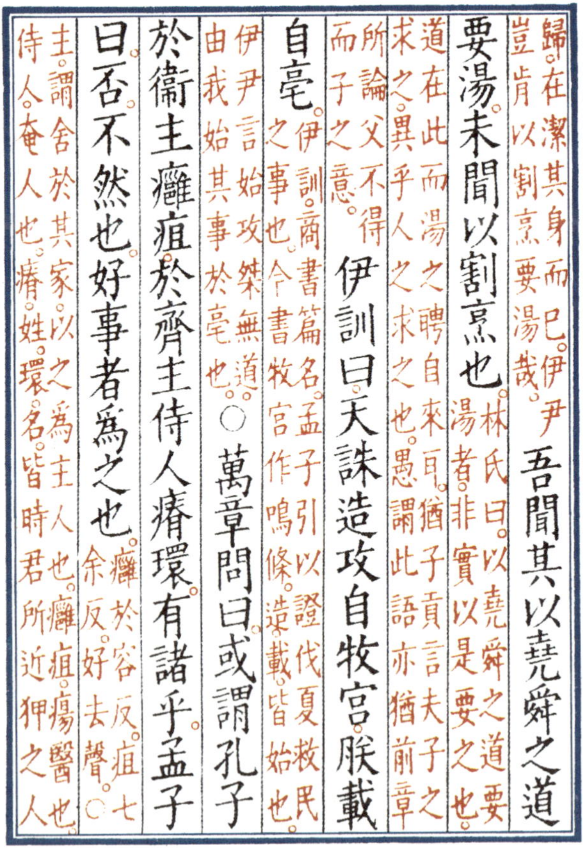

歸在潔其身而已。伊尹豈肯以割烹要湯哉。吾聞其以堯舜之道要湯未聞以割烹也。林氏曰。以堯舜之道要湯者。非實以是要之也。道在此而湯之聘自來耳。猶子貢言夫子之求之。異乎人之求之也。愚謂此語亦猶前章所論父不得而子之意。伊訓曰。天誅造攻自牧宮。朕載自亳。伊訓。商書篇名。孟子引以證伐夏救民之事也。今書牧宮作鳴條。造載皆始也。伊尹言始攻桀無道。由我始其事於亳也。○萬章問曰。或謂孔子於衛主癰疽。於齊主侍人瘠環。有諸乎。孟子曰。否。不然也。好事者爲之也。癰於容反。疽七余反。好去聲。○主。謂舍於其家。以之爲主人也。癰疽。瘍醫也。侍人。奄人也。瘠。姓。環。名。皆時君所近狎之人

『於衛主顏讎由。彌子之妻，與子路之妻，兄弟也。彌子謂子路曰：「孔子主我，衛卿可得也。」子路以告。孔子曰：「有命。」孔子進以禮，退以義，得之不得曰「有命」。而主癰疽與侍人瘠環，是無義無命也。

『孔子不悅於魯衛，遭宋桓司馬，將要而殺之，微服而過宋。是時孔子當厄，主司城貞子，爲陳侯周臣。

也。好事謂喜造言生事之人也。於衛主顏讎由。彌子之妻與子路之妻兄弟也。彌子謂子路曰。孔子主我。衛卿可得也。子路以告。孔子曰有命。孔子進以禮。退以義。得之不得曰有命。而主癰疽與侍人瘠環。是無義無命也。讎如字。又音犨。○顏讎由。衛之賢大夫也。史記作顏濁鄒。彌子。衛靈公幸臣彌子瑕也。徐氏曰。禮主於辭遜。故進以禮。義主於制斷。故退以義。難進而易退者也。在我者有禮義而已。得之不得則有命存焉。孔子不悅於魯衛。遭宋桓司馬。將要而殺之。微服而過宋。是時孔子當阨。主司城貞子。爲陳侯

『吾聞觀近臣，以其所爲主；觀遠臣，以其所主。若孔子主癰疽與侍人瘠環，何以爲孔子？』

萬章問曰：『或曰「百里奚，自鬻於秦養牲者，五羊之皮，食牛，以要秦繆公」，信乎？』孟子曰：『否，不然，好事者爲之也。百里奚，虞人也。

周臣。要平聲。○不悅，不樂居其國也。桓司馬，宋大夫向魋也。司城貞子，亦宋大夫之賢者也。陳侯，名周。按史記，孔子爲魯司寇，齊人饋女樂以間之，孔子遂行，適衛月餘，去衛適宋，司馬魋欲殺孔子，孔子去，至陳，主於司城貞子。孟子言孔子雖當阨難，然猶擇所主，況在齊衛無事之時，豈有主癰疽侍人之事乎。吾聞觀近臣，以其所爲主。觀遠臣，以其所主。若孔子主癰疽與侍人瘠環，何以爲孔子。近臣，在朝之臣。遠臣，遠方來仕者。君子小人，各從其類，故觀其所爲主，與其所主者，而其人可知。○萬章問曰：或曰百里奚自鬻於秦養牲者，五羊之皮，食牛，以要秦穆公，信乎。孟子曰：否。不然。好事者爲之

『晉人以垂棘之璧，與屈產之乘，假道於虞以伐虢。宮之奇諫，百里奚不諫。

『知虞公之不可諫而去，之秦，年已七十矣，曾不知以食牛干秦繆公之爲污也，可謂智乎？不可諫而不諫，可謂不智乎？知虞公之將亡而

也。食音嗣。好去聲。下同。○百里奚虞之賢臣。人言其自賣於秦養牲者之家，得五羊之皮而爲之食牛，因以干秦穆公也。

百里奚虞人也。晉人以垂棘之璧與屈產之乘假道於虞以伐虢。宮之奇諫，百里奚不諫。屈求勿反。乘去聲。○虞、虢皆國名。垂棘之璧，垂棘之地所出之璧也。屈產之乘，屈地所生之良馬也。乘，四匹也。晉欲伐虢，道經於虞，故以此物借道。其實欲幷取虞。宮之奇亦虞之賢臣，諫虞公令勿許。虞公不用，遂爲晉所滅。百里奚知其不可諫，故不諫而去之。

知虞公之不可諫而去之秦。年已七十矣，曾不知以食牛干秦穆公之爲汙也，可謂智乎？不可諫而不諫，可謂不智乎？

先去之，不可謂不智也。時舉於秦，知繆公之可與有行也而相之，可謂不智乎？相秦而顯其君於天下，可傳於後世，不賢而能之乎？自鬻以成其君，鄉黨自好者不爲，而謂賢者爲之乎？』

知虞公之將亡而先去之，不可謂不智也。時舉於秦，知穆公之可與有行也而相之，可謂不智乎？相秦而顯其君於天下，可傳於後世，不賢而能之乎？自鬻以成其君，鄉黨自好者不爲，而謂賢者爲之乎？

相，去聲。○自好，自愛其身之人也。孟子言百里奚之智如此，必知食牛以干主之爲汙；其賢又如此，必不肯自鬻以成其君也。然此事當孟子時已無所據，孟子直以事理反覆推之，而知其必不然耳。○范氏曰：「古之聖賢未遇之時，鄙賤之事不恥爲之，如百里奚爲人養牛，無足怪也。惟是人君不致敬盡禮，則不可得而見，豈有先自汙辱以要其君哉？莊周曰：『百里奚爵祿不入於心，故飯牛而牛肥。

使穆公忘其賤而與之政，亦可謂知百里奚矣。伊尹百里奚之事，皆聖賢出處之大節，故孟子不得不辯。尹氏曰：當時好事者之論，大率類此。蓋以其不正之心度聖賢也。

孟子集注卷九

吴縣吴志忠校刊

孟子集注卷十

萬章章句下

孟子曰：『伯夷，目不視惡色，耳不聽惡聲；非其君不事，非其民不使；治則進，亂則退；橫政之所出，橫民之所止，不忍居也；思與鄉人處，如以朝衣朝冠坐於塗炭也；當紂之時，居北海之濱，以待天下之清也。故聞伯夷之風者，頑夫廉，懦夫有立志。

『伊尹曰「何事非君？何使非民？」；治亦進，亂亦進；曰「天之生斯民也，

孟子集注卷十

萬章章句下 凡九章。

孟子曰。伯夷目不視惡色。耳不聽惡聲。非其君不事。非其民不使。治則進。亂則退。橫政之所出。橫民之所止。不忍居也。思與鄉人處。如以朝衣朝冠坐於塗炭也。當紂之時。居北海之濱。以待天下之清也。故聞伯夷之風者頑夫廉。懦夫有立志。治，去聲，下同。橫，去聲。朝，音潮。○橫，謂不循法度。頑者，無知覺。廉者，有分辨。懦，柔弱也。餘並見前篇。伊尹曰。何事非君。何

使先知覺後知，使先覺覺後覺；予天民之先覺者也，予將以此道覺此民也」；思天下之民，匹夫匹婦有不與被堯舜之澤者，若己推而內之溝中。其自任以天下之重也。

『柳下惠，不羞污君，不辭小官；進不隱賢，必以其道；遺佚而不怨，厄窮而不憫；與鄉人處，由由然不忍去也；「爾爲爾，我爲我，雖袒裼裸裎於我側，爾焉能浼我哉？」故聞柳下惠之風者，鄙夫寬，薄夫敦。

使非民治亦進亂亦進曰天之生斯民也使先知覺後知使先覺覺後覺予天民之先覺者也予將以此道覺此民也思天下之民匹夫匹婦有不與被堯舜之澤者若己推而内之溝中其自任以天下之重也與音預○何事非君言所事卽君何使非民言所使卽民無不可事之君無不可使之民也餘見前篇柳下惠不羞汙君不辭小官進不隱賢必以其道遺佚而不怨阨窮而不憫與鄉人處由由然不忍去也爾爲爾我爲我雖袒裼裸裎於我

『孔子之去齊，接淅而行；去魯，曰「遲遲吾行也」，去父母國之道也。可以速而速，可以久而久，可以處而處，可以仕而仕，孔子也。』

孟子曰：『伯夷，聖之清者也；伊尹，聖之任者也；柳下惠，聖之和者也；孔子，聖之時者也。

側爾焉能浼我哉。故聞柳下惠之風者。鄙夫寬，薄夫敦。鄙，狹陋也。敦，厚也。餘見前篇。孔子之去齊，接淅而行。去魯，曰遲遲吾行也。去父母國之道也。可以速而速，可以久而久，可以處而處，可以仕而仕，孔子也。淅，先歷反。○接，猶承也。淅，漬米水也。漬米將炊，而欲去之速，故以手承水取米而行，不及炊也。舉此一端，以見其久速仕止，各當其可也。或曰孔子去魯，不稅冕而行，豈得爲遲。楊氏曰：孔子欲去之意久矣，不欲苟去，故遲遲其行也。膰肉不至，則得以微罪行矣，故不稅冕而行，非速也。孟子曰伯夷，聖之清者也。伊尹，聖之任者也。柳下惠，聖之和者也。

『孔子之謂集大成。集大成也者，金聲而玉振之也。金聲也者，始條理也；玉振之也者，終條理也。始條理者，智之事也；終條理者，聖之事也。

孔子聖之時者也。張子曰。無所雜者清之極。無所異者和之極。勉而清。非聖人之清。勉而和。非聖人之和。所謂聖者。不勉不思而至焉者也。孔氏曰。任者。以天下爲己責也。愚謂孔子仕止久速。各當其可。蓋兼三子之所以聖者而時出之。非如三子之可以一德名也。或疑伊尹出處。合乎孔子。而不得爲聖之時。何也。程子曰。終是任底意思在。孔子之謂集大成。集大成也者。金聲而玉振之也。金聲也者。始條理也。玉振之也者。終條理也。始條理者。智之事也。終條理者。聖之事也。此言孔子集三聖之事。而爲一大聖之事。猶作樂者。集衆音之小成。而爲一大成也。成者。樂之一終。書所謂簫韶九成是也。金。鐘屬。聲。宣也。如聲罪致討之聲。玉。磬也。振。

『智譬則巧也，聖譬則力也。由射於百步之外也：其至，爾力也；其中，非爾力也。』

收也。如振河海而不洩之振。始。始之也。終。終之也。條理。猶言脈絡。指衆音而言也。智者。知之所及。聖者。德之所就也。蓋樂有八音。金石絲竹匏土革木。若獨奏一音。則其一音自爲始終。而爲一小成。猶三子之所知偏於一。而其所就亦偏於一也。八音之中。金石爲重。故特爲衆音之綱紀。又金始震而玉終詘然也。故並奏八音。則於其未作。而先擊鎛鐘以宣其聲。俟其既闋。而後擊特磬以收其韻。宣以始之。收以終之。二者之間。脈絡通貫。無所不備。則合衆小成而爲一大成。猶孔子之知無不盡而德無不全也。金聲玉振。始終條理。疑古樂經之言。故兒寬云。惟天子建中和之極。兼總條貫。金聲而玉振之。亦此意也。

智譬則巧也。聖譬則力也。由射於百步之外也。其至。爾力也。其中。非爾力也。

中去聲。○此復以射之巧力發

北宫锜問曰：『周室班爵祿也，如之何？』

孟子曰：『其詳不可得聞也，諸侯惡其害己也，而皆去其籍。然而軻也嘗聞其略也。

『天子一位，公一位，侯一位，伯一位，子、男同一位，凡五等也。

明智聖二字之義。見孔子巧力俱全。而聖智兼備。三子則力有餘而巧不足。是以一節雖至於聖。而智不足以及乎時中也。○此章言三子之行。各極其一偏。孔子之道。兼全於衆理。所以偏者。由其蔽於始。是以缺於終。所以全者。由其知之至。是以行之盡。三子猶春夏秋冬之各一其時。孔子則大和元氣之流行於四時也。

○北宮錡問曰。周室班爵祿也。如之何。錡。魚綺反。○北宮。姓。錡。名。衛人。班。列也。

孟子曰。其詳不可得聞也。諸侯惡其害己也。而皆去其籍。然而軻也嘗聞其略也。惡。去聲。去。上聲。○當時諸侯兼幷僭竊。故惡周制妨害己之所爲也。天子一位。公一位。侯一位。伯一位。子男同一位。凡五等也。君一

君一位，卿一位，大夫一位，上士一位，中士一位，下士一位，凡六等。

『天子之制，地方千里，公、侯皆方百里，伯七十里，子、男五十里，凡四等。不能五十里，不達於天子，附於諸侯曰附庸。

『天子之卿受地視侯，大夫受地視伯，元士受地視子、男。

『大國地方百里，君十卿祿，卿祿四大夫，大夫倍上士，上士倍中士，

位卿一位大夫一位上士一位中士一位下士一位凡六等（此班爵之制也五等通於天下六等施於國中）天子之制地方千里公侯皆方百里伯七十里子男五十里凡四等不能五十里不達於天子附於諸侯曰附庸（此以下班祿之制也不能猶不足也小國之地不足五十里者不能自達於天子因大國以姓名通謂之附庸若春秋邾儀父之類是也）天子之卿受地視侯大夫受地視伯元士受地視子男（視比也徐氏曰王畿之內亦制都鄙受地也元士上士也）大國地方百里君十卿祿卿祿四大夫大夫倍上士

中士倍下士，下士與庶人在官者同祿，祿足以代其耕也。

『次國地方七十里，君十卿祿，卿祿三大夫，大夫倍上士，上士倍中士，中士倍下士，下士與庶人在官者同祿，祿足以代其耕也。

上士倍中士。中士倍下士。下士與庶人在官者同祿。祿足以代其耕也。十。十倍之也。四。四倍之也。倍。加一倍也。徐氏曰。大國君田三萬二千畝。其入可食二千八百八十人。卿田三千二百畝。可食二百八十八人。大夫田八百畝。可食七十二人。上士田四百畝。可食三十六人。中士田二百畝。可食十八人。下士與庶人在官者田百畝。可食九人至五人。庶人在官。府史胥徒也。愚按君以下所食之祿。皆助法之公田。藉農夫之力以耕而收其租。士之無田。與庶人在官者。則但受祿於官。如田之入而已。

次國地方七十里。君十卿祿。卿祿三大夫。大夫倍上士。上士倍中士。中士倍下士。下士與庶人在官者同祿。祿足以

『小國地方五十里，君十卿祿，卿祿二大夫，大夫倍上士，上士倍中士，中士倍下士，下士與庶人在官者同祿，祿足以代其耕也。

『耕者之所獲，一夫百畮：百畮之糞，上農夫食九人，上次食八人，中食七人，中次食六人，下食五人。庶人在官者，其祿以是爲差。

代其耕也。三。謂三倍之也。徐氏曰。次國君田二萬四千畝。可食二千一百六十人。卿田二千四百畝。可食二百十六人。小國地方五十里。君十卿祿。卿祿二大夫。大夫倍上士。上士倍中士。中士倍下士。下士與庶人在官者同祿。祿足以代其耕也。二。卽倍也。徐氏曰。小國君田一萬六千畝。可食千四百四十人。卿田一千六百畝。可食百四十四人。耕者之所獲。一夫百畝。百畝之糞。上農夫食九人。上次食八人。中食七人。中次食六人。下食五人。庶人在官者。其祿以是爲差。食音嗣。○獲。得也。一夫一婦佃田百畝。加之以糞。糞多而力勤者爲

萬章問曰：『敢問友。』孟子曰：『不挾長，不挾貴，不挾兄弟而友。友也者，友其德也，不可以有挾也。

『孟獻子，百乘之家也，有友五人焉：樂正裘、牧仲，其三人則予忘之矣。獻子之與此五人者友也，無獻子之家者也。此五人者亦有獻子之家，則不與之友矣。

上農。其所收可供九人。其次用力不齊。故有此五等。庶人在官者。其受祿不同。亦有此五等也。○愚按此章之說。與周禮王制不同。葢不可考。闕之可也。程子曰。孟子之時去先王未遠。載籍未經秦火。然而班爵祿之制。已不聞其詳。今之禮書。皆掇拾於煨燼之餘。而多出於漢儒一時之傳會。奈何欲盡信而句爲之解乎。然則其事固不可一一追復矣。○

萬章問曰。敢問友。孟子曰。不挾長。不挾貴。不挾兄弟而友。友也者。友其德也。不可以有挾也。挾者。兼有而恃之之稱。

孟獻子。百乘之家也。有友五人焉。樂正裘。牧仲。其三人。則予忘之矣。獻子之與此五人者友也。無獻子之家者也。此五

『非惟百乘之家爲然也，雖小國之君亦有之。費惠公曰：「吾於子思，則師之矣；吾於顔般，則友之矣；王順、長息，則事我者也。」

『非惟小國之君爲然也，雖大國之君亦有之。晉平公之於亥唐也，入云則入，坐云則坐，食云則食。雖疏食菜羹，未嘗不飽，蓋不敢不飽也。

人者亦有獻子之家，則不與之友矣。乘去聲。下同。○孟獻子，魯之賢大夫仲孫蔑也。張子曰：「獻子忘其勢。五人者忘人之勢。不資其勢而利其有，然後能忘人之勢。若五人者有獻子之家，則反爲獻子之所賤矣。」非惟百乘之家爲然也。雖小國之君亦有之。費惠公曰：「吾於子思，則師之矣。吾於顔般，則友之矣。王順、長息，則事我者也。」費音秘。般音班。○惠公，費邑之君也。師，所尊也；友，所敬也；事我者，所使也。非惟小國之君爲然也，雖大國之君亦有之。晉平公之於亥唐也，入云則入，坐云則坐，食云則食。雖疏食菜羹，未嘗不飽，

然終於此而已矣，弗與共天位也，弗與治天職也，弗與食天祿也。士之尊賢者也，非王公之尊賢也。

『舜尚見帝，帝館甥于貳室，亦饗舜，迭爲賓主，是天子而友匹夫也。

『用下敬上，謂之貴貴；用上敬下，

蓋不敢不飽也。然終於此而已矣。弗與共天位也。弗與治天職也。弗與食天祿也。士之尊賢者也。非王公之尊賢也。疏食之食，音嗣。平公王公下，諸本多無之字，疑闕文也。○亥唐，晉賢人也。平公造之，唐言入，公乃入；言坐，乃坐；言食，乃食也。疏食，糲飯也。不敢不飽，敬賢者之命也。范氏曰：位曰天位，職曰天職，祿曰天祿，言天所以待賢人，使治天民，非人君所得專者也。舜尚見帝，帝館甥于貳室，亦饗舜，迭爲賓主，是天子而友匹夫也。尚，上也。舜上而見於帝堯也。館，舍也。禮，妻父曰外舅。謂我舅者，吾謂之甥。堯以女妻舜，故謂之甥。貳室，副宮也。堯舍舜於副宮，而就饗其食。用下敬上，謂之貴貴；用謂之尊賢。貴貴、尊賢，其義一也。』

萬章曰：『敢問交際何心也？』孟子曰：『恭也。』

曰：『卻之卻之爲不恭，何哉？』

曰：『尊者賜之，曰「其所取之者，義乎不義乎」？而後受之，以是爲不恭，故弗卻也。』

上敬下謂之尊賢貴貴尊賢其義一也貴貴尊賢皆事之宜者然當時但知貴貴而不知尊賢故孟子曰其義一也○此言朋友人倫之一所以輔仁故以天子友匹夫而不爲詘以匹夫友天子而不爲僭此堯舜所以爲人倫之至而孟子言必稱之也○萬章問曰敢問交際何心也孟子曰恭也際接也交際謂人以禮儀幣帛相交接也曰卻之卻之爲不恭何哉曰尊者賜之曰其所取之者義乎不義乎而後受之以是爲不恭故弗卻也卻不受而還之也再言之未詳萬章疑交際之間有所卻者人便以爲不恭何哉孟子言尊者之賜而心竊計其所以得此物者未知合義與否必其合義然後可受不然則

曰：『請無以辭卻之，以心卻之，曰「其取諸民之不義也」，而以他辭無受，不可乎？』曰：『其交也以道，其接也以禮，斯孔子受之矣。』

萬章曰：『今有禦人於國門之外者，其交也以道，其餽也以禮，斯可受禦與？』曰：『不可。《康誥》曰「殺越人于貨，閔不畏死，凡民罔不譈」，是不待教而誅者也。殷受夏，周受殷，所不辭也，於今爲烈，如之何其受之？』

卻之矣所以卻之爲不恭也曰請無以辭卻之以心卻之曰其取諸民之不義也而以他辭無受不可乎曰其交也以道其接也以禮斯孔子受之矣萬章以爲彼旣得之不義則其餽不可受但無以言語間而卻之直以心度其不義而託於他辭以卻之如此可否邪交以道如餽贐聞戒周其飢餓之類接以禮謂辭命恭敬之節孔子受之如受陽貨烝豚之類也萬章曰今有禦人於國門之外者其交也以道其餽也以禮斯可受禦與曰不可康誥曰殺越人于貨閔不畏死凡民罔不譈是不待教而誅者也殷受夏周

曰：『今之諸侯取之於民也，猶禦也。苟善其禮際矣，斯君子受之，敢問何說也？』曰：『子以爲有王者作，將比今之諸侯而誅之乎？

受殷所不辭也於今爲烈如之何其受之與（平聲。譈書作憝。徒對反。○禦。止也。止人而殺之且奪其貨也。國門之外無人之處也。萬章以爲苟不問其物之所從來而但觀其交接之禮則設有禦人者用其禦得之貨以禮餽我則可受之乎。康誥周書篇名。越顛越也。今書閔作愍。無凡民二字。譈怨也。言殺人而顛越之。因取其貨閔然不知畏死凡民無不怨之。孟子言此乃不待教戒而當卽誅者也。如何而可受之乎。商受至爲烈十四字語意不倫。李氏以爲此必有斷簡或闕文者近之。而愚意其直爲衍字耳。然不可攷。姑闕之可也。）

曰今之諸侯取之於民也猶禦也苟善其禮際矣斯君子受之敢問何說也曰子以爲有王者作將比今之諸侯

其教之不改而後誅之乎？夫謂非其有而取之者盜也，充類至義之盡也。孔子之仕於魯也，魯人獵較，孔子亦獵較。獵較猶可，而況受其賜乎？』

而誅之乎。其教之不改而後誅之乎。夫謂非其有而取之者盜也。充類至義之盡也。孔子之仕於魯也。魯人獵較。孔子亦獵較。獵較猶可。而況受其賜乎。

比去聲。夫音扶。較音角。○比連也。言今諸侯之取於民。固多不義。然有王者起。必不連合而盡誅之。必教之不改而後誅之。則其與禦人之盜不待教而誅者不同矣。夫禦人於國門之外與非其有而取之。二者固皆不義之類。然必禦人乃爲眞盜。其謂非有而取爲盜者。乃推其類至於義之至精至密之處而極言之耳。非便以爲眞盜也。然則今之諸侯。雖曰取非其有。豈可遽以同於禦人之盜也哉。又引孔子之事。以明世俗所尚。猶或可從。況受其賜。何爲不可乎。獵較未詳。趙氏以爲田獵相

曰：『然則孔子之仕也，非事道與？』曰：『事道也。』『事道奚獵較也？』曰：『孔子先簿正祭器，不以四方之食供簿正。』曰：『奚不去也？』曰：『爲之兆也。兆足以行矣而不行，而後去，是以未嘗有所終三年淹也。

較。奪禽獸以祭。孔子不違。所以小同於俗也。張氏以爲獵而較所獲之多少也。二說未知孰是。

曰然則孔子之仕也。非事道與。曰事道也。事道奚獵較也。曰孔子先簿正祭器。不以四方之食供簿正。曰奚不去也。曰爲之兆也。兆足以行矣而不行。而後去。是以未嘗有所終三年淹也。

與。平聲。○此因孔子事而反覆辯論也。事道者。以行道爲事也。事道奚獵較也。萬章問也。先簿正祭器未詳。徐氏曰。先以簿書正其祭器。使有定數。不以四方難繼之物實之。夫器有常數。實有常品。則其本正矣。彼獵較者。將久而自廢矣。未知是否也。兆。猶卜之兆。蓋事之端也。孔子所以不去者。亦欲小試行道之端。以示於人。使知吾道

『孔子有見行可之仕，有際可之仕，有公養之仕。於季桓子，見行可之仕也；於衞靈公，際可之仕也；於衞孝公，公養之仕也。』

之果可行也。若其端既可行，而人不能遂行之。然後不得已而必去之。蓋其去雖不輕，而亦未嘗不決。是以未嘗終三年留於一國也。

孔子有見行可之仕，有際可之仕，有公養之仕。於季桓子，見行可之仕也。於衞靈公，際可之仕也。於衞孝公，公養之仕也。

見行可，見其道之可行也。際可，接遇以禮也。公養，國君養賢之禮也。季桓子，魯卿季孫斯也。衞靈公，衞侯元也。孝公，春秋史記皆無之，疑出公輒也。因孔子仕魯，而言其仕有此三者。故於魯則兆足以行矣，而不行，然後去。而於衞之事，則又受其交際問餽而不卻之一驗也。○尹氏曰：不聞孟子之義，則自好者為於陵仲子而已。聖賢辭受進退，惟義所在。愚按此章文義多不可曉，不必強為之說。

○孟子曰：仕

孟子曰：『仕非爲貧也，而有時乎爲貧；娶妻非爲養也，而有時乎爲養。

『爲貧者，辭尊居卑，辭富居貧。

『辭尊居卑，辭富居貧，惡乎宜乎？抱關擊柝。

『孔子嘗爲委吏矣，曰「會計當而已矣」；嘗爲乘田矣，曰「牛羊茁壯長而已矣」。

非爲貧也而有時乎爲貧娶妻非爲養也而
有時乎爲養爲養並去聲下同○仕本爲行道而亦有家貧親老或道與時
違而但爲祿仕者如娶妻本爲繼嗣而亦有爲不能親操井臼而欲資其餽養者爲
貧者辭尊居卑辭富居貧貧富謂祿之厚薄蓋仕不爲道已非
出處之正故其所處但當如此辭尊居卑辭富居貧惡乎宜
乎抱關擊柝惡平聲柝音託○柝行夜所擊木也蓋爲貧者雖不主於行道
而亦不可以苟祿故惟抱關擊柝之吏位卑祿薄其職易稱爲所宜居也李氏曰道不行
矣爲貧而仕者此其律令也若不能然則是貪位慕祿而已矣孔子嘗爲委
吏矣曰會計當而已矣嘗爲乘田矣曰牛羊

『位卑而言高，罪也；立乎人之本朝而道不行，恥也。』

萬章曰：『士之不托諸侯，何也？』

孟子曰：『不敢也。諸侯失國而後托於諸侯，禮也。士之托於諸侯，非禮也。』

茁壯長而已矣。委烏僞反。會工外反。當丁浪反。乘去聲。茁阻刮反。長上聲。○此孔子之爲貧而仕者也。委吏主委積之吏也。乘田主苑囿芻牧之吏也。茁肥貌。言以孔子大聖而嘗爲賤官不以爲辱者所謂爲貧而仕官卑祿薄而職易稱也。

位卑而言高罪也立乎人之本朝而道不行恥也朝音潮。○以出位爲罪則無行道之責。以廢道爲恥則非竊祿之官。此爲貧者之所以必辭尊富而寧處貧賤也。○尹氏曰言爲貧者不可以居尊居尊者必欲以行道。

○萬章曰士之不託諸侯何也孟子曰不敢也諸侯失國而後託於諸侯禮也士之託於諸侯非禮也託寄也。謂不仕而食其祿也。古者諸侯出奔他國食其廩餼謂之寄公。士

萬章曰：『君餽之粟，則受之乎？』

曰：『受之。』『受之何義也？』曰：『君之於氓也，固周之。』

曰：『周之則受，賜之則不受，何也？』曰：『不敢也。』曰：『敢問其不敢何也？』曰：『抱關擊柝者，皆有常職以食於上。無常職而賜於上者，以爲不恭也。』

曰：『君餽之，則受之，不識可常繼乎？』曰：『繆公之於子思也，亟問，亟餽鼎肉。子思不悅，於卒也，摽使者出諸大門之外，北面稽首

（無爵土不得比諸侯不仕而食祿則非禮也）萬章曰君餽之粟則受之乎曰受之受之何義也曰君之於氓也固周之（周救也視其空乏則周卹之無常數君待民之禮也）曰周之則受賜之則不受何也曰不敢也曰敢問其不敢何也曰抱關擊柝者皆有常職以食於上無常職而賜於上者以爲不恭也（賜謂予之祿有常數君所以待臣之禮也）曰君餽之則受之不識可常繼乎曰繆公之於子思也亟問亟餽鼎肉子思不悅於卒也摽使者出諸大門之外北面稽首

再拜而不受，曰：「今而後知君之犬馬畜伋！」蓋自是臺無餽也。悅賢不能舉，又不能養也，可謂悅賢乎？』

曰：『敢問國君欲養君子，如何斯可謂養矣？』曰：『以君命將之，再拜稽首而受；其後廩人繼粟，庖人繼肉，不以君命將之。子思以爲鼎肉，使己僕僕爾亟拜也，非養君子之道也。

再拜而不受曰今而後知君之犬馬畜伋蓋自是臺無餽也悅賢不能舉又不能養也可謂悅賢乎亟去聲下同標音杓使去聲○亟數也鼎肉熟肉也卒末也標麾也數以君命來餽當拜受之非養賢之禮故不悅而於其末後復來餽時麾使者出拜而辭之犬馬畜伋言不以人禮待己也臺賤官主使令者蓋繆公愧悟自此不復令臺來致餽也舉用也能養者未必能用也況又不能養乎曰敢問國君欲養君子如何斯可謂養矣曰以君命將之再拜稽首而受其後廩人繼粟庖人繼肉不以君命將之子思以爲鼎肉使己僕僕爾亟拜也非

『堯之於舜也，使其子九男事之，二女女焉，百官牛羊倉廩備，以養舜於畎畝之中，後舉而加諸上位。故曰王公之尊賢者也。』

萬章曰：『敢問不見諸侯何義也？』

孟子曰：『在國曰市井之臣，在野曰草莽之臣，皆謂庶人。庶人不傳質爲臣，不敢見於諸侯，禮也。』

養君子之道也。初以君命來餽，則當拜受，其後有司各以其職繼續所無，不以君命來餽，不使賢者有亟拜之勞也。僕僕，煩猥貌。堯之於舜也，使其子九男事之，二女女焉，百官牛羊倉廩備，以養舜於畎畝之中，後舉而加諸上位，故曰王公之尊賢者也。女下字去聲。○能養能舉，悅賢之至也，惟堯舜爲能盡之，而後世之所當法也。○萬章曰：敢問不見諸侯何義也？孟子曰：在國曰市井之臣，在野曰草莽之臣，皆謂庶人。庶人不傳質爲臣，不敢見於諸侯，禮也。質與贄同。○傳，通也。質者，士執雉，庶人執鶩，相見以自通者也。國內莫非

萬章曰：『庶人召之役，則往役；君欲見之，召之，則不往見之，何也？』曰：『往役，義也；往見，不義也。

『且君之欲見之也，何爲也哉？』

曰：『爲其多聞也，爲其賢也。』

曰：『爲其多聞也，則天子不召師，而況諸侯乎？爲其賢也，則吾未聞欲見賢而召之也。

『繆公亟見於子思，曰：「古千乘之國以友士，何如？」子思不悅，曰：「古之人有言曰『事之云乎』，豈曰友之云乎？」子思之不悅也，

君臣但未仕者與執贄在位之臣不同故不敢見也萬章曰庶人召之役則往役君欲見之召之則不往見之何也曰往役義也往見不義也往役者庶人之職不往見者士之禮且君之欲見之也何爲也哉曰爲其多聞也曰爲其多聞也則天子不召師而況諸侯乎爲其賢也則吾未聞欲見賢而召之也爲並去聲繆公亟見於子思曰古千乘之國以友士何如子思不悅曰古之人有言曰事之云乎豈曰友之云乎子思之不悅也豈不

豈不曰：「以位，則子君也，我臣也，何敢與君友也？以德，則子事我者也，奚可以與我友？」千乘之君求與之友，而不可得也，而況可召與？

『齊景公田，招虞人以旌，不至，將殺之。「志士不忘在溝壑，勇士不忘喪其元。」孔子奚取焉？取非其招不往也。』

曰：『敢問招虞人何以？』曰：『以皮冠。庶人以旃，士以旂，大夫以旌。

曰。以位。則子君也。我臣也。何敢與君友也。以德。則子事我者也。奚可以與我友。千乘之君求與之友。而不可得也。而況可召與。亟乘皆去聲。召與之與平聲。○孟子引子思之言而釋之。以明不可召之意。

齊景公田。招虞人以旌。不至。將殺之。志士不忘在溝壑。勇士不忘喪其元。孔子奚取焉。取非其招不往也。喪。息浪反。說見前篇。○

曰。敢問招虞人何以。曰。以皮冠。庶人以旃。士以旂。大夫以旌。皮冠。田獵之冠也。事見春秋傳。然則皮冠者。虞人之所有事也。故以是招之。庶人。未仕之臣。通帛曰旃。士謂已仕者。

『以大夫之招招虞人，虞人死不敢往；以士之招招庶人，庶人豈敢往哉？況乎以不賢人之招招賢人乎？

欲見賢人而不以其道，猶欲其入而閉之門也。夫義，路也；禮，門也。惟君子能由是路，出入是門也。《詩》云：「周道如底，其直如矢；君子所履，小人所視。」』

交龍爲旂，析羽而注於旂干之首曰旌。以大夫之招招虞人，虞人死不敢往；以士之招招庶人，庶人豈敢往哉？況乎以不賢人之招招賢人乎？欲見而召之，是不賢人之招也。以士之招招庶人，則不敢往；以不賢人之招招賢人，則不可往矣。欲見賢人而不以其道，猶欲其入而閉之門也。夫義，路也；禮，門也。惟君子能由是路，出入是門也。詩云：「周道如底，其直如矢；君子所履，小人所視。」夫，音扶。底，詩作砥，之履反。○詩小雅大東之篇。底與砥同，礪石也。言其平也。矢，言其直也。視，視以爲法也。引此以證上文能由是路之義。萬章曰：孔子君

萬章曰：『孔子「君命召，不俟駕而行」，然則孔子非與？』曰：『孔子當仕有官職，而以其官召之也。』

孟子謂萬章曰：『一鄉之善士，斯友一鄉之善士；一國之善士，斯友一國之善士；天下之善士，斯友天下之善士。

『以友天下之善士爲未足，又尚論古之人。頌其詩，讀其書，不知其人，可乎？是以論其世也。是尚友也。』

命召不俟駕而行然則孔子非與曰孔子當仕有官職而以其官召之也與平聲○孔子方仕而任職君以其官名召之故不俟駕而行徐氏曰孔子孟子易地則皆然○此章言不見諸侯之義最爲詳悉更合陳代公孫丑所問者而觀之其說乃盡

○孟子謂萬章曰一鄉之善士斯友一鄉之善士一國之善士斯友一國之善士天下之善士斯友天下之善士言己之善蓋於一鄉然後能盡友一鄉之善士推而至於一國天下皆然隨其高下以爲廣狹也

以友天下之善士爲未足又尚論古之人頌其詩讀其書不知其人可乎是

齊宣王問卿。孟子曰：『王何卿之問也？』王曰：『卿不同乎？』曰：『不同。有貴戚之卿，有異姓之卿。』王曰：『請問貴戚之卿。』曰：『君有大過則諫，反覆之而不聽，則易位。』

王勃然變乎色。

以論其世也。是尚友也。尚上同。言進而上也。頌誦通。論其世。論其當世行事之迹也。言既觀其言。則不可以不知其爲人之實。是以又考其行也。夫能友天下之善士。其所友衆矣。猶以爲未足。又進而取於古人。是能進其取友之道。而非止爲一世之士矣。

○齊宣王問卿孟子曰王何卿之問也王曰卿不同乎曰不同有貴戚之卿有異姓之卿王曰請問貴戚之卿曰君有大過則諫反覆之而不聽則易位大過。謂足以亡其國者。易位。易君之位。更立親戚之賢者。蓋與君有親親之恩。無可去之義。以宗廟爲重。不忍坐視其亡。故不得已而至於此也。

王勃然變乎色勃然。變色貌。曰王勿異也

曰：『王勿異也。王問臣，臣不敢不以正對。』

王色定，然後請問異姓之卿。曰：『君有過則諫，反覆之而不聽，則去。』

王問臣。臣不敢不以正對。孟子言也。王色定。然後請問異姓之卿。曰。君有過則諫。反覆之而不聽則去。君臣義合。不合則去。○此章言大臣之義。親疏不同。守經行權。各有其分。貴戚之卿。小過非不諫也。但必大過而不聽乃可易位。異姓之卿。大過非不諫也。雖小過而不聽。已可去矣。然三仁貴戚。不能行之於紂。而霍光異姓。乃能行之於昌邑。此又委任權力之不同。不可以執一論也。

孟子集注卷十

吳縣吳志忠校刊

孟子集注卷十一

告子章句上

告子曰：『性，猶杞柳也；義，猶桮棬也。以人性爲仁義，猶以杞柳爲桮棬。』

孟子曰：『子能順杞柳之性而以爲桮棬乎？將戕賊杞柳而後以爲桮棬也？如將戕賊杞柳而以爲桮棬，則亦將戕賊人以爲仁義與？率天下之人而禍仁義者，必子之言夫。』

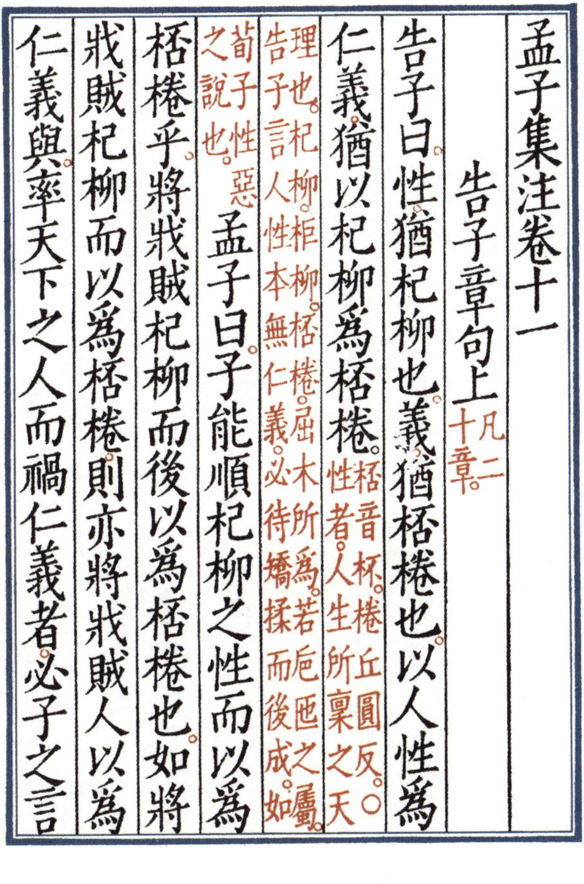
孟子集注卷十一

告子章句上凡二十章。

告子曰。性猶杞柳也。義猶桮棬也。以人性爲仁義。猶以杞柳爲桮棬。桮音杯。棬丘圓反。○性者。人生所稟之天理也。杞柳。柜柳。桮棬。屈木所爲。若卮匜之屬。告子言人性本無仁義。必待矯揉而後成。如荀子性惡之說也。

孟子曰。子能順杞柳之性而以爲桮棬乎。將戕賊杞柳而後以爲桮棬也。如將戕賊杞柳而以爲桮棬。則亦將戕賊人以爲仁義與。率天下之人而禍仁義者。必子之言

告子曰：『性猶湍水也，決諸東方則東流，決諸西方則西流。人性之無分於善不善也，猶水之無分於東西也。』

孟子曰：『水信無分於東西，無分於上下乎？人性之善也，猶水之就下也。人無有不善，水無有不下。

『今夫水，搏而躍之，可使過顙；激而行之，可使在山。是豈水之性哉？

夫。戕音牆。與平聲。夫音扶。○言如此，則天下之人皆以仁義爲害性而不肯爲，是因子之言而爲仁義之禍也。○告子曰：性猶湍水也，決諸東方則東流，決諸西方則西流。人性之無分於善不善也，猶水之無分於東西也。湍，他端反。○湍，波流瀠回之貌也。告子因前說而小變之，近於揚子善惡混之說。孟子曰：水信無分於東西，無分於上下乎？人性之善也，猶水之就下也。人無有不善，水無有不下。言水誠不分東西矣，然豈不分上下乎？性卽天理，未有不善者也。今夫水，搏而躍之，可使過顙；激而行之，可使在山。是豈水之

其勢則然也。人之可使爲不善，其性亦猶是也。』

告子曰：『生之謂性。』

孟子曰：『生之謂性也，猶白之謂白與？』曰：『然。』『白羽之白也，猶白雪之白；白雪之白，猶白玉之白與？』曰：『然。』

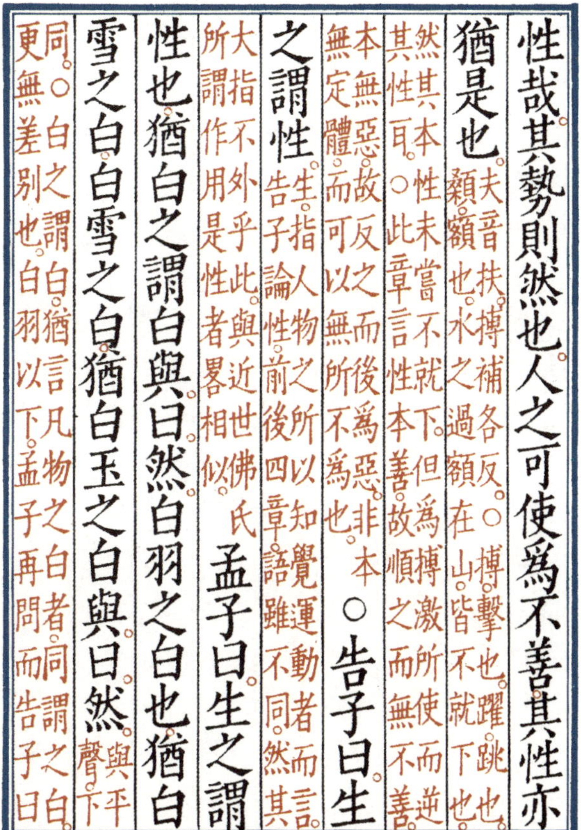

性哉其勢則然也人之可使爲不善其性亦猶是也夫音扶搏補各反○搏擊也躍跳也顙額也水之過額在山皆不就下也然其本性未嘗不就下但爲搏激所使而逆其性耳○此章言性本善故順之而無不善本無惡故反之而後爲惡非本無定體而可以無所不爲也○告子曰生之謂性生指人物之所以知覺運動者而言告子論性前後四章語雖不同然其大指不外乎此與近世佛氏所謂作用是性者畧相似孟子曰生之謂性也猶白之謂白與曰然白羽之白也猶白雪之白白雪之白猶白玉之白與曰然與平聲下同○白之謂白猶言凡物之白者同謂之白更無差別也白羽以下孟子再問而告子曰

『然則犬之性，猶牛之性；牛之性，猶人之性與？』

告子曰：『食、色，性也。仁，內也，非外也；義，外也，非內也。』

然則是謂凡有生者同是一性矣。然則犬之性猶牛之性，牛之性猶人之性與。孟子又言若果如此則犬牛與人皆有知覺皆能運動其性皆無以異矣於是告子自知其說之非而不能對也。○愚按性者人之所得於天之理也生者人之所得於天之氣也性形而上者也氣形而下者也人物之生莫不有是性亦莫不有是氣然以氣言之則知覺運動人與物若不異也以理言之則仁義禮智之稟豈物之所得而全哉此人之性所以無不善而爲萬物之靈也告子不知性之爲理而以所謂氣者當之是以杞柳湍水之喻食色無善無不善之說縱橫繆戾紛紜舛錯而此章之誤乃其本根所以然者蓋徒知知覺運動之蠢然者人與物同而不知仁義禮智之粹然者人與物異也孟子以是折之其義精矣。○告子曰食色性也。

孟子曰：『何以謂仁內義外也？』

曰：『彼長而我長之，非有長於我也；猶彼白而我白之，從其白於外也，故謂之外也。』

曰：『異於白馬之白也，無以異於白人之白也；不識長馬之長也，無以異於長人之長與？且謂長者義乎？長之者義乎？』

仁內也非外也義外也非內也告子以人之知覺運動者爲性故言人之甘食悅色者卽其性故仁愛之心生於內而事物之宜由乎外學者但當用力於仁而不必求合於義也孟子曰何以謂仁內義外也曰彼長而我長之非有長於我也猶彼白而我白之從其白於外也故謂之外也長上聲下同○我長之我以彼爲長也我白之我以彼爲白也曰異於白馬之白也無以異於白人之白也不識長馬之長也無以異於長人之長與且謂長者義乎長之者義乎與平聲下同○張氏曰上異於二字疑衍李氏曰或有闕文焉愚按白馬白人

曰：『吾弟則愛之，秦人之弟則不愛也，是以我爲悅者也，故謂之內。長楚人之長，亦長吾之長，是以長爲悅者也，故謂之外也。』

曰：『耆秦人之炙，無以異於耆吾炙。夫物則亦有然者也。然則耆炙亦有外與？』

所謂彼白而我白之也。長馬長人。所謂彼長而我長之也。白馬白人不異。而長馬長人不同。是乃所謂義也。義不在彼之長。而在我長之之心。則義之非外明矣。

曰吾弟則愛之。秦人之弟則不愛也。是以我爲悅者也。故謂之内。長楚人之長。亦長吾之長。是以長爲悅者也。故謂之外也。

言愛主於我。故仁在内。敬主於長。故義在外。

曰耆秦人之炙。無以異於耆吾炙。夫物則亦有然者也。然則耆炙亦有外與。

耆與嗜同。夫音扶。○言長之耆之。皆出於心也。林氏曰。告子以食色爲性。故因其所明者而通之。○自篇首至此四章。告子之辯屢屈。而屢變其說以求勝。卒不聞其能自反而有所疑也。此正其

孟季子問公都子曰：『何以謂義內也？』

曰：『行吾敬，故謂之內也。』

『鄉人長於伯兄一歲，則誰敬？』

曰：『敬兄。』『酌則誰先？』曰：『先酌鄉人。』『所敬在此，所長在彼。果在外，非由內也？』

公都子不能答，以告孟子。孟子曰：『「敬叔父乎？敬弟乎？」彼將曰：「敬叔父。」曰：「弟爲尸，則誰敬？」彼將曰：「敬弟。」

所謂不得於言勿求於心者。所以卒於鹵莽而不得其正也。○孟季子問公都子曰：何以謂義內也。孟季子疑孟仲子之弟也。蓋聞孟子之言而未達，故私論之。曰：行吾敬，故謂之內也。所敬之人雖在外，然知其當敬而行吾心之敬以敬之，則不在外也。鄉人長於伯兄一歲，則誰敬。曰：敬兄。酌則誰先。曰：先酌鄉人。所敬在此，所長在彼，果在外，非由內也。○長，上聲。伯，長也。酌，酌酒也。此皆季子問，公都子答，而季子又言如此，則敬長之心果不由中出也。公都子不能答，以告孟子。孟子曰：敬叔父乎，敬弟乎。彼將曰：敬叔父。曰：弟爲尸，則誰敬。彼將

子曰：「惡在其敬叔父也？」彼將曰：「在位故也。」子亦曰：「在位故也。」庸敬在兄，斯須之敬在鄉人。』

季子聞之，曰：『敬叔父則敬，敬弟則敬。果在外，非由內也。』公都子曰：『冬日則飲湯，夏日則飲水。然則飲食亦在外也？』

公都子曰：『告子曰：「性無善無不善也。」

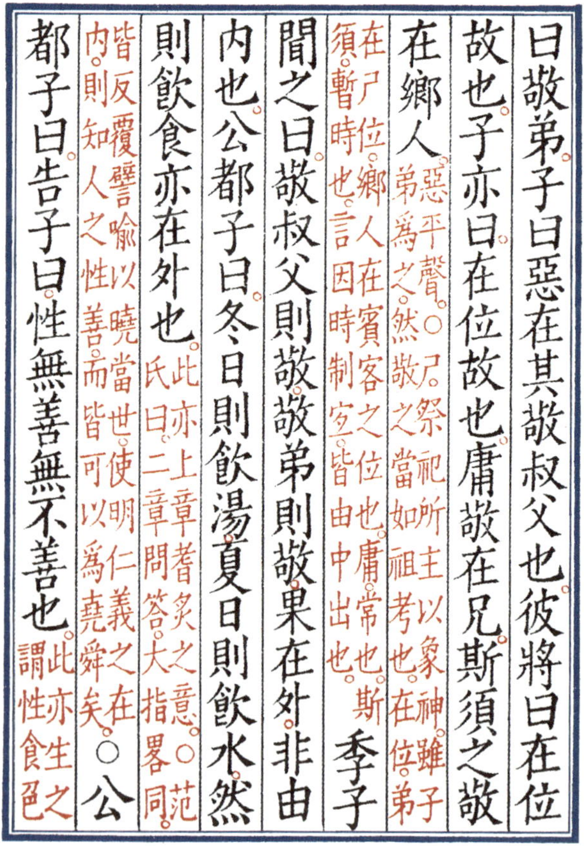

曰敬弟子曰惡在其敬叔父也彼將曰在位故也子亦曰在位故也庸敬在兄斯須之敬在鄉人惡平聲○尸祭祀所主以象神雖子弟爲之然敬之當如祖考也在位弟在尸位鄉人在賓客之位也庸常也斯須暫時也言因時制宜皆由中出也季子聞之曰敬叔父則敬敬弟則敬果在外非由內也公都子曰冬日則飲湯夏日則飲水然則飲食亦在外也此亦上章耆炙之意○范氏曰二章問答大指畧同皆反覆譬喻以曉當世使明仁義之在內則知人之性善而皆可以爲堯舜矣○公都子曰告子曰性無善無不善也此亦生之謂性食色

『或曰：「性可以爲善，可以爲不善。是故文武興則民好善，幽厲興則民好暴。」

『或曰：「有性善，有性不善。是故，以堯爲君而有象，以瞽瞍爲父而有舜，以紂爲兄之子且以爲君，而有微子啓、王子比干。」

『今曰「性善」，然則彼皆非與?』

孟子曰：『乃若其情，則可以爲善矣，乃所謂善也。

性也之意近世蘇氏胡氏之說蓋如此。或曰。性可以爲善可以爲不善。是故文武興則民好善。幽厲興則民好暴。好去聲。此即湍水之說也。或曰。有性善。有性不善。是故以堯爲君而有象。以瞽瞍爲父而有舜。以紂爲兄之子且以爲君。而有微子啓王子比干。韓子性有三品之說蓋如此。按此文則微子比干皆紂之叔父。而書稱微子爲商王元子。疑此或有誤字。今曰性善。然則彼皆非與。與平聲。孟子曰。乃若其情。則可以爲善矣。乃所謂善也。乃若。發語辭。情者。性之動也。人之情。本但可以爲善而不可以爲惡。則性之本善可

『若夫爲不善，非才之罪也。

『惻隱之心，人皆有之；羞惡之心，人皆有之；恭敬之心，人皆有之；是非之心，人皆有之。惻隱之心，仁也；羞惡之心，義也；恭敬之心，禮也；是非之心，智也。仁義禮智，非由外鑠我也，我固有之也，弗思耳矣。故曰：求則得之，舍則失之。或相倍蓰而無算者，不能盡其才者也。

知矣。若夫爲不善非才之罪也。夫音扶。○才猶材質。人之能也。人有是性。則有是才。性既善則才亦善。人之爲不善。乃物欲陷溺而然。非其才之罪也。

惻隱之心。人皆有之。羞惡之心。人皆有之。恭敬之心。人皆有之。是非之心。人皆有之。惻隱之心。仁也。羞惡之心。義也。恭敬之心。禮也。是非之心。智也。仁義禮智。非由外鑠我也。我固有之也。弗思耳矣。故曰。求則得之。舍則失之。或相倍蓰而無算者。不能盡其才者也。惡去聲。舍上聲。蓰音師。○恭者。敬之發於外者也。敬者。恭之主於中者也。鑠。以火銷金之名。自外以

《詩》曰：「天生蒸民，有物有則。民之秉彜，好是懿德。」孔子曰：「爲此詩者，其知道乎！故有物必有則，民之秉彜也，故好是懿德。」』

至内也。算數也。言四者之心，人所固有，但人自不思而求之耳。所以善惡相去之遠，由不思不求而不能擴充以盡其才也。前篇言是四者爲仁義禮智之端，而此不言端者，彼欲其擴而充之，此直因用以著其本體，故言有不同耳。

詩曰天生蒸民有物有則民之秉夷好是懿德孔子曰爲此詩者其知道乎故有物必有則民之秉夷也故好是懿德

好去聲。○詩大雅烝民之篇。蒸詩作烝。衆也。物，事也。則，法也。夷，詩作彝。常也。懿，美也。有物必有法：如有耳目則有聦明之德，有父子則有慈孝之心，是民所秉執之常性也，故人之情無不好此懿德者。以此觀之，則人性之善可見，而公都子所問之三說，皆不辯而自明矣。○程子曰：性卽理也，理則堯舜至於塗人一也。才稟於氣，氣有清

孟子曰：『富歲子弟多賴，兇歲子弟多暴，非天之降才爾殊也，其所以陷溺其心者然也。

濁。稟其清者爲賢。稟其濁者爲愚。學而知之。則氣無清濁。皆可至於善而復性之本。湯武身之是也。孔子所言下愚不移者。則自暴自棄之人也。又曰。論性不論氣不備。論氣不論性不明。二之則不是。張子曰。形而後有氣質之性。善反之則天地之性存焉。故氣質之性。君子有弗性者焉。愚按程子此說才字與孟子本文小異。蓋孟子專指其發於性者言之。故以爲才無不善。程子兼指其稟於氣者言之。則人之才固有昏明強弱之不同矣。張子所謂氣質之性是也。二說雖殊各有所當。然以事理考之。程子爲密。蓋氣質所稟雖有不善。而不害性之本善。性雖本善。而不可以無省察矯揉之功。學者所當深玩也。○孟子曰。富歲子弟多賴。凶歲子弟多暴。非天之降才爾殊也。其所以陷溺其心者然也。富歲豐年

『今夫麰麥，播種而耰之，其地同，樹之時又同，浡然而生，至於日至之時，皆熟矣。雖有不同，則地有肥磽，雨露之養，人事之不齊也。

『故凡同類者，舉相似也，何獨至於人而疑之？聖人與我同類者。

故龍子曰：「不知足而爲屨，我知其不爲蕢也。」屨之相似，天下之足同也。

也。賴，藉也。豐年衣食饒足，故有所顧藉而爲善。凶年衣食不足，故有以陷溺其心而爲暴。

今夫麰麥，播種而耰之，其地同，樹之時又同，浡然而生，至於日至之時，皆熟矣。雖有不同，則地有肥磽，雨露之養，人事之不齊也。夫音扶。麰音牟。耰音憂。磽，苦交反。○麰，大麥也。耰，覆種也。日至之時，謂當成熟之期也。磽，瘠薄也。

故凡同類者，舉相似也，何獨至於人而疑之？聖人與我同類者。聖人亦人耳，其性之善，無不同也。

故龍子曰：不知足而爲屨，我知其不爲蕢也。屨之相似，天下之足同也。蕢音匱。○蕢，草器也。不知人足之大小而爲之屨，雖

『口之於味，有同耆也，易牙，先得我口之所耆者也。如使口之於味也，其性與人殊，若犬馬之與我不同類也，則天下何耆皆從易牙之於味也？至於味，天下期於易牙，是天下之口相似也。

『惟耳亦然，至於聲，天下期於師曠，是天下之耳相似也。

『惟目亦然，至於子都，天下莫不知其姣也；不知子都之姣者，無目者也。

未必適中。然必似足形。不至成蕢也。口之於味有同耆也。易牙先得我口之所耆者也。如使口之於味也。其性與人殊。若犬馬之與我不同類也。則天下何耆皆從易牙之於味也。至於味。天下期於易牙。是天下之口相似也。耆與嗜同。下同。易牙古之知味者。○言易牙所調之味。則天下皆以爲美也。惟耳亦然。至於聲。天下期於師曠。是天下之耳相似也。師曠能審音者也。言師曠所和之音。則天下皆以爲美也。惟目亦然。至於子都。天下莫不知其姣也。不知子都之姣者。無目者也。姣古

『故曰：口之於味也，有同耆焉；耳之於聲也，有同聽焉；目之於色也，有同美焉。至於心，獨無所同然乎？心之所同然者何也？謂：理也，義也。聖人先得我心之所同然耳。故理義之悅我心，猶芻豢之悅我口。』

孟子曰：『牛山之木嘗美矣，以其郊於大國也。斧斤伐之，可以爲美乎？

卯反。○子都，古之美人也。姣，好也。故曰。口之於味也有同耆
焉。耳之於聲也有同聽焉。目之於色也有同
美焉。至於心獨無所同然乎。心之所同然者
何也。謂理也義也。聖人先得我心之所同然
耳。故理義之悅我心猶芻豢之悅我口。然，猶可也。
草食曰芻，牛羊是也。穀食曰豢，犬豕是也。程
子曰。在物爲理，處物爲義，體用之謂也。孟子
言人心無不悅理義者，但聖人則先知先覺
乎此耳，非有以異於人也。程子又曰。理義之
悅我心，猶芻豢之悅我口。此語親切有味。須
實體察得理義之悅心，眞猶芻豢之悅口，始
得。○孟子曰。牛山之木嘗美矣。以其郊於大

是其日夜之所息，雨露之所潤，非無萌櫱之生焉，牛羊又從而牧之，是以若彼濯濯也。人見其濯濯也，以爲未嘗有材焉，此豈山之性也哉？

『雖存乎人者，豈無仁義之心哉？其所以放其良心者，亦猶斧斤之於木也。旦旦而伐之，可以爲美乎？其日夜之所息，平旦之氣，其好惡

國也斧斤伐之可以爲美乎是其日夜之所息雨露之所潤非無萌櫱之生焉牛羊又從而牧之是以若彼濯濯也人見其濯濯也以爲未嘗有材焉此豈山之性也哉櫱五割反○牛山齊之東南山也邑外謂之郊言牛山之木前此固嘗美矣今爲大國之郊伐之者衆故失其美耳息生長也日夜之所息謂氣化流行未嘗閒斷故日夜之閒凡物皆有所生長也萌芽也櫱芽之旁出者也濯濯光潔之貌材材木也言山木雖伐猶有萌櫱而牛羊又從而害之是以至於光潔而無草木也雖存乎人者豈無仁義之心哉其所以放其良心者亦猶斧斤之於木

與人相近也者幾希，則其旦晝之所爲，有梏亡之矣。梏之反覆，則其夜氣不足以存；夜氣不足以存，則其違禽獸不遠矣。人見其禽獸也，而以爲未嘗有才焉者，是豈人之情也哉？

也旦旦而伐之可以爲美乎其日夜之所息平旦之氣其好惡與人相近也者幾希則其旦晝之所爲有梏亡之矣梏之反覆則其夜氣不足以存夜氣不足以存則其違禽獸不遠矣人見其禽獸也而以爲未嘗有才焉者是豈人之情也哉

好惡並去聲。良心者，本然之善心，卽所謂仁義之心也。平旦之氣，謂未與物接之時，清明之氣也。好惡與人相近，言得人心之所同然也。幾希，不多也。梏，械也。反覆，展轉也。言人之良心雖已放失，然其日夜之閒，亦必有所生長。故平旦未與物接，其氣清明之際，良心猶必有發見者。但其發見至微，而旦晝所爲之不善，

『故苟得其養，無物不長；苟失其養，無物不消。』

『孔子曰：「操則存，舍則亡。出入無時，莫知其鄉。」惟心之謂與？』

又已隳而梏亡之。如山木既伐，猶有萌蘖而牛羊又牧之也。晝之所爲，既有以害其夜之所息；夜之所息，又不能勝其晝之所爲，是以展轉相害。至於夜氣之生，日以寖薄，而不足以存其仁義之良心，則平旦之氣亦不能清，而所好惡遂與人遠矣。

故苟得其養，無物不長；苟失其養，無物不消。

長，上聲。○山木人心，其理一也。

孔子曰：「操則存，舍則亡；出入無時，莫知其鄉。」惟心之謂與？

舍，音捨。與，平聲。○孔子言心，操之則在此，舍之則失去，其出入無定時，亦無定處如此。孟子引之，以明心之神明不測，得失之易，而保守之難，不可頃刻失其養。學者當無時而不用其力，使神清氣定，常如平旦之時，則此心常存，無適而非仁義也。程子曰：「心豈有出入，亦以操舍而言耳。操之之道，敬以直內而已。」○愚聞

孟子曰：『無或乎王之不智也！

『雖有天下易生之物也，一日暴之，十日寒之，未有能生者也。吾見亦罕矣，吾退而寒之者至矣，吾如有萌焉何哉？

『今夫弈之爲數，小數也；不專心致志，則不得也。弈秋，通國之善

之師曰人理義之心未嘗無惟持守之卽在爾若於旦晝之閒不至梏亡則夜氣愈清夜氣清則平旦未與物接之時湛然虛明氣象自可見矣孟子發此夜氣之說於學者極有力宜熟玩而深省之也

○孟子曰無或乎王之不智也或與惑同疑怪也王疑指齊王

雖有天下易生之物也一日暴之十日寒之未有能生者也吾見亦罕矣吾退而寒之者至矣吾如有萌焉何哉易去聲暴步卜反見音現○暴溫之也我見王之時少猶一日暴之也我退則諂諛雜進之日多是十日寒之也雖有萌櫱之生我亦安能如之何哉

今夫弈之爲數小數也不專心致志則不得也弈秋通國之善

弈者也。使弈秋誨二人弈：其一人專心致志，惟弈秋之爲聽；一人雖聽之，一心以爲有鴻鵠將至，思援弓繳而射之。雖與之俱學，弗若之矣。爲是其智弗若與？曰：非然也。』

弈者也。使弈秋誨二人弈。其一人專心致志。惟弈秋之爲聽。一人雖聽之。一心以爲有鴻鵠將至。思援弓繳而射之。雖與之俱學。弗若之矣。爲是其智弗若與。曰。非然也。夫音扶。繳音灼。射食亦反。爲是之爲。去聲。若與之與。平聲。○弈。圍棋也。數。技也。致。極也。弈秋。善弈者名秋也。繳。以繩繫矢而射也。○程子爲講官言於上曰。人主一日之間。接賢士大夫之時多。親宦官宮妾之時少。則可以涵養氣質。而薰陶德性。時不能用。識者恨之。范氏曰。人君之心。惟在所養。君子養之以善則智。小人養之以惡則愚。然賢人易疏。小人易親。是以寡不能勝衆。正不能勝邪。自古國家治日常少。而亂日常多。蓋以此也。○孟子曰。魚我

孟子曰：『魚，我所欲也；熊掌，亦我所欲也。二者不可得兼，舍魚而取熊掌者也。

『生，亦我所欲也；義，亦我所欲也。二者不可得兼，舍生而取義者也。生亦我所欲，所欲有甚於生者，故不爲苟得也。死亦我所惡，所惡有甚於死者，故患有所不辟也。

『如使人之所欲莫甚於生，則凡可以得生者何不用也？使人之所

所欲也熊掌亦我所欲也二者不可得兼舍魚而取熊掌者也生亦我所欲也義亦我所欲也二者不可得兼舍生而取義者也舍上聲○魚與熊掌皆美味。而熊掌尤美也。生亦我所欲所欲有甚於生者故不爲苟得也死亦我所惡所惡有甚於死者故患有所不辟也惡辟皆去聲下同。○釋所以舍生取義之意。得得生也。欲生惡死者。雖衆人利害之常情。而欲惡有甚於生死者。乃秉彜義理之良心。是以欲生而不爲苟得。惡死而有所不避也。如使人之所欲莫甚於生則凡可以得生者何不用也使人之

惡莫甚於死者，則凡可以辟患者何不爲也？

『由是則生而有不用也，由是則可以辟患而有不爲也。

『是故所欲有甚於生者，所惡有甚於死者。非獨賢者有是心也，人皆有之，賢者能勿喪耳。

『一簞食，一豆羹，得之則生，弗得則死。嘑爾而與之，行道之人弗受；蹴爾而與之，乞人不屑也。

所惡莫甚於死者則凡可以辟患者何不爲也。設使人無秉彝之良心而但有利害之私情則凡可以偷生免死者皆將不顧禮義而爲之矣由是則生而有不用也由是則可以辟患而有不爲也。由其必有秉彝之良心是以其能舍生取義如此。是故所欲有甚於生者所惡有甚於死者非獨賢者有是心也人皆有之賢者能勿喪耳。喪去聲。羞惡之心人皆有之但衆人汩於利欲而忘之惟賢者能存之而不喪耳。一簞食一豆羹得之則生弗得則死嘑爾而與之行道之人弗受蹴爾而與之乞人不屑也。食音

『萬鍾則不辨禮義而受之。萬鍾於我何加焉？爲宮室之美、妻妾之奉、所識窮乏者得我與？

鄉爲身死而不受，今爲宮室之美爲之；鄉爲身死而不受，今爲妻妾之奉爲之；鄉爲身死而不受，

嘑。嘑，呼故反。蹴，子六反。○豆，木器也。嘑，咄啐之貌。行道之人，路中凡人也。蹴，踐踏也。乞人，丐乞之人也。不屑，不以爲潔也。言雖欲食之急，而猶惡無禮，有寧死而不食者。是其羞惡之本心。欲惡有甚於生死者，人皆有之也。萬鍾則不辨禮義而受之。萬鍾於我何加焉？爲宮室之美、妻妾之奉、所識窮乏者得我與？爲，去聲。與，平聲。○萬鍾於我何加，言於我身無所增益也。所識窮乏者得我，謂所知識之窮乏者感我之惠也。上言人皆有羞惡之心，此言衆人所以喪之，由此三者。蓋理義之心雖曰固有，而物欲之蔽，亦人所易昏也。鄉爲身死而不受，今爲宮室之美爲之；鄉爲身死而不受，今爲妻妾之奉爲之；鄉爲身死而

今爲所識窮乏者得我而爲之：是亦不可以已乎？此之謂失其本心。』

孟子曰：『仁，人心也。義，人路也。

『舍其路而弗由，放其心而不知求，哀哉！

不受今爲所識窮乏者得我而爲之是亦不可以已乎此之謂失其本心鄉爲並去聲爲之之爲並如字〇言三者身外之物其得失比生死爲甚輕鄉爲身死猶不肯受嘑蹴之食今乃爲此三者而受無禮義之萬鍾是豈不可以止乎本心謂羞惡之心〇此章言羞惡之心人所固有或能決死生於危迫之際而不免計豐約於宴安之時是以君子不可頃刻而不省察於斯焉

〇孟子曰仁人心也義人路也仁者心之德程子所謂心如穀種仁則其生之性是也然但謂之仁則人不知其切於己故反而名之曰人心則可以見其爲此身酬酢萬變之主而不可須臾失矣義者行事之宜謂之人路則可以見其爲出入往來必由之道而不可須臾舍矣舍其路而弗由放

『人有雞犬放，則知求之；有放心，
而不知求。

『學問之道無他，求其放心而已矣。』

其心而不知求。哀哉。舍上聲。○哀哉二字。最宜詳味。令人惕然有深省處。人有雞犬放。則知求之。有放心而不知求。程子曰。心至重。雞犬至輕。雞犬放則知求之。心放而不知求。豈愛其至輕而忘其至重哉。弗思而已矣。愚謂上兼言仁義。而此下專論求放心者。能求放心。則不違於仁而義在其中矣。學問之道無他。求其放心而已矣。學問之事。固非一端。然其道則在於求其放心而已。蓋能如是則志氣清明。義理昭著。而可以上達。不然則昏昧放逸。雖曰從事於學。而終不能有所發明矣。故程子曰。聖賢千言萬語。只是欲人將已放之心約之。使反復入身來。自能尋向上去。下學而上達也。此乃孟子開示切要之言。程子又發明之曲盡其指。學者宜服膺而勿失也。○孟子曰。今有無

孟子曰：『今有無名之指，屈而不信，非疾痛害事也，如有能信之者，則不遠秦、楚之路，爲指之不若人也。

指不若人，則知惡之；心不若人，則不知惡：此之謂不知類也。』

孟子曰：『拱把之桐、梓，人苟欲生之，皆知所以養之者；至於身，而不知所以養之者：豈愛身不若桐、梓哉？弗思甚也。』

孟子曰：『人之於身也兼所愛，兼所愛，則兼所養也。無尺寸之膚

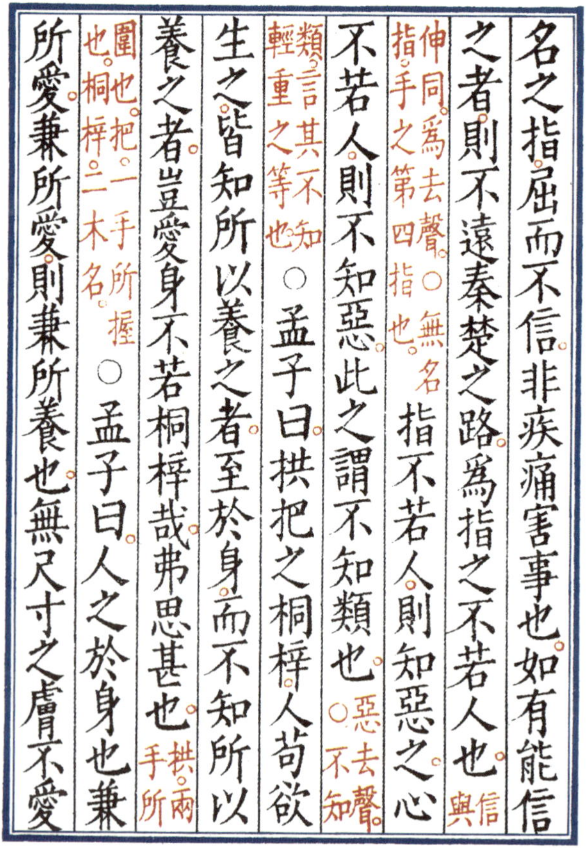
名之指屈而不信非疾痛害事也如有能信之者則不遠秦楚之路爲指之不若人也信與伸同爲去聲○無名指手之第四指也指不若人則知惡之心不若人則不知惡此之謂不知類也○惡去聲不知類言其不知輕重之等也○孟子曰拱把之桐梓人苟欲生之皆知所以養之者至於身而不知所以養之者豈愛身不若桐梓哉弗思甚也拱兩手所圍也把一手所握也桐梓二木名○孟子曰人之於身也兼所愛兼所愛則兼所養也無尺寸之膚不愛

不愛焉，則無尺寸之膚不養也。所以考其善不善者，豈有他哉？於己取之而已矣。

『體有貴賤，有小大。無以小害大，無以賤害貴。養其小者爲小人，養其大者爲大人。

『今有場師，舍其梧檟，養其樲棘，則爲賤場師焉。

『養其一指，而失其肩背而不知也，則爲狼疾人也。

『飲食之人，則人賤之矣，爲其養小以失大也。

焉。則無尺寸之膚不養也。所以考其善不善者。豈有他哉。於己取之而已矣。人於一身，固當兼養。然欲考其所養之善否者，惟在反之於身，以審其輕重而已矣。體有貴賤。有小大。無以小害大。無以賤害貴。養其小者爲小人。養其大者爲大人。賤而小者，口腹也。貴而大者，心志也。今有場師。舍其梧檟。養其樲棘。則爲賤場師焉。舍，上聲。檟音賈。樲音貳。○場師，治場圃者。梧，桐也。檟，梓也。皆美材也。樲棘，小棗，非美材也。養其一指。而失其肩背。而不知也。則爲狼疾人也。狼善顧，疾則不能，故以爲失肩背之喻。飲食之人。則人賤之

『飲食之人無有失也，則口腹豈適為尺寸之膚哉？』

公都子問曰：『鈞是人也，或為大人，或為小人，何也？』孟子曰：『從其大體為大人，從其小體為小人。』

曰：『鈞是人也，或從其大體，或從其小體，何也？』曰：『耳目之官，不思而蔽於物，物交物，則引之而已矣。心之官則思，思則得之，

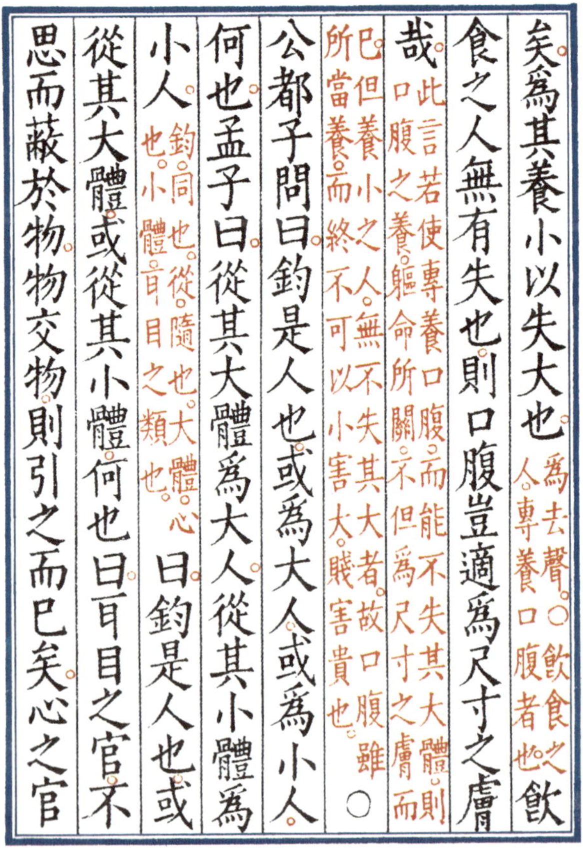
矣。為其養小以失大也。為，去聲。○飲食之人，專養口腹者也。飲
食之人無有失也，則口腹豈適為尺寸之膚
哉。此言若使專養口腹，而能不失其大體，則口腹之養，軀命所關，不但為尺寸之膚而已。但養小之人，無不失其大者，故口腹雖所當養，而終不可以小害大，賤害貴也。○
公都子問曰：鈞是人也，或為大人，或為小人，
何也。孟子曰：從其大體為大人，從其小體為
小人。鈞，同也。從，隨也。大體，心也。小體，耳目之類也。曰：鈞是人也，或
從其大體，或從其小體，何也。曰：耳目之官，不
思而蔽於物，物交物，則引之而已矣。心之官

不思則不得也。此天之所與我者，先立乎其大者，則其小者弗能奪也。此爲大人而已矣。』

則思思則得之不思則不得也此天之所與我者先立乎其大者則其小者弗能奪也此爲大人而已矣官之爲言司也耳司聽目司視各有所職而不能思是以蔽於外物既不能思而蔽於外物則亦一物而已又以外物交於此物其引之而去不難矣心則能思而以思爲職凡事物之來心得其職則得其理而物不能蔽失其職則不得其理而物來蔽之此三者皆天之所以與我者而心爲大若能有以立之則事無不思而耳目之欲不能奪之矣此所以爲大人也然此天之此舊本多作比而趙注亦以比方釋之今本既多作此而注亦作此乃未詳孰是但作比方於義爲短故且從今本云○范浚心箴曰茫茫堪輿俯仰無垠人於其間眇然有身是身之微大倉稊米參爲三才曰惟心

孟子曰：『有天爵者，有人爵者。仁義忠信，樂善不倦，此天爵也；公卿大夫，此人爵也。

『古之人，修其天爵，而人爵從之。

『今之人，修其天爵，以要人爵；既得人爵而棄其天爵，則惑之甚者也，終亦必亡而已矣。』

亘往古來今。孰無此心。心爲形役。乃獸乃禽。惟口耳目。手足動靜。投閒抵隙。爲厥心病。一心之微。衆欲攻之。其與存者。嗚呼幾希。君子存誠。克念克敬。天君泰然。百體從令。

○孟子曰。有天爵者。有人爵者。仁義忠信。樂善不倦。此天爵也。公卿大夫。此人爵也。樂音洛。○天爵者。德義可尊。自然之貴也。古之人。修其天爵。而人爵從之。修其天爵。以爲吾分之所當然者耳。人爵從之。蓋不待求之而自至也。今之人。修其天爵。以要人爵。既得人爵。而棄其天爵。則惑之甚者也。終亦必亡而已矣。要音邀。○要求也。修天爵以要人爵。其心固已惑矣。得人爵而棄天爵。則其惑又甚焉。終必幷其所得之人爵

孟子曰：『欲貴者，人之同心也。人人有貴於己者，弗思耳矣。

『人之所貴者，非良貴也。趙孟之所貴，趙孟能賤之。

『《詩》云：「既醉以酒，既飽以德。」言飽乎仁義也，所以不願人之膏粱之味也；令聞廣譽施於身，所以不願人之文繡也。』

而亡之也○孟子曰。欲貴者。人之同心也。人人有貴於己者。弗思耳。貴於己者。謂天爵也。人之所貴者。非良貴也。趙孟之所貴。趙孟能賤之。人之所貴。謂人以爵位加己而後貴也。良者。本然之善也。趙孟。晉卿也。能以爵祿與人而使之貴。則亦能奪之而使之賤矣。若良貴。則人安得而賤之哉。詩云既醉以酒。既飽以德。言飽乎仁義也。所以不願人之膏粱之味也。令聞廣譽施於身。所以不願人之文繡也。聞去聲。○詩大雅既醉之篇。飽。充足也。願。欲也。膏。肥肉。粱。美穀。令。善也。聞。亦譽也。文繡。衣之美者也。仁義充足而聞譽彰著。皆所謂良貴也。○尹氏曰。言在我者重。則外物輕。○

孟子曰：『仁之勝不仁也，猶水勝火。今之爲仁者，猶以一杯水，救一車薪之火也。不熄，則謂之水不勝火。此又與於不仁之甚者也。

『亦終必亡而已矣。』

孟子曰：『五穀者，種之美者也，苟爲不熟，不如荑稗。夫仁，亦在乎熟之而已矣。』

孟子曰。仁之勝不仁也。猶水勝火。今之爲仁者。猶以一杯水。救一車薪之火也。不熄。則謂之水不勝火。此又與於不仁之甚者也。與猶助也。仁之能勝不仁。必然之理也。但爲之不力。則無以勝不仁。而人遂以爲眞不能勝。是我之所爲。有以深助於不仁者也。

亦終必亡而已矣。言此人之心。亦且自怠於爲仁。終必幷與其所爲而亡之。○趙氏曰。言爲仁不至。而不反諸己也。

○孟子曰。五穀者。種之美者也。苟爲不熟。不如荑稗。夫仁亦在乎熟之而已矣。荑音蹄。稗蒲賣反。夫音扶。○荑稗。草之似穀者。其實亦可食。然不能如五穀之美也。但五穀不熟。則反不如荑稗之熟。猶

孟子曰：『羿之教人射，必志於彀；學者亦必志於彀。

『大匠誨人，必以規矩；學者亦必以規矩。』

爲仁而不熟，則反不如爲他道之有成。是以爲仁必貴乎熟，而不可徒恃其種之美，又不可以仁之難熟，而甘爲他道之有成也。○尹氏曰：日新而不已則熟。○孟子曰：羿之教人射必志於彀，學者亦必志於彀。彀古候反。○羿，善射者也。志猶期也。彀，弓滿也。滿而後發，射之法也。學，謂學射。大匠誨人必以規矩，學者亦必以規矩。大匠，工師也。規矩，匠之法也。○此章言事必有法，然後可成，師舍是則無以教，弟子舍是則無以學。曲藝且然，況聖人之道乎。

孟子集注卷十一

吴縣吴志忠校刊

孟子集注卷十二

告子章句下

任人有問屋廬子曰：『禮與食孰重？』曰：『禮重。』

『色與禮孰重？』

曰：『禮重。』曰：『以禮食，則飢而死，不以禮食則得食，必以禮乎？親迎，則不得妻，不親迎則得妻，必親迎乎？』

屋廬子不能對。明日之鄒，以告孟子。孟子曰：『於答是也何有？

『不揣其本，而齊其末，方寸之木，可使高於岑樓。

孟子集注卷十二

告子章句下凡十六章。

任人有問屋廬子曰。禮與食孰重。任平聲。○任，國名。屋廬子，名連，孟子弟子也。曰。禮重。

色與禮孰重。任人復問也。曰。禮重。曰。以禮食則飢而死。不以禮食則得食。必以禮乎。親迎則不得妻。不親迎則得妻。必親迎乎。迎去聲。

屋廬子不能對。明日之鄒以告孟子。孟子曰。於答是也何有。於如字。○何有，不難也。

不揣其本而齊其末。方寸之木可使高於岑樓。

『金重於羽者，豈謂一鉤金與一輿羽之謂哉？

『取食之重者，與禮之輕者而比之，奚翅食重？取色之重者，與禮之輕者而比之，奚翅色重？

『往應之曰，「紾兄之臂而奪之食，則得食，不紾，則不得食，則將

揣初委反。○本，謂下。末，謂上。方寸之木至卑，喻食色。岑樓，樓之高銳似山者，至高，喻禮。若不取其下之平，而升寸木於岑樓之上，則寸木反高，岑樓反卑矣。

金重於羽者，豈謂一鉤金與一輿羽之謂哉。

鉤，帶鉤也。金本重，而帶鉤小，故輕，喻禮有輕於食色者。羽本輕，而一輿多，故重，喻食色有重於禮者。

取食之重者，與禮之輕者而比之，奚翅食重。取色之重者，與禮之輕者而比之，奚翅色重。

翅與啻同。古字通用。施智反。○禮食親迎，禮之輕者也。飢而死以滅其性，不得妻而廢人倫，食色之重者也。奚翅，猶言何但。言其相去懸絕，不但有輕重之差而已。

往應之曰紾兄之臂而奪之食，則得食，不紾則不得食，則

紾之乎？踰東家牆而摟其處子，則得妻，不摟，則不得妻，則將摟之乎？」』

曹交問曰：『人皆可以爲堯舜，有諸？』孟子曰：『然。』

『交聞文王十尺，湯九尺。今交九尺四寸以長，

『食粟而已，如何則可？』

將紾之乎。踰東家牆而摟其處子。則得妻。不摟則不得妻。則將摟之乎。紾音軫。摟音婁。○紾。戾也。摟。牽也。處子。處女也。此二者。禮與食色皆其重者。而以之相較。則禮爲尤重也。○此章言義理事物其輕重固有大分。然於其中又各自有輕重之別。聖賢於此。錯綜斟酌。毫髮不差。固不肯枉尺而直尋。亦未嘗膠柱而調瑟。所以斷之。一視於理之當然而已矣。○曹交問曰。人皆可以爲堯舜。有諸。孟子曰。然。趙氏曰。曹交。曹君之弟也。人皆可以爲堯舜。疑古語。或孟子所嘗言也。交聞文王十尺。湯九尺。今交九尺四寸以長。句食粟而已。如何則可。曹交問也。食粟而已。言無他材能也。曰。奚有於是。亦

曰：『奚有於是？亦爲之而已矣。有人於此，力不能勝一匹雛，則爲無力人矣；今曰舉百鈞，則爲有力人矣。然則舉烏獲之任，是亦爲烏獲而已矣。夫人豈以不勝爲患哉？弗爲耳。

『徐行後長者謂之弟，疾行先長者謂之不弟。夫徐行者，豈人所不能哉？所不爲也。堯舜之道，孝弟而已矣。

爲之而已矣。有人於此。力不能勝一匹雛。則爲無力人矣。今曰舉百鈞。則爲有力人矣。然則舉烏獲之任。是亦爲烏獲而已矣。夫人豈以不勝爲患哉。弗爲耳。勝平聲。○匹字本作鴄。鴨也。從省作匹。禮記說匹爲鶩是也。烏獲古之有力人也。能舉移千鈞。徐行後長者謂之弟。疾行先長者謂之不弟。夫徐行者。豈人所不能哉。所不爲也。堯舜之道。孝弟而已矣。後去聲。長上聲。先去聲。夫音扶。○陳氏曰。孝弟者人之良知良能。自然之性也。堯舜人倫之至。亦率是性而已。豈能加毫末於是哉。楊氏曰。堯舜之道大矣。而所以爲之。乃在夫行止疾

『子服堯之服、誦堯之言、行堯之行，是堯而已矣。子服桀之服、誦桀之言、行桀之行，是桀而已矣。』

曰：『交得見於鄒君，可以假館，願留而受業於門。』

曰：『夫道若大路然，豈難知哉？人病不求耳。子歸而求之，有餘師。』

徐之閒。非有甚高難行之事也。百姓蓋日用而不知耳。子服堯之服誦堯之言行堯之行是堯而已矣子服桀之服誦桀之言行桀之行是桀而已矣。之行並去聲。○言爲善爲惡。皆在我而已。詳曹交之問淺陋麤率。必其進見之時。禮貌衣冠言動之閒。多不循理。故孟子告之如此兩節云。曰交得見於鄒君可以假館願留而受業於門。見音現。○假館而後受業。又可見其求道之不篤。曰夫道若大路然豈難知哉人病不求耳子歸而求之有餘師。夫音扶。○言道不難知。若歸而求之事親敬長之閒。則性分之內。萬理皆備。隨處發見。無不可師。不必留此而受業也。○曹交事長之禮既不

公孫丑問曰：『高子曰：「《小弁》，小人之詩也。」』孟子曰：『何以言之？』曰：『怨。』

曰：『固哉高叟之爲《詩》也！有人於此，越人關弓而射之，則己談笑而道之，無他，疏之也。其兄關弓而射之，則己垂涕泣而道之，無他，戚之也。《小弁》之怨，親親也。親親，仁也。固矣夫，高叟之爲《詩》也！』

至。求道之心又不篤。故孟子教之以孝弟而不容其受業。蓋孔子餘力學文之意。亦不屑之教誨也。○公孫丑問曰高子曰小弁小人之詩也孟子曰何以言之曰怨弁音盤。○高子齊人也。小弁小雅篇名。周幽王娶申后。生大子宜臼。又得褒姒。生伯服而黜申后。廢宜臼。於是宜臼之傅爲作此詩以敘其哀痛迫切之情也。曰固哉高叟之爲詩也有人於此越人關弓而射之則己談笑而道之無他疏之也其兄關弓而射之則己垂涕泣而道之無他戚之也小弁之怨親親也親親仁也固矣夫高叟之爲詩也關與彎同。射食亦反。夫音扶。○固。謂

曰：『《凱風》何以不怨？』

曰：『《凱風》，親之過小者也；《小弁》，親之過大者也。親之過大而不怨，是愈疏也。親之過小而怨，是不可磯也。愈疏，不孝也；不可磯，亦不孝也。

『孔子曰：「舜其至孝矣，五十而慕。」』

宋牼將之楚，孟子遇於石丘。

執滯不通也爲猶治也越蠻夷國名道語也親親之心仁之發也曰凱風何以不怨凱風邶風篇名衛有七子之母不能安其室七子作此以自責也曰凱風親之過小者也小弁親之過大者也親之過大而不怨是愈疏也親之過小而怨是不可磯也愈疏不孝也不可磯亦不孝也磯音機○磯水激石也不可磯言微激之而遽怒也孔子曰舜其至孝矣五十而慕言舜猶怨慕小弁之怨不爲不孝也○趙氏曰生之膝下一體而分喘息呼吸氣通於親當親而疏怨慕號天是以小弁之怨未足爲愆也○宋牼將之楚孟子遇於石丘牼口莖反○宋姓牼名石丘地名曰

曰：『先生將何之？』

曰：『吾聞秦、楚構兵，我將見楚王説而罷之；楚王不悅，我將見秦王説而罷之。二王我將有所遇焉。』

曰：『軻也請無問其詳，願聞其指。説之將何如？』曰：『我將言其不利也。』曰：『先生之志則大矣，先生之號則不可。

『先生以利説秦、楚之王，秦、楚之王悅於利，以罷三軍之師，

先生將何之。趙氏曰。學士年長者。故謂之先生。曰。吾聞秦楚構兵。我將見楚王説而罷之。楚王不悅。我將見秦王説而罷之。二王我將有所遇焉。説音稅。○時宋牼方欲見楚王。恐其不悅。則將見秦王也。遇。合也。按莊子書。有宋鈃者。禁攻寢兵。救世之戰。上說下教。强聒不舍。疏云。齊宣王時人。以事考之。疑卽此人也。曰。軻也請無問其詳。願聞其指。説之將何如。曰。我將言其不利也。曰。先生之志則大矣。先生之號則不可。徐氏曰。能於戰國擾攘之中。而以罷兵息民爲說。其志可謂大矣。然以利爲名。則不可也。先生以利説秦楚之王。秦楚之王悅

是三軍之士，樂罷而悅於利也。爲人臣者懷利以事其君，爲人子者懷利以事其父，爲人弟者懷利以事其兄，是君臣、父子、兄弟，終去仁義，懷利以相接，然而不亡者，未之有也。

『先生以仁義說秦、楚之王，秦、楚之王悅於仁義，以罷三軍之師；是三軍之士，樂罷而悅於仁義也。爲人臣者懷仁義以事其君，爲人子者懷仁義以事其父，爲人弟者懷仁義以事其兄，是君臣、父子、兄弟，去利懷仁義以相接也，然而不王者，未之有也。何必曰利？』

於利以罷三軍之師是三軍之士樂罷而悅於利也爲人臣者懷利以事其君爲人子者懷利以事其父爲人弟者懷利以事其兄是君臣父子兄弟終去仁義懷利以相接然而不亡者未之有也（樂音洛。下同。）先生以仁義說秦楚之王秦楚之王悅於仁義而罷三軍之師是三軍之士樂罷而悅於仁義也爲人臣者懷仁義以事其君爲人子者懷仁義以事其父爲人弟者懷仁義以事其兄是君臣父子

孟子居鄒，季任爲任處守，以幣交，受之而不報；處於平陸，儲子爲相，以幣交，受之而不報。他日由鄒之任見季子，由平陸之齊不見儲子。屋廬子喜曰：『連得間矣。』

兄弟去利，懷仁義以相接也。然而不王者，未之有也。何必曰利。王去聲。○此章言休兵息民爲事則一。然其心有義利之殊，而其效有興亡之異。學者所當深察而明辨之也。○孟子居鄒，季任爲任處守，以幣交，受之而不報。處於平陸，儲子爲相，以幣交，受之而不報。任平聲。相去聲。下同。○趙氏曰：季任，任君之弟。任君朝會於鄰國，季任爲之居守其國也。儲子，齊相也。不報者，來見則當報之。但以幣交，則不必報也。他日由鄒之任見季子，由平陸之齊不見儲子。屋廬子喜曰：連得間矣。屋廬子知孟子之處此必有義理，故喜得其間隙而問之。問曰：夫子之任

問曰：『夫子之任見季子，之齊不見儲子，爲其爲相與？』

曰：『非也。《書》曰：「享多儀，儀不及物，曰不享。惟不役志于享。」

爲其不成享也。』

屋廬子悅。或問之。屋廬子曰：『季子不得之鄒，儲子得之平陸。』

淳于髡曰：『先名實者，爲人也；後名實者，自爲也。夫子在三卿之

見季子之齊不見儲子爲其爲相與〔爲其之爲去聲〕
〔下同與平聲○言儲子但爲齊相不若季子攝守君位故輕之邪〕曰非也書
曰享多儀儀不及物曰不享惟不役志于享
〔書周書洛誥之篇享奉上也儀禮也物幣也役用也言雖享而禮意不及其幣則是不享〕
〔矣以其不用志於享故也〕爲其不成享也〔孟子釋書意如此〕屋廬
子悅或問之屋廬子曰季子不得之鄒儲子
得之平陸〔徐氏曰季子爲君居守不得往他國以見孟子則以幣交而禮意已〕
〔備儲子爲齊相可以至齊之境內而不來見則雖以幣交而禮意不及其物也〕○淳
于髡曰先名實者爲人也後名實者自爲也

中，名實未加於上下而去之，仁者固如此乎？』

孟子曰：『居下位，不以賢事不肖者，伯夷也。五就湯、五就桀者，伊尹也。不惡汙君、不辭小官者，柳下惠也。三子者不同道，其趨一也。一者何也？曰仁也。君子亦仁而已矣，何必同？』

夫子在三卿之中。名實未加於上下而去之。
仁者固如此乎。先後爲皆去聲。○名，聲譽也。實，事功也。言以名實爲先而爲之者，是有志於救民也。以名實爲後而不爲者，是欲獨善其身者也。名實未加於上下，言上未能正其君，下未能濟其民也。
孟子曰。居下位不以賢事不肖者。伯夷也。五就湯五就桀者。伊尹也。不惡汙君不辭小官者。柳下惠也。三子者不同道。其趨一也。一者何也。曰仁也。君子亦仁而已矣。何必同。
惡趨並去聲。○仁者，無私心而合天理之謂。楊氏曰。伊尹之就湯，以三聘之勤也。其就桀也，湯進之也。湯豈有伐桀之意哉。其進伊尹以事之也，欲其悔

曰：『魯繆公之時，公儀子爲政，子柳、子思爲臣，魯之削也滋甚。若是乎賢者之無益於國也。』

曰：『虞不用百里奚而亡，秦繆公用之而霸。不用賢則亡，削何可得與？』

曰：『昔者王豹處於淇，而河西善謳；綿駒處於高唐，而齊右善歌；華周、杞梁之妻，善哭其夫，

過遷善而已。伊尹既就湯，則以湯之心爲心矣。及其終也，人歸之，天命之，不得已而伐之耳。若湯初求伊尹，卽有伐桀之心，而伊尹遂相之以伐桀，是以取天下爲心也。以取天下爲心，豈聖人之心哉。

曰魯繆公之時，公儀子爲政，子柳、子思爲臣，魯之削也滋甚。若是乎賢者之無益於國也。

公儀子，名休，爲魯相。子柳，泄柳也。削，地見侵奪也。髡譏孟子雖不去，亦未必能有爲也。

曰虞不用百里奚而亡，秦穆公用之而霸。不用賢則亡，削何可得與。

與，平聲。○百里奚事見前篇。

曰昔者王豹處於淇，而河西善謳。緜駒處於高唐，而齊右善歌。華周、杞梁之妻善哭

而變國俗。有諸內必形諸外。爲其事而無其功者，髡未嘗覩之也。是故無賢者也；有則髡必識之。』

曰：『孔子爲魯司寇，不用；從而祭，燔肉不至，不稅冕而行。不知者以爲爲肉也，其知者以爲爲無禮也。乃孔子則欲以微罪行，不欲爲苟去。君子之所爲，衆人固不識也。』

其夫而變國俗有諸內必形諸外爲其事而無其功者髡未嘗覩之也是故無賢者也有則髡必識之華去聲○王豹衛人善謳淇水名緜駒齊人善歌高唐齊西邑華周杞梁二人皆齊臣戰死於莒其妻哭之哀國俗化之皆善哭髡以此譏孟子仕齊無功未足爲賢也曰孔子爲魯司寇不用從而祭燔肉不至不稅冕而行不知者以爲爲肉也其知者以爲爲無禮也乃孔子則欲以微罪行不欲爲苟去君子之所爲衆人固不識也稅音脫爲肉爲無之爲並去聲○按史記孔子爲魯司寇攝行相事齊人聞而懼於是以女樂遺魯

孟子曰：『五霸者，三王之罪人也；今之諸侯，五霸之罪人也；今之大夫，今之諸侯之罪人也。

君。季桓子與魯君往觀之。怠於政事。子路曰。夫子可以行矣。孔子曰。魯今且郊。如致膰于大夫。則吾猶可以止。桓子卒受齊女樂。郊又不致膰俎于大夫。孔子遂行。孟子言以爲爲肉者。固不足道。以爲爲無禮。則亦未爲深知孔子者。蓋聖人於父母之國。不欲顯其君相之失。又不欲爲無故而苟去。故不以女樂去。而以膰肉行。其見幾明決。而用意忠厚。固非衆人所能識也。然則孟子之所爲。豈髡之所能識哉。○尹氏曰。淳于髡未嘗知仁。而未嘗識賢也。宜乎其言若是。

○孟子曰。五霸者。三王之罪人也。今之諸侯。五霸之罪人也。今之大夫。今之諸侯之罪人也。

趙氏曰。五霸。齊桓晉文秦穆宋襄楚莊也。三王。夏禹商湯周文武也。丁氏曰。夏昆吾。商大彭豕韋。周齊桓晉文。謂之五霸。

天子適諸侯

『天子適諸侯曰巡狩，諸侯朝於天子曰述職。春省耕而補不足，秋省斂而助不給。入其疆，土地辟，田野治，養老、尊賢，俊傑在位，則有慶，慶以地。入其疆，土地荒蕪，遺老、失賢，掊克在位，則有讓。一不朝則貶其爵，再不朝則削其地，三不朝則六師移之。是故天子討而不伐，諸侯伐而不討。五霸者，摟諸侯以伐諸侯者也，故曰：五霸者，三王之罪人也。』

曰巡狩。諸侯朝於天子曰述職。春省耕而補不足。秋省斂而助不給。入其疆。土地辟。田野治。養老尊賢。俊傑在位。則有慶。慶以地。入其疆。土地荒蕪。遺老失賢。掊克在位。則有讓。一不朝則貶其爵。再不朝則削其地。三不朝則六師移之。是故天子討而不伐。諸侯伐而不討。五霸者。摟諸侯以伐諸侯者也。故曰五霸者。三王之罪人也。

○朝音潮。辟與闢同。治去聲。慶賞也。益其地以賞之也。掊克聚斂也。讓責也。移之者。誅其人而變置之也。討者。出命以討其罪而使方伯連帥

『五霸桓公爲盛。葵丘之會諸侯，束牲載書而不歃血。初命曰：「誅不孝，無易樹子，無以妾爲妻。」再命曰：「尊賢、育才，以彰有德。」三命曰：「敬老、慈幼，無忘賓旅。」四命曰：「士無世官，官事無攝，取士必得，無專殺大夫。」五命曰：「無曲防，無遏糴，無有封而不告。」曰：「凡我同盟之人，既盟之後，言歸于好。」今之諸侯，皆犯此五禁，故曰：今之諸侯，五霸之罪人也。

帥諸侯以伐伐之也。伐者。奉天子之命。聲其罪而伐之也。摟。牽也。五霸牽諸侯以伐諸侯。不用天子之命也。自入其疆至則有讓。言巡狩之事。自一不朝至六師移之。言述職之事。

五霸桓公爲盛。葵丘之會。諸侯束牲載書而不歃血。初命曰。誅不孝。無易樹子。無以妾爲妻。再命曰。尊賢育才。以彰有德。三命曰。敬老慈幼。無忘賓旅。四命曰。士無世官。官事無攝。取士必得。無專殺大夫。五命曰。無曲防。無遏糴。無有封而不告。曰。凡我同盟之人。既盟之後。言歸于好。今之諸侯。皆犯此五禁。故曰。今

『長君之惡其罪小，逢君之惡其罪大。今之大夫皆逢君之惡，故曰：今之大夫，今之諸侯之罪人也。』

之諸侯五霸之罪人也歃所洽反翟音狄好去聲○按春秋傳僖公九年葵丘之會陳牲而不殺讀書加於牲上壹明天子之禁樹立也已立世子不得擅易初命三事所以修身正家之要也賓賓客也旅行旅也皆當有以待之不可忽忘也士世祿而不世官恐其未必賢也官事無攝當廣求賢才以充之不可以闕人廢事也取士必得必得其人也無專殺大夫有罪則請命於天子而後殺之也無曲防不得曲爲隄防壅泉激水以專小利病鄰國也無過糴鄰國凶荒不得閉糴也無有封而不告者不得專封國邑而不告天子也長君之惡其罪小逢君之惡其罪大今之大夫皆逢君之惡故曰今之大夫今之諸侯之罪人也長上聲○君有過不能諫又順之者長君之惡

魯欲使慎子爲將軍。

孟子曰：『不教民而用之，謂之殃民；殃民者，不容於堯舜之世。一戰勝齊，遂有南陽，然且不可。』

也。君之過未萌，而先意導之者，逢君之惡也。○林氏曰：邵子有言：治春秋者，不先治五霸之功罪，則事無統理，而不得聖人之心。春秋之間，有功者未有大於五霸，有過者亦未有大於五霸。故五霸者，功之首，罪之魁也。孟子此章之義，其亦若此也與。然五霸得罪於三王，今之諸侯得罪於五霸，皆出於異世，故得以逃其罪。至於今之大夫，其得罪於今之諸侯，則同時矣。而諸侯非惟莫之罪也，乃反以爲良臣而厚禮之，不以爲罪而反以爲功，何其謬哉。

○魯欲使慎子爲將軍。慎子，魯臣。孟子曰：不教民而用之，謂之殃民。殃民者，不容於堯舜之世。教民者，教之禮義，使知入事父兄，出事長上也。用之，使之戰也。一戰勝齊，遂有南陽，然且不可。是時魯蓋欲使慎子伐齊，取南陽也。故孟

慎子勃然不悅曰：『此則滑釐所不識也。』

曰：『吾明告子：天子之地方千里，不千里，不足以待諸侯；諸侯之地方百里，不百里，不足以守宗廟之典籍。

『周公之封於魯，爲方百里也；地非不足，而儉於百里。太公之封於齊也，亦爲方百里也；地非不足也，而儉於百里。

『今魯方百里者五，子以爲有王者作，則魯在所損乎？在所益乎？

子言就使慎子善戰有功如此。且猶不可。慎子勃然不悅曰。此則滑釐所不識也。滑音骨。○滑釐慎子名。曰。吾明告子。天子之地方千里。不千里。不足以待諸侯。諸侯之地方百里。不百里。不足以守宗廟之典籍。待諸侯。謂待其朝覲聘問之禮。宗廟典籍。祭祀會同之常制也。周公之封於魯。爲方百里也。地非不足。而儉於百里。大公之封於齊也。亦爲方百里也。地非不足也。而儉於百里。二公有大勳勞於天下。而其封國不過百里。儉。止而不過之意也。今魯方百里者五。子以爲有王者作。則魯在

『徒取諸彼以與此，然且仁者不爲，況於殺人以求之乎？

『君子之事君也，務引其君以當道，志於仁而已。』

孟子曰：『今之事君者曰：「我能爲君辟土地、充府庫。」今之所謂良臣，古之所謂民賊也。君不鄉道、不志於仁，而求富之，是富桀也。

『「我能爲君約與國，戰必克。」今之所謂良臣，古之所謂民賊也。

所損乎在所益乎。魯地之大皆幷吞小國而得之有王者作則必在所損矣徒取諸彼以與此然且仁者不爲況於殺人以求之乎。徒空也言不殺人而取之也。君子之事君也。務引其君以當道志於仁而已。當道謂事合於理志仁謂心在於仁。○孟子曰今之事君者曰我能爲君辟土地充府庫今之所謂良臣古之所謂民賊也君不鄉道不志於仁而求富之是富桀也爲去聲辟與闢同鄉與向同下皆同○辟開墾也。我能爲君約與國戰必克今之所謂良臣古之所謂民賊也君

君不鄉道、不志於仁，而求爲之彊戰，是輔桀也。

『由今之道，無變今之俗，雖與之天下，不能一朝居也。』

白圭曰：『吾欲二十而取一，何如？』

孟子曰：『子之道，貉道也。

『萬室之國，一人陶，則可乎？』

曰：『不可，器不足用也。』

曰：『夫貉，五穀不生，惟黍生之，無城郭宮室宗廟、祭祀之禮，

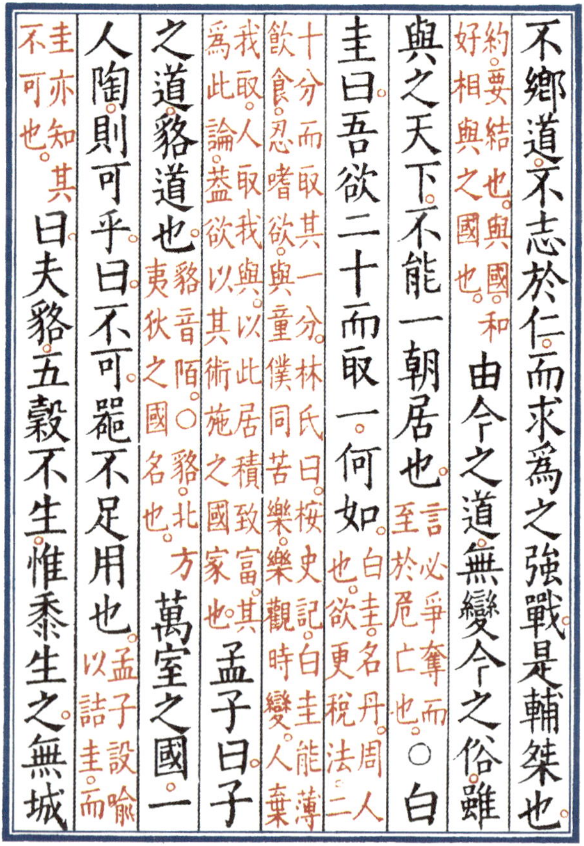
不鄉道不志於仁而求爲之強戰是輔桀也約要結也與國和好相與之國也由今之道無變今之俗雖與之天下不能一朝居也言必爭奪而至於危亡也○白圭曰吾欲二十而取一何如白圭名丹周人也欲更稅法二十分而取其一分林氏曰按史記白圭能薄飲食忍嗜欲與童僕同苦樂樂觀時變人棄我取人取我與以此居積致富其爲此論蓋欲以其術施之國家也孟子曰子之道貉道也貉音陌○貉北方夷狄之國名也萬室之國一人陶則可乎曰不可器不足用也孟子設喻以詰圭而圭亦知其不可也曰夫貉五穀不生惟黍生之無城

無諸侯幣帛饔飧，無百官有司，故二十取一而足也。

『今居中國，去人倫，無君子，如之何其可也？

『陶以寡，且不可以爲國，況無君子乎？

『欲輕之於堯舜之道者，大貉、小貉也；欲重之於堯舜之道者，大桀、小桀也。』

白圭曰：『丹之治水也愈於禹。』

郭宮室宗廟祭祀之禮。無諸侯幣帛饔飧。無百官有司。故二十取一而足也。夫音扶。○北方地寒。不生五穀。黍早熟。故生之。饔飧。以飲食饋客之禮也。今居中國去人倫無君子。如之何其可也。無君臣祭祀交際之禮。是去人倫。無百官有司。是無君子。陶以寡且不可以爲國。況無君子乎。因其辭以折之。欲輕之於堯舜之道者。大貉小貉也。欲重之於堯舜之道者。大桀小桀也。什一而稅。堯舜之道也。多則桀。寡則貉。今欲輕重之。則是小貉小桀而已。○白圭曰丹之治水也愈於禹。趙氏曰。當時諸侯有小水。白圭爲之築隄。壅而注之他國。孟孟子曰：『子過矣！禹之治水，水之道也，是故禹以四海爲壑。今吾子以鄰國爲壑。

『水逆行，謂之洚水；洚水者，洪水也，仁人之所惡也。吾子過矣。』

孟子曰：『君子不亮，惡乎執？』

魯欲使樂正子爲政。孟子曰：『吾聞之，喜而不寐。』

公孫丑曰：『樂正子彊乎？』曰：『否。』『有知慮乎？』曰：『否。』『多聞識乎？』曰：『否。』

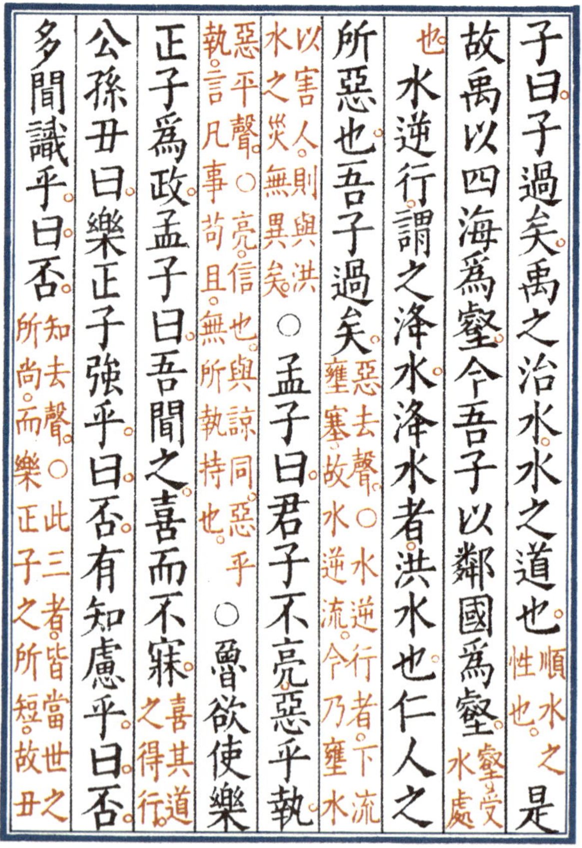

子曰子過矣禹之治水水之道也順水之性也是故禹以四海爲壑今吾子以鄰國爲壑壑受水處也

水逆行謂之洚水洚水者洪水也仁人之所惡也吾子過矣惡去聲○水逆行者下流壅塞故水逆流今乃壅水以害人則與洪水之災無異矣

○孟子曰君子不亮惡乎執惡平聲○亮信也與諒同惡乎執言凡事苟且無所執持也

○魯欲使樂正子爲政孟子曰吾聞之喜而不寐喜其道之得行

公孫丑曰樂正子強乎曰否有知慮乎曰否多聞識乎曰否知去聲○此三者皆當世之所尚而樂正子之所短故丑

『然則奚爲喜而不寐？』

曰：『其爲人也好善。』

『好善足乎？』

曰：『好善優於天下，而況魯國乎？

『夫苟好善，則四海之內，皆將輕千里而來告之以善。

夫苟不好善，則人將曰：「訑訑，予既已知之矣。」訑訑之聲音顏色，距人於千里之外。士止於千里之外，則讒諂面諛之人至矣。與讒諂面諛之人居，國欲治，可得乎？』

疑而歷問之。然則奚爲喜而不寐。丑問也。曰其爲人也好善。好去聲。下同。好善足乎。丑問也。曰好善優於天下而況魯國乎。優，有餘裕也。言雖治天下，尚有餘力也。夫苟好善則四海之內皆將輕千里而來告之以善。夫音扶，下同。○輕，易也。言不以千里爲難也。夫苟不好善則人將曰訑訑予既已知之矣訑訑之聲音顏色距人於千里之外士止於千里之外則讒諂面諛之人至矣與讒諂面諛之人居國欲治可得乎。訑音移。治去聲。○訑訑，自足其智，不嗜善言之貌。君子小人，迭爲消長。直

陳子曰：『古之君子何如則仕？』

孟子曰：『所就三，所去三。

『迎之致敬以有禮，言將行其言也，則就之；禮貌未衰，言弗行也，則去之。

『其次，雖未行其言也，迎之致敬以有禮，則就之；禮貌衰，則去之。

『其下，朝不食，夕不食，飢餓不能出門戶；君聞之曰：「吾大者不能行其道，又不能從其言也，

諒多聞之士遠則讒諂面諛之人至理勢然也○此章言爲政不在於用一己之長而貴於有以來天下之善○陳子曰古之君子何如則仕孟子曰所就三所去三其目在下迎之致敬以有禮言將行其言也則就之禮貌未衰言弗行也則去之所謂見行可之仕若孔子於季桓子是也受女樂而不朝則去之其次雖未行其言也迎之致敬以有禮則就之禮貌衰則去之所謂際可之仕若孔子於衞靈公是也故與公遊於囿公仰視蜚鴈而後去之其下朝不食夕不食飢餓不能出門戶君聞之曰吾大者不能行其道又不能

使飢餓於我土地，吾恥之。」周之，亦可受也，免死而已矣。』

孟子曰：『舜發於畎畝之中，傅說舉於版筑之間，膠鬲舉於魚鹽之中，管夷吾舉於士，孫叔敖舉於海，百里奚舉於市。

『故天將降大任於是人也，必先苦其心志，勞其筋骨，餓其體膚，

從其言也使飢餓於我土地吾恥之周之亦可受也免死而已矣所謂公養之仕也君之於民固有周之之義況此又有悔過之言所以可受然未至於飢餓不能出門戶則猶不受也其曰免死而已則其所受亦有節矣

○孟子曰舜發於畎畝之中傅說舉於版築之間膠鬲舉於魚鹽之中管夷吾舉於士孫叔敖舉於海百里奚舉於市說音悅

○舜耕歷山三十登庸說築傅巖武丁舉之膠鬲遭亂鬻販魚鹽文王舉之管仲囚於士官桓公舉以相國孫叔敖隱處海濱楚莊王舉之爲令尹百里奚事見前篇

故天將降大任於是人也必先苦其心志勞其筋骨

空乏其身，行拂亂其所爲；所以動心忍性，曾益其所不能。

『人恆過，然後能改。困於心，衡於慮，而後作。徵於色，發於聲，而後喻。

『入則無法家拂士、出則無敵國外患者，國恆亡。

餓其體膚。空乏其身。行拂亂其所爲。所以動心忍性。曾益其所不能。曾與增同。○降大任使之任大事也。若舜以下是也。空，窮也。乏，絕也。拂，戾也。言使之所爲不遂，多背戾也。動心忍性，謂竦動其心，堅忍其性也。然所謂性，亦指氣稟食色而言耳。程子曰：若要熟，也須從這裏過。人恆過。然後能改。困於心。衡於慮。而後作。徵於色。發於聲。而後喻。衡與橫同。○恆，常也，猶言大率也。橫，不順也。作，奮起也。徵，驗也。喻，曉也。此又言中人之性，常必有過，然後能改。蓋不能謹於平日，故必事勢窮蹙，以至困於心，橫於慮，然後能奮發而興起；不能燭於幾微，故必事理暴著，以至驗於人之色，發於人之聲，然後能警悟而通曉也。入則無法家拂士。出則無

『然後知生於憂患而死於安樂也。』

孟子曰：『教亦多術矣。予不屑之教誨也者，是亦教誨之而已矣。』

敵國外患者，國恆亡。拂與弼同。○此言國亦然也。法家，法度之世臣也。拂士，輔弼之賢士也。然後知生於憂患而死於安樂也。樂音洛。○以上文觀之，則知人之生全出於憂患，而死亡由於安樂矣。○尹氏曰：言困窮拂鬱，能堅人之志，而熟人之仁，以安樂失之者多矣。

○孟子曰：教亦多術矣，予不屑之教誨也者，是亦教誨之而已矣。多術，言非一端。屑，潔也。不以其人爲潔而拒絕之，所謂不屑之教誨也。其人若能感此，退自修省，則是亦我教誨之也。○尹氏曰：言或抑或揚，或與或不與，各因其材而篤之，無非教也。

孟子集注卷十二

吴縣吴志忠校刊

孟子集注卷十三

盡心章句上

孟子曰：『盡其心者，知其性也；知其性，則知天矣。

『存其心，養其性，所以事天也。

『殀壽不貳，修身以俟之，所以立命也。』

孟子集注卷十三

盡心章句上凡四十六章。

孟子曰：盡其心者，知其性也。知其性，則知天矣。心者，人之神明，所以具衆理而應萬事者也。性則心之所具之理，而天又理之所從以出者也。人有是心，莫非全體，然不窮理，則有所蔽而無以盡乎此心之量。故能極其心之全體而無不盡者，必其能窮夫理而無不知者也。既知其理，則其所從出，亦不外是矣。以大學之序言之，知性則物格之謂，盡心則知至之謂也。存其心，養其性，所以事天也。存，謂操而不舍；養，謂順而不害。事，則奉承而不違也。殀壽不貳，修身以俟之，所以立命也。殀壽，命之短長也。貳，疑也。

孟子曰：『莫非命也，順受其正。

『是故知命者，不立乎巖牆之下。

不貳者，知天之至；修身以俟死，則事天以終身也。立命，謂全其天之所付，不以人爲害之。○程子曰：心也，性也，天也，一理也。自理而言謂之天，自稟受而言謂之性，自存諸人而言謂之心。張子曰：由太虛，有天之名；由氣化，有道之名；合虛與氣，有性之名；合性與知覺，有心之名。愚謂盡心知性而知天，所以造其理也；存心養性以事天，所以履其事也。不知其理，固不能履其事；然徒造其理而不履其事，則亦無以有諸己矣。知天而不以殀壽貳其心，智之盡也；事天而能修身以俟死，仁之至也。智有不盡，固不知所以爲仁；然智而不仁，則亦將流蕩不法，而不足以爲智矣。

○**孟子曰：莫非命也，順受其正。**人物之生，吉凶禍福，皆天所命。然惟莫之致而至者，乃爲正命。故君子修身以俟之，所以順受乎此也。

是故知命者，不立乎巖牆之下。

『盡其道而死者，正命也；

『桎梏死者，非正命也。』

孟子曰：『「求則得之，舍則失之」，是求有益於得也，求在我者也。「求之有道，得之有命」，是求無益於得也，求在外者也。』

孟子曰：『萬物皆備於我矣。

命謂正命。巖牆，牆之將覆者。知正命則不處危地以取覆壓之禍。盡其道而死者正命也盡其道，則所值之吉凶，皆莫之致而至者矣。桎梏死者非正命也桎梏所以拘罪人者。言犯罪而死，與立巖牆之下者同，皆人所取，非天所爲也。○此章與上章蓋一時之言，所以發其末句未盡之意。○孟子曰求則得之舍則失之是求有益於得也求在我者也舍上聲。○在我者，謂仁義禮智，凡性之所有者。求之有道得之有命是求無益於得也求在外者也有道，言不可妄求。有命，則不可必得。在外者，謂富貴利達，凡外物皆是。○趙氏曰：言爲仁由己，富貴在天，如不可求，從吾所好。○孟子曰萬物皆備於我矣

『反身而誠，樂莫大焉。

『彊恕而行，求仁莫近焉。』

孟子曰：『行之而不著焉，習矣而不察焉，終身由之而不知其道者，衆也。』

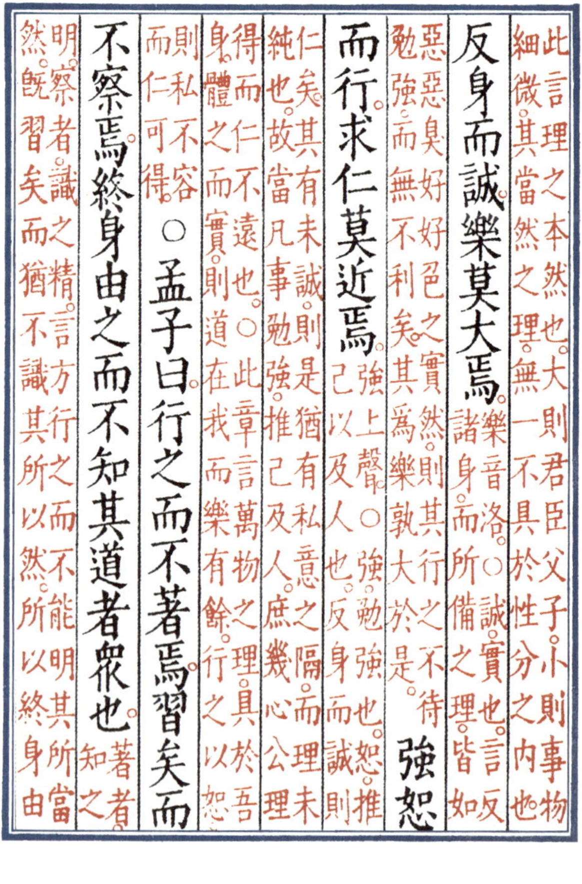

此言理之本然也大則君臣父子小則事物細微其當然之理無一不具於性分之内也

反身而誠樂莫大焉

樂音洛○誠實也言反諸身而所備之理皆如惡惡臭好好色之實然則其行之不待勉強而無不利矣其爲樂孰大於是

強恕而行求仁莫近焉

強上聲○強勉強也恕推己以及人也反身而誠則仁矣其有未誠則是猶有私意之隔而理未純也故當凡事勉強推己及人庶幾心公理得而仁不遠也○此章言萬物之理具於吾身體之而實則道在我而樂有餘行之以恕則私不容而仁可得

○孟子曰行之而不著焉習矣而不察焉終身由之而不知其道者衆也

著者知之明察者識之精言方行之而不能明其所當然既習矣而猶不識其所以然所以終身由

孟子曰：『人不可以無恥。無恥之恥，無恥矣！』

孟子曰：『恥之於人大矣！

『爲機變之巧者，無所用恥焉。

『不恥不若人，何若人有？』

孟子曰：『古之賢王，好善而忘勢。古之賢士，何獨不然？樂其道而

之而不知其道者多也。○孟子曰。人不可以無恥。無恥之恥無恥矣。趙氏曰。人能恥己之無所恥。是能改行從善之人。終身無復有恥辱之累矣。○孟子曰。恥之於人大矣。恥者吾所固有羞惡之心也。存之則進於聖賢。失之則入於禽獸。故所繫爲甚大。爲機變之巧者無所用恥焉。爲機械變詐之巧者。所爲之事皆人所深恥。而彼方且自以爲得計。故無所用其愧恥之心也。不恥不若人。何若人有。但無恥一事不如人。則事事不如人矣。或曰。不恥其不如人。則何能有如人之事。其義亦通。○或問人有恥不能之心如何。程子曰。恥其不能而爲之可也。恥其不能而掩藏之不可也。○孟子曰。古之賢王。好善而忘勢。古之賢士。

忘人之勢。故王公不致敬盡禮，則不得亟見之。見且由不得亟，而況得而臣之乎？』

孟子謂宋句踐曰：『子好遊乎？吾語子遊：

『人知之，亦囂囂；人不知，亦囂囂。』

曰：『何如斯可以囂囂矣？』曰：

『尊德樂義，則可以囂囂矣。

何獨不然樂其道而忘人之勢故王公不致敬盡禮則不得亟見之見且由不得亟而況得而臣之乎好去聲樂音洛亟去吏反○言君當屈己以下賢士不枉道而求利二者勢若相反而實則相成蓋亦各盡其道而已○孟子謂宋句踐曰子好遊乎吾語子遊句音鉤好語皆去聲○宋姓句踐名遊遊說也人知之亦囂囂人不知亦囂囂趙氏曰囂囂自得無欲之貌曰何如斯可以囂囂矣曰尊德樂義則可以囂囂矣樂音洛○德謂所得之善尊之則有以自重而不慕乎人爵之榮義謂所守之正樂之則有以自安而不殉乎外物之誘矣故士窮不

『故士窮不失義，達不離道。

『窮不失義，故士得己焉；達不離道，故民不失望焉。

『古之人，得志，澤加於民；不得志，脩身見於世。窮則獨善其身，達則兼善天下。』

孟子曰：『待文王而後興者，凡民也。若夫豪杰之士，雖無文王猶興。』

失義。達不離道。離，力智反。○言不以貧賤而移，不以富貴而淫。此尊德樂義見於行事之實也。窮不失義。故士得己焉。達不離道。故民不失望焉。得己，言不失己也。民不失望，言人素望其興道致治，而今果如所望也。古之人。得志，澤加於民。不得志，脩身見於世。窮則獨善其身。達則兼善天下。見，音現。○見，謂名實之顯著也。此又言士得己、民不失望之實。○此章言内重而外輕，則無往而不善。

○孟子曰。待文王而後興者。凡民也。若夫豪傑之士。雖無文王猶興。夫，音扶。○興者，感動奮發之意。凡民，庸常之人也。豪傑，有過人之才智者也。蓋降衷秉彝，人所同得，惟上智之資無物欲之蔽

孟子曰：『附之以韓魏之家，如其自視欿然，則過人遠矣。』

孟子曰：『以佚道使民，雖勞不怨。以生道殺民，雖死不怨殺者。』

孟子曰：『霸者之民，驩虞如也；王者之民，皞皞如也。』

爲能無待於教而自能感發以有爲也。○孟子曰附之以韓魏之家如其自視欿然則過人遠矣欿音坎。附益也。韓魏晉卿富家也。欿然不自滿之意。尹氏曰言有過人之識則不以富貴爲事。○孟子曰以佚道使民雖勞不怨以生道殺民雖死不怨殺者程子曰以佚道使民謂本欲佚之也播穀乘屋之類是也。以生道殺民謂本欲生之也除害去惡之類是也蓋不得已而爲其所當爲則雖咈民之欲而民不怨其不然者反是。○孟子曰霸者之民驩虞如也王者之民皞皞如也皞胡老反。○驩虞與歡娛同。皞皞廣大自得之貌。程子曰驩虞有所造爲而然豈能久也耕田鑿井帝力何有於我如天之自然乃王者

『殺之而不怨，利之而不庸，民日遷善而不知爲之者。』

『夫君子所過者化，所存者神，上下與天地同流，豈曰小補之哉？』

之政。楊氏曰。所以致人驩虞必有違道干譽之事。若王者則如天。亦不令人喜。亦不令人怒。殺之而不怨利之而不庸民日遷善而不知爲之者。此所謂皥皥如也。庸。功也。豐氏曰。因民之所惡而去之。非有心於殺之也。何怨之有。因民之所利而利之。非有心於利之也。何庸之有。輔其性之自然使自得之。故民日遷善而不知誰之所爲也。夫君子所過者化所存者神。上下與天地同流豈曰小補之哉。夫音扶。○君子。聖人之通稱也。所過者化。身所經歷之處。卽人無不化。如舜之耕歷山而田者遜畔。陶河濱而器不苦窳也。所存者神。心所存主處。便神妙不測。如孔子之立斯立。道斯行。綏斯來。動斯和。莫知其所以然而然也。是其德業之盛。乃與天地之化。同運並行。舉一世而甄陶

孟子曰：『仁言，不如仁聲之入人深也。

『善政，不如善教之得民也。

『善政民畏之，善教民愛之。善政得民財，善教得民心。』

孟子曰：『人之所不學而能者，其良能也；所不慮而知者，其良知也。

之非如霸者。但小小補塞其罅漏而已。此則王道之所以爲大。而學者所當盡心也。○

孟子曰。仁言不如仁聲之入人深也。程子曰。仁言。謂以仁厚之言加於民。仁聲。謂仁聞。謂有仁之實而爲衆所稱道者也。此尤見仁德之昭著。故其感人尤深也。

善政不如善教之得民也。政。謂法度禁令。所以制其外也。教。謂道德齊禮。所以格其心也。

善政民畏之。善教民愛之。善政得民財。善教得民心。得民財者。百姓足而君無不足也。得民心者。不遺其親。不後其君也。

○孟子曰。人之所不學而能者。其良能也。所不慮而知者。其良知也。良者。本然之善也。程子曰。良知良能。皆無所由。乃出於天。不繫於人。

孩提之童。

『孩提之童，無不知愛其親者；及其長也，無不知敬其兄也。

『親親，仁也；敬長，義也。無他，達之天下也。』

孟子曰：『舜之居深山之中，與木石居，與鹿豕遊，其所以異於深山之野人者幾希。及其聞一善言，見一善行，若決江河，沛然莫之能禦也。』

孟子曰：『無爲其所不爲，無欲其所不欲，如此而已矣。』

無不知愛其親者及其長也無不知敬其兄也

長上聲下同○孩提二三歲之間知孩笑可提抱者也愛親敬長所謂良知良能者也

親親仁也敬長義也無他達之天下也

言親親敬長雖一人之私然達之天下無不同者所以爲仁義也

○孟子曰舜之居深山之中與木石居與鹿豕遊其所以異於深山之野人者幾希及其聞一善言見一善行若決江河沛然莫之能禦也

行去聲○居深山謂耕歷山時也蓋聖人之心至虛至明渾然之中萬理畢具一有感觸則其應甚速而無所不通非孟子造道之深不能形容至此也

○孟子曰無爲其所

孟子曰：『人之有德慧術知者，恆存乎疢疾。

『獨孤臣孽子，其操心也危，其慮患也深，故達。』

孟子曰：『有事君人者，事是君，則爲容悅者也。

不爲無欲其所不欲如此而已矣。李氏曰：有所不爲不欲，人皆有是心也。至於私意一萌，而不能以禮義制之，則爲所不爲、欲所不欲者多矣。能反是心，則所謂擴充其羞惡之心者，而義不可勝用矣。故曰如此而已矣。○孟子曰：人之有德慧術知者，恆存乎疢疾。知，去聲。疢，丑刃反。○德慧者，德之慧。術知者，術之知。疢疾，猶災患也。言人必有疢疾，則能動心忍性，增益其所不能也。獨孤臣孽子，其操心也危，其慮患也深，故達。孤臣，遠臣。孽子，庶子。皆不得於君親，而常有疢疾者也。達，謂達於事理，即所謂德慧術知也。○孟子曰：有事君人者，事是君則爲容悅者也。阿徇以爲容，逢迎以爲悅，此鄙夫之事，妾婦之道也。有安有安社稷臣者，以安社稷爲悅者也。

『有天民者，達可行於天下而後行之者也。

『有大人者，正己而物正者也。』

孟子曰：『君子有三樂，而王天下不與存焉。

社稷臣者以安社稷爲悅者也。言大臣之計安社稷，如小人之務悅其君。眷眷於此而不忘也。有天民者達可行於天下而後行之者也。民者，無位之稱。以其全盡天理，乃天之民。故謂之天民。必其道可行於天下。然後行之。不然則寧沒世不見知而不悔。不肯小用其道以殉於人也。張子曰。必功覆斯民然後出。如伊呂之徒。有大人者正己而物正者也。大人。德盛而上下化之。所謂見龍在田。天下文明者。○此章言人品不同。略有四等。容悅佞臣不足言。安社稷則忠矣。然猶一國之士也。天民則非一國之士矣。然猶有意也。無意無必。惟其所在而物無不化。惟聖者能之。○孟子曰君子有三樂而王天下不與存焉。樂音洛。王與皆去聲。下並同。父

父母俱存，兄弟無故，一樂也。

仰不愧於天，俯不怍於人，二樂也。

『得天下英才而教育之，三樂也。

『君子有三樂，而王天下不與存焉。』

孟子曰：『廣土眾民，君子欲之，所樂不存焉。

母俱存。兄弟無故。一樂也。此人所深願而不可必得者。今既得之。其樂可知。仰不愧於天。俯不怍於人。二樂也。程子曰。人能克己。則仰不愧。俯不怍。心廣體胖。其樂可知。有息則餒矣。得天下英才而教育之。三樂也。盡得一世明睿之才。而以所樂乎己者。教而養之。則斯道之傳。得之者衆。而天下後世。將無不被其澤矣。聖人之心。所願欲者。莫大於此。今既得之。其樂爲何如哉。君子有三樂。而王天下不與存焉。林氏曰。此三樂者。一係於天。一係於人。其可以自致者。惟不愧不怍而已。學者可不勉哉。

○孟子曰。廣土衆民。君子欲之。所樂不存焉。樂音洛。下同。○地闢民聚。澤可遠施。故君子欲之。然未足以爲樂也。中天下

『中天下而立，定四海之民，君子樂之，所性不存焉。

『君子所性，雖大行不加焉，雖窮居不損焉，分定故也。

『君子所性，仁義禮智根於心。其生色也，晬然見於面，盎於背，施於四體，四體不言而喻。』

而立定四海之民君子樂之所性不存焉其道大行無一夫不被其澤故君子樂之然其所得於天者則不在是也君子所性雖大行不加焉雖窮居不損焉分定故也分去聲○分者所得於天之全體故不以窮達而有異君子所性仁義禮智根於心其生色也晬然見於面盎於背施於四體四體不言而喻晬音粹見音現盎烏浪反○上言所性之分與所欲所樂不同此乃言其蘊也仁義禮智性之四德也根本也生發見也晬然清和潤澤之貌盎豐厚盈溢之意施於四體謂見於動作威儀之間也喻曉也四體不言而喻言四體不待吾言而自能曉吾意也蓋氣稟清明無物欲之累則性之四德根本於心其

孟子曰：『伯夷辟紂，居北海之濱，聞文王作，興曰：「盍歸乎來！吾聞西伯善養老者。」太公辟紂，居東海之濱，聞文王作，興曰：「盍歸乎來！吾聞西伯善養老者。」天下有善養老，則仁人以爲己歸矣。

『五畝之宅，樹牆下以桑，匹婦蠶之，則老者足以衣帛矣。五母雞，二母彘，無失其時，老者足以無失

積之盛，則發而著見於外者，不待言而無不順也。程子曰：睟面盎背，皆積盛致然。四體不言而喻，惟有德者能之。○此章言君子固欲其道之大行，然其所得於天者則不以是而有所加損也。

○孟子曰：伯夷辟紂，居北海之濱，聞文王作，興曰：盍歸乎來！吾聞西伯善養老者。大公辟紂，居東海之濱，聞文王作，興曰：盍歸乎來！吾聞西伯善養老者。天下有善養老，則仁人以爲己歸矣。辟，去聲，下同。大，他蓋反。○己歸，謂己之所歸。餘見前篇。

五畝之宅，樹牆下以桑，匹婦蠶之，則老者足以衣帛矣。五母雞，二母彘，無失其時，老者

肉矣。百畝之田，匹夫耕之，八口之家，足以無飢矣。

『所謂西伯善養老者，制其田里，教之樹畜，導其妻子，使養其老。五十非帛不煖，七十非肉不飽。不煖不飽，謂之凍餒。文王之民無凍餒之老者，此之謂也。』

孟子曰：『易其田疇，薄其稅斂，民可使富也。

食之以時，用之以禮，財不可勝用也。

足以無失肉矣百畝之田匹夫耕之八口之家足以無飢矣衣去聲○此文王之政也一家養母雞五母彘二也餘見前篇所謂西伯善養老者制其田里教之樹畜導其妻子使養其老五十非帛不煖七十非肉不飽不煖不飽謂之凍餒文王之民無凍餒之老者此之謂也田謂百畝之田里謂五畝之宅樹謂耕桑畜謂雞彘也趙氏曰善養老者教導之使可以養其老耳非家賜而人益之也○孟子曰易其田疇薄其稅斂民可使富也易斂皆去聲○易治也疇耕治之田也食之以時用之以禮財不可勝

民非水火不生活，昏暮叩人之門戶，求水火，無弗與者，至足矣。聖人治天下，使有菽粟如水火。菽粟如水火，而民焉有不仁者乎？』

孟子曰：『孔子登東山而小魯，登泰山而小天下。故觀於海者難爲水；遊於聖人之門者難爲言。

『觀水有術，必觀其瀾。日月有明，容光必照焉。

用也。勝音升。○教民節儉。則財用足也。民非水火不生活。昏暮叩人之門戶。求水火。無弗與者。至足矣。聖人治天下。使有菽粟如水火。菽粟如水火。而民焉有不仁者乎。焉於虔反。○水火。民之所急。宜其愛之而反不愛者。多故也。尹氏曰。言禮義生於富足。民無常產。則無常心矣。

○孟子曰。孔子登東山而小魯。登大山而小天下。故觀於海者難爲水。遊於聖人之門者難爲言。此言聖人之道大也。東山。蓋魯城東之高山。而太山則又高矣。此言所處益高。則其視下益小。所見既大。則其小者不足觀也。難爲水。難爲言。猶仁不可爲衆之意。觀水有術。必觀

『流水之爲物也，不盈科不行；
君子之志於道也，不成章不達。』

孟子曰：『雞鳴而起，孳孳爲善者，
舜之徒也。

『雞鳴而起，孳孳爲利者，蹠之徒也。

『欲知舜與蹠之分，無他，利與善
之閒也。』

其瀾日月有明容光必照焉此言道之有本也瀾水之湍急處也明者光之體光者明之用也觀水之瀾則知其源之有本矣觀日月於容光之隙無不照則知其明之有本矣流水之爲物也不盈科不行君子之志於道也不成章不達言學當以漸乃能至也成章所積者厚而文章外見也達者足於此而通於彼也○此章言聖人之道大而有本學之者必以其漸乃能至也○孟子曰雞鳴而起孳孳爲善者舜之徒也孳孳勤勉之意言雖未至於聖人亦是聖人之徒也雞鳴而起孳孳爲利者蹠之徒也蹠盜蹠也欲知舜與蹠之分無他利與善之閒也程子曰言閒者謂相去不遠所爭毫

孟子曰：『楊子取「爲我」，拔一毛而利天下，不爲也。

『墨子「兼愛」，摩頂放踵，利天下，爲之。

『子莫「執中」，執中爲近之。執中無權，猶執一也。

末耳。善與利，公私而已矣。纔出於善，便以利言也。○楊氏曰：舜蹠之相去遠矣，而其分乃在利善之間而已。是豈可以不謹？然講之不熟，見之不明，未有不以利爲義者。又學者所當深察也。或問：雞鳴而起，若未接物，如何爲善？程子曰：只主於敬，便是爲善。

○孟子曰：楊子取爲我，拔一毛而利天下，不爲也。

爲我之爲，去聲。○楊子，名朱。取者，僅足之意。取爲我者，僅足於爲我而已，不及爲人也。列子稱其言曰：伯成子高不以一毫利物，是也。

墨子兼愛，摩頂放踵利天下，爲之。

放，上聲。○墨子，名翟。兼愛，無所不愛也。摩頂，摩突其頂也。放，至也。

子莫執中，執中爲近之，執中無權，猶執一也。

子莫，魯之賢人也。知楊墨之失中也，故度於二者之間而執其中。近，近道也。權，稱錘

所惡執一者，爲其賊道也，舉一而廢百也。』

也。所以稱物之輕重而取中也。執中而無權。則膠於一定之中而不知變。是亦執一而已矣。程子曰。中字最難識。須是默識心通。且試言一廳。則中央爲中。一家則廳非中而堂爲中。一國則堂非中而國之中爲中。推此類可見矣。又曰。中不可執也。識得則事事物物皆有自然之中。不待安排。安排著則不中矣。

所惡執一者。爲其賊道也。舉一而廢百也。

惡爲皆去聲。○賊。害也。爲我害仁。兼愛害義。執中者害於時中。皆舉一而廢百者也。○此章言道之所貴者中。中之所貴者權。楊氏曰。禹稷三過其門而不入。苟不當其可。則與墨子無異。顏子在陋巷。不改其樂。苟不當其可。則與楊氏無異。子莫執爲我兼愛之中而無權。鄉鄰有鬬而不知閉戶。同室有鬬而不知救之。是亦猶執一耳。故孟子以爲賊道。禹稷顏回易地則皆然。以其有權也。不然。則是亦楊墨而

孟子曰：『飢者甘食，渴者甘飲，是未得飲食之正也，飢渴害之也。豈惟口腹有飢渴之害？人心亦皆有害。人能無以飢渴之害爲心害，則不及人不爲憂矣。』

孟子曰：『柳下惠不以三公易其介。』

孟子曰：『有爲者辟若掘井，掘井九軔而不及泉，猶爲棄井也。』

已矣。○孟子曰。飢者甘食。渴者甘飲。是未得飲食之正也。飢渴害之也。豈惟口腹有飢渴之害。人心亦皆有害。口腹爲飢渴所害。故於飲食不暇擇而失其正味。人心爲貧賤所害。故於富貴不暇擇而失其正理。人能無以飢渴之害爲心害。則不及人不爲憂矣。人能不以貧賤之故而動其心。則過人遠矣。○孟子曰。柳下惠不以三公易其介。介。有分辨之意。柳下惠進不隱賢。必以其道。遺佚不怨。阨窮不憫。直道事人。至於三黜。是其介也。○此章言柳下惠和而不流。與孔子論夷齊不念舊惡。意正相類。皆聖賢微顯闡幽之意也。○孟子曰。有爲者辟若掘井。掘井九軔

孟子曰：『堯舜，性之也；湯武，身之也；五霸，假之也。

『久假而不歸，惡知其非有也？』

公孫丑曰：『伊尹曰：「予不狎于不順。」放大甲于桐，民大悅；

而不及泉。猶爲棄井也。辟讀作譬。軔音刃，與仞同。八尺爲仞。言鑿井雖深，然未及泉而止，猶爲自棄其井也。○呂侍講曰：仁不如堯，孝不如舜，學不如孔子，終未入於聖人之域，終未至於天道，未免爲半塗而廢、自棄前功也。

○孟子曰：堯舜，性之也。湯武，身之也。五霸，假之也。堯舜天性渾全，不假修習。湯武修身體道，以復其性。五霸則假借仁義之名，以求濟其貪欲之私耳。

久假而不歸，惡知其非有也。惡，平聲。○歸，還也。有，實有也。言竊其名以終身，而不自知其非眞有。或曰：蓋歎世人莫覺其僞者。亦通。舊說，久假不歸，卽爲眞有，則誤矣。○尹氏曰：性之者，與道一也。身之者，履之也，及其成功則一也。五霸則假之而已，是以功烈如彼其卑也。

○公孫丑曰：伊尹曰：予不

大甲賢，又反之，民大悅。

賢者之爲人臣也，其君不賢，則固可放與？』

孟子曰：『有伊尹之志則可；無伊尹之志，則簒也。』

公孫丑曰：『《詩》曰：「不素餐兮。」君子之不耕而食，何也？』孟子曰：『君子居是國也，其君用之，則安富尊榮；其子弟從之，則孝弟忠信。「不素餐兮」，孰大於是？』

狎于不順。放大甲于桐，民大悅。大甲賢，又反之，民大悅。（予不狎于不順，大甲篇文。狎，習見也。不順，言大甲所爲不順義理也。餘見前篇。）賢者之爲人臣也，其君不賢，則固可放與？（與，平聲。）孟子曰：有伊尹之志則可；無伊尹之志，則簒也。（伊尹之志，公天下以爲心，而無一毫之私者也。）○公孫丑曰：詩曰：不素餐兮。君子之不耕而食，何也？孟子曰：君子居是國也，其君用之，則安富尊榮；其子弟從之，則孝弟忠信。不素餐兮，孰大於是？（餐，七丹反。○詩魏國風伐檀之篇。素，空也。無功而食祿，謂之素餐。此與告陳相彭更

王子墊問曰：『士何事？』

孟子曰：『尚志。』

曰：『何謂尚志？』曰：『仁義而已矣。殺一無罪，非仁也；非其有而取之，非義也。居惡在？仁是也。路惡在？義是也。居仁由義，大人之事備矣。』

之意同。○王子墊問曰。士何事。墊丁念反。○墊。齊王之子也。上則公卿大夫。下則農工商賈。皆有所事。而士居其間。獨無所事。故王子問之也。孟子曰。尚志。尚。高尚也。志者。心之所之也。士既未得行公卿大夫之道。又不當爲農工商賈之業。則高尚其志而已。曰。何謂尚志。曰。仁義而已矣。殺一無罪。非仁也。非其有而取之。非義也。居惡在。仁是也。路惡在。義是也。居仁由義。大人之事備矣。惡。平聲。○非仁非義之事。雖小不爲。而所居所由。無不在於仁義。此士所以尚其志也。大人。謂公卿大夫。言士雖未得大人之位。而其志如此。則大人之事體用已全。若小人之事。則固非所當爲也。○孟子曰。仲子不義與

孟子曰：『仲子，不義與之齊國而弗受，人皆信之，是舍簞食豆羹之義也。人莫大焉亡親戚、君臣、上下。以其小者，信其大者，奚可哉？』

桃應問曰：『舜爲天子，皋陶爲士，瞽瞍殺人，則如之何？』

孟子曰：『執之而已矣。』

『然則舜不禁與？』

之齊國而弗受人皆信之是舍簞食豆羹之義也人莫大焉亡親戚君臣上下以其小者信其大者奚可哉

舍音捨食音嗣○仲子陳仲子也言仲子設若非義而與之齊國必不肯受齊人皆信其賢然此但小廉耳其辟兄離母不食君祿無人道之大倫罪莫大焉豈可以小廉信其大節而遂以爲賢哉

○桃應問曰舜爲天子皋陶爲士瞽瞍殺人則如之何

桃應孟子弟子也其意以爲舜雖愛父而不可以私害公皋陶雖執法而不可以刑天子之父故設此問以觀聖賢用心之所極非以爲眞有此事也

孟子曰執之而已矣

言皋陶之心知有法而已不知有天子之父也

然則舜不禁與

與平

曰：『夫舜惡得而禁之？夫有所受之也。』

『然則舜如之何？』

曰：『舜視棄天下，猶棄敝蹝也。竊負而逃，遵海濱而處，終身訢然，樂而忘天下。』

孟子自范之齊，望見齊王之子，喟然嘆曰：『居移氣，養移體，

聲。○桃應問也。曰。夫舜惡得而禁之。夫有所受之也。夫音扶。惡平聲。○言皋陶之法。有所傳受。非所敢私。雖天子之命。亦不得而廢之也。然則舜如之何。桃應問也。曰。舜視棄天下。猶棄敝蹝也。竊負而逃。遵海濱而處。終身訢然。樂而忘天下。蹝音徙。訢與欣同。樂音洛。○蹝草履也。遵循也。言舜之心。知有父而已。不知有天下也。孟子嘗言舜視天下猶草芥。而惟順於父母可以解憂。與此意互相發。○此章言爲士者但知有法。而不知天子父之爲尊。爲子者但知有父。而不知天下之爲大。蓋其所以爲心者。莫非天理之極。人倫之至。學者察此而有得焉。則不待較計論量。而天下無難處之事矣。○孟子自范之齊。望見齊王之子。喟然

大哉居乎！夫非盡人之子與？』

孟子曰：

『王子宮室、車馬、衣服，多與人同，而王子若彼者，其居使之然也。況居天下之廣居者乎？魯君之宋，呼於垤澤之門。守者曰：「此非吾君也，何其聲之似我君也？」此無他，居相似也。』

孟子曰：『食而弗愛，豕交之也。

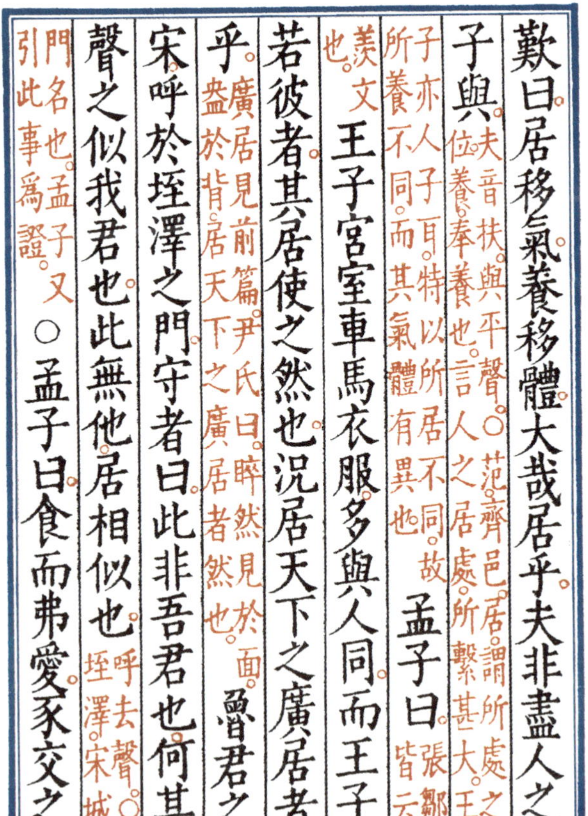
歎曰：居移氣，養移體，大哉居乎！夫非盡人之子與？夫音扶。與，平聲。○范，齊邑。居，謂所處之位。養，奉養也。言人之居處，所繫甚大，王子亦人子耳，特以所居不同，故所養不同而其氣體有異也。孟子曰：張、鄒皆云羨文也。王子宮室車馬衣服多與人同，而王子若彼者，其居使之然也；況居天下之廣居者乎？廣居，見前篇。尹氏曰：「睟然見於面，盎於背，居天下之廣居者然也。」魯君之宋，呼於垤澤之門。守者曰：此非吾君也，何其聲之似我君也？此無他，居相似也。呼，去聲。垤澤，宋城門名也。孟子又引此事爲證。○孟子曰：食而弗愛，豕交之

愛而不敬，獸畜之也。

『恭敬者，幣之未將者也。』

『恭敬而無實，君子不可虛拘。』

孟子曰：『形色，天性也。惟聖人，然後可以踐形。』

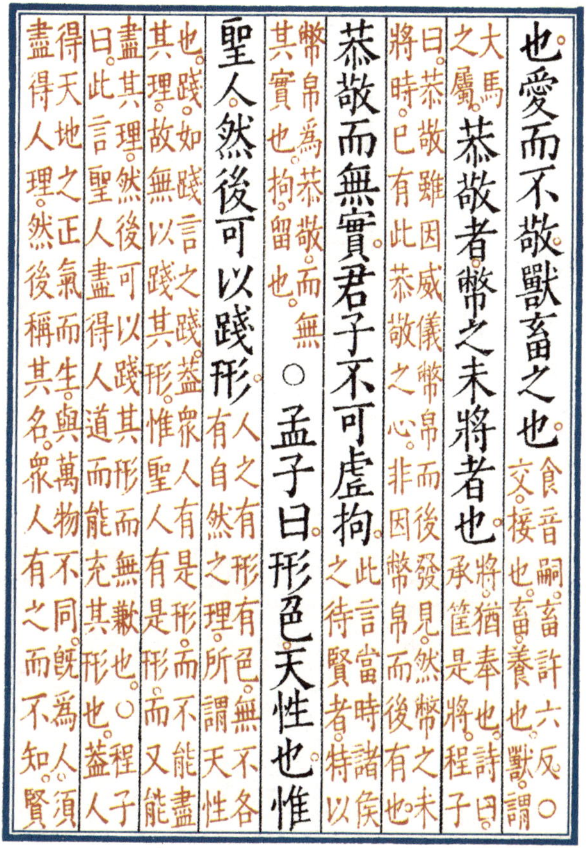

也。愛而不敬，獸畜之也。食音嗣。畜許六反。交接也。畜養也。獸謂大馬之屬。恭敬者幣之未將者也。將猶奉也。詩曰承筐是將。程子曰。恭敬雖因威儀幣帛而後發見。然幣之未將時。已有此恭敬之心。非因幣帛而後有也。恭敬而無實君子不可虛拘。此言當時諸侯之待賢者特以幣帛爲恭敬。而無其實也。拘留也。

○孟子曰形色天性也惟聖人然後可以踐形。人之有形有色。無不各有自然之理。所謂天性也。踐如踐言之踐。蓋衆人有是形。而不能盡其理。故無以踐其形。惟聖人有是形。而又能盡其理。然後可以踐其形而無歉也。○程子曰。此言聖人盡得人道而能充其形也。蓋人得天地之正氣而生。與萬物不同。既爲人須盡得人理。然後稱其名。衆人有之而不知。賢

齊宣王欲短喪。公孫丑曰：『爲朞之喪，猶愈於已乎？』

孟子曰：『是猶或紾其兄之臂，子謂之「姑徐徐」云爾。亦教之孝弟而已矣。』

王子有其母死者，其傅爲之請數月之喪。公孫丑曰：『若此者何如也？』

人踐之而未盡能充其形惟聖人也。楊氏曰：天生烝民，有物有則。物者，形色也。則者，性也。各盡其則，則可以踐形矣。○齊宣王欲短喪。公孫丑曰：爲朞之喪，猶愈於已乎。已，猶止也。孟子曰：是猶或紾其兄之臂，子謂之姑徐徐云爾，亦教之孝弟而已矣。紾之忍反。○紾，戾也。教之以孝弟之道，則彼當自知兄之不可戾，而喪之不可短矣。孔子曰：子生三年，然後免於父母之懷。予也有三年之愛於其父母乎。所謂教之以孝弟者如此。蓋示之以至情之不能已者，非強之也。王子有其母死者，其傅爲之請數月之喪。公孫丑曰：若此者何如也。爲，去聲。○陳氏曰：王子所生之母死，厭於嫡母而不敢終喪。其傅爲請於

曰：『是欲終之而不可得也，雖加一日愈於已。謂夫莫之禁而弗爲者也。』

孟子曰：『君子之所以教者五：

『有如時雨化之者，

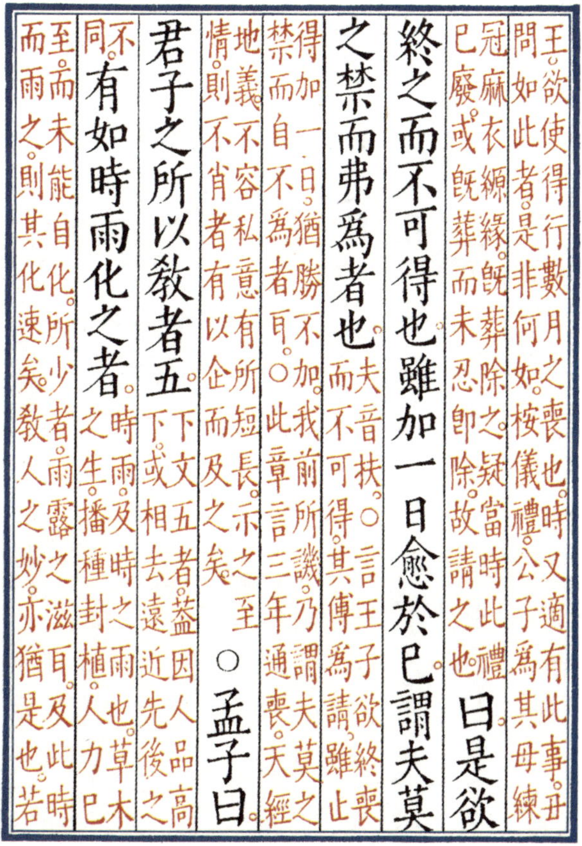
王欲使得行數月之喪也。時又適有此事，丑問如此者是非何如。按儀禮公子爲其母練冠麻衣縓緣，既葬除之。疑當時此禮已廢，或既葬而未忍即除，故請之也。

曰：是欲終之而不可得也，雖加一日愈於已。謂夫莫之禁而弗爲者也。

夫音扶。○言王子欲終喪而不可得，其傅爲請，雖止得加一日，猶勝不加。我前所譏，乃謂夫莫之禁而自不爲者耳。○此章言三年通喪，天經地義，不容私意有所短長。示之至情，則不肖者有以企而及之矣。

○孟子曰：君子之所以教者五：

下文五者，蓋因人品高下，或相去遠近先後之不同。

有如時雨化之者。

時雨，及時之雨也。草木之生，播種封植，人力已至而未能自化，所少者雨露之滋耳。及此時而雨之，則其化速矣。教人之妙，亦猶是也。若

『有成德者，有達財者，

『有答問者，

『有私淑艾者。

『此五者，君子之所以教也。』

公孫丑曰：『道則高矣、美矣，宜若登天然，似不可及也。何不使彼爲可幾及，而日孳孳也？』

孟子曰：『大匠不爲拙工，改廢

孔子之於顏曾是已有成德者有達財者財與材同此各因其所長而教之者也成德如孔子之於冉閔達財如孔子之於由賜有答問者就所問而答之若孔孟之於樊遲萬章也有私淑艾者艾音乂○私竊也淑善也艾治也人或不能及門受業但聞君子之道於人而竊以善治其身是亦君子教誨之所及若孔孟之於陳亢夷之是也孟子亦曰予未得爲孔子徒也予私淑諸人也此五者君子之所以教也聖賢施教各因其材小以成小大以成大無棄人也

○公孫丑曰道則高矣美矣宜若登天然似不可及也何不使彼爲可幾及而日孳孳也幾音機

孟子曰大匠不爲拙工改廢繩墨羿

繩墨；羿不爲拙射，變其彀率。

『君子引而不發，躍如也。中道而立，能者從之。』

孟子曰：『天下有道，以道殉身；天下無道，以身殉道。

『未聞以道殉乎人者也。』

不爲拙射變其彀率。爲去聲。彀，古候反。率，音律。○彀率，彎弓之限也。言教人者，皆有不可易之法，不容自貶以殉學者之不能也。君子引而不發，躍如也。中道而立，能者從之。引，引弓也。發，發矢也。躍如，如踊躍而出也。因上文彀率而言君子教人，但授以學之法，而不告以得之之妙，如射者之引弓而不發矢，然其所不告者，已如踊躍而見於前矣。中者，無過不及之謂。中道而立，言其非難非易。能者從之，言學者當自勉也。○此章言道有定體，教有成法；卑不可抗，高不可貶；語不能顯，默不能藏。

○孟子曰：天下有道，以道殉身；天下無道，以身殉道。殉，如殉葬之殉，以死隨物之名也。身出則道在必行，道屈則身在必退，以死相從而不離也。未聞以道殉乎人

公都子曰：『滕更之在門也，若在所禮，而不答，何也？』

孟子曰：『挾貴而問，挾賢而問，挾長而問，挾有勳勞而問，挾故而問，皆所不答也。滕更有二焉。』

孟子曰：『於不可已而已者，無所不已。於所厚者薄，無所不薄也。

『其進銳者其退速。』

者也。以道從人。妾婦之道。○公都子曰。滕更之在門也。若在所禮而不答何也。更平聲。○趙氏曰。滕更。滕君之弟。來學者也。孟子曰。挾貴而問。挾賢而問。挾長而問。挾有勳勞而問。挾故而問。皆所不答也。滕更有二焉。長上聲。○趙氏曰。二。謂挾貴挾賢也。尹氏曰。有所挾。則受道之心不專。所以不答也。○此言君子雖誨人不倦。又惡夫意之不誠者。○孟子曰。於不可已而已者。無所不已。於所厚者薄。無所不薄也。已。止也。不可止。謂所不得不爲者也。所厚。所當厚者也。此言不及者之弊。其進銳者其退速。進銳者。用心太過。其氣易衰。故退速。○三者之弊。理勢必然。雖

孟子曰：『君子之於物也，愛之而弗仁；於民也，仁之而弗親。親親而仁民，仁民而愛物。』

孟子曰：『知者無不知也，當務之爲急；仁者無不愛也，急親賢之爲務。堯舜之知而不徧物，急先務也；堯舜之仁不徧愛人，急親賢也。

過不及之不同然卒同歸於廢弛○孟子曰君子之於物也愛之而弗仁於民也仁之而弗親親親而仁民仁民而愛物物謂禽獸草木愛謂取之有時用之有節程子曰仁推己及人如老吾老以及人之老於民則可於物則不可統而言之則皆仁分而言之則有序楊氏曰其分不同故所施不能無差等所謂理一而分殊者也尹氏曰何以有是差等一本故也無僞也○孟子曰知者無不知也當務之爲急仁者無不愛也急親賢之爲務堯舜之知而不徧物急先務也堯舜之仁不徧愛人急親賢也知者之知並去聲○知者固無不知然常以所當務者爲急則事無不治

『不能三年之喪，而緦小功之察；放飯流歠，而問無齒決：是之謂不知務。』

而其爲知也大矣。仁者固無不愛。然常急於親賢。則恩無不洽。而其爲仁也博矣。

不能三年之喪而緦小功之察放飯流歠而問無齒決是之謂不知務

飯扶晚反。歠昌悅反。○三年之喪。服之重者也。緦麻三月。小功五月。服之輕者也。察。致詳也。放飯。大飯。流歠。長歠。不敬之大者也。齒決。齧斷乾肉。不敬之小者也。問。講求之意。○此章言君子之於道。識其全體。則心不狹。知所先後。則事有序。豐氏曰。智不急於先務。雖徧知人之所知。徧能人之所能。徒弊精神。而無益於天下之治矣。仁不急於親賢。雖有仁民愛物之心。小人在位。無由下達。聰明日蔽於上。而惡政日加於下。此孟子所謂不知務也。

孟子集注卷十三

吴縣吴志忠校刊

孟子集注卷十四

盡心章句下

孟子曰：『不仁哉，梁惠王也！仁者以其所愛，及其所不愛；不仁者以其所不愛，及其所愛。』

公孫丑問曰：『何謂也？』『梁惠王以土地之故，糜爛其民而戰之，大敗；將復之，恐不能勝，故驅其所愛子弟以殉之。是之謂以其所不愛及其所愛也。』

孟子集注卷十四

盡心章句下 凡三十八章。

孟子曰。不仁哉梁惠王也。仁者以其所愛及其所不愛。不仁者以其所不愛及其所愛。親親而仁民。仁民而愛物。所謂以其所愛及其所不愛也。

公孫丑曰。何謂也。梁惠王以土地之故。糜爛其民而戰之。大敗。將復之。恐不能勝。故驅其所愛子弟以殉之。是之謂以其所不愛及其所愛也。梁惠王以下孟子答辭也。糜爛其民。使之戰鬭。糜爛其血肉也。復之。復戰也。子弟。謂太子申也。以土地之故及

孟子曰：『《春秋》無義戰，彼善於此，則有之矣。

『征者上伐下也，敵國不相征也。』

孟子曰：『盡信書，則不如無書。

『吾於《武成》，取二三策而已矣。

其民。以民之故及其子。皆以其所不愛及其所愛也。○此承前篇之末三章之意。言仁人之恩。自內及外。不仁之禍。由疏逮親。

○孟子曰春秋無義戰彼善於此則有之矣。春秋每書諸侯戰伐之事。必加譏貶。以著其擅興之罪。無有以爲合於義而許之者。但就中彼善於此者則有之。如召陵之師之類是也。

征者上伐下也敵國不相征也。征所以正人也。諸侯有罪則天子討而正之。此春秋所以無義戰也。

○孟子曰盡信書則不如無書。程子曰。載事之辭。容有重稱而過其實者。學者當識其義而已。苟執於辭。則時或有害於義。不如無書之愈也。

吾於武成取二三策而已矣。武成。周書篇名。武王伐紂歸而記事之書也。策。竹簡也。取其二三策之言。其餘不可盡信

『仁人無敵於天下。以至仁伐至不仁，而何其血之流杵也？』

孟子曰：『有人曰「我善爲陳，我善爲戰」，大罪也。

『國君好仁，天下無敵焉。

『南面而征北狄怨，東面而征西夷怨，曰：「奚爲後我？」

『武王之伐殷也，革車三百兩，虎賁三千人。

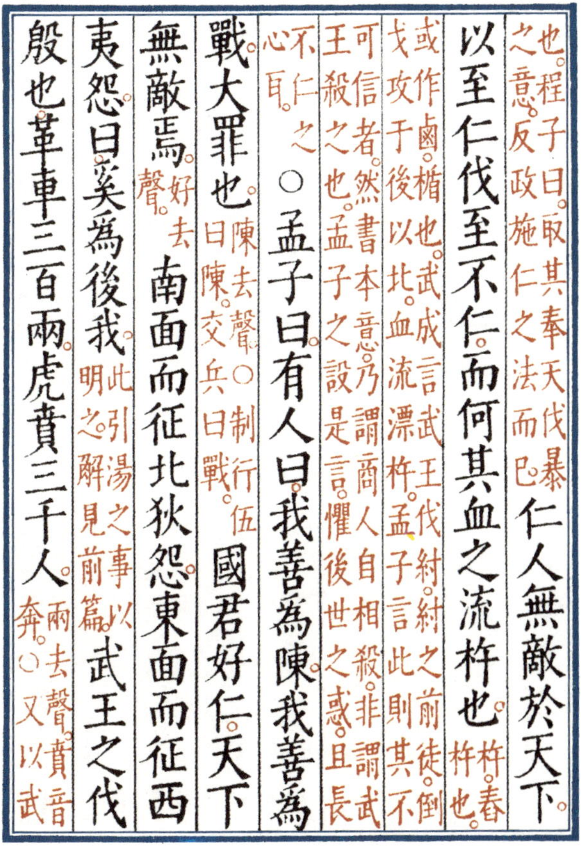

也。程子曰。取其奉天伐暴之意。反政施仁之法而已。仁人無敵於天下。以至仁伐至不仁。而何其血之流杵也。杵。舂杵也。或作鹵。楯也。武成言武王伐紂。紂之前徒倒戈攻于後以北。血流漂杵。孟子言此則其不可信者。然書本意。乃謂商人自相殺。非謂武王殺之也。孟子之設是言。懼後世之惑。且長不仁之心耳。○孟子曰。有人曰。我善爲陳。我善爲戰。大罪也。陳。去聲。○制行伍曰陳。交兵曰戰。國君好仁。天下無敵焉。好。去聲。南面而征北狄怨。東面而征西夷怨。曰。奚爲後我。此引湯之事以明之。解見前篇。武王之伐殷也。革車三百兩。虎賁三千人。兩。去聲。賁音奔。○又以武

『王曰：「無畏！寧爾也，非敵百姓也。」若崩厥角稽首。

『征之爲言正也，各欲正己也，焉用戰？』

孟子曰：『梓匠輪輿，能與人規矩，不能使人巧。』

孟子曰：『舜之飯糗茹草也，若將終身焉。及其爲天子也，被袗衣，鼓琴，二女果，若固有之。』

王之事明之也。兩車數一車兩輪也。千書序作百。王曰無畏寧爾也非敵百姓也若崩厥角稽首書大誓文與此小異。孟子之意當云。王謂商人曰。無畏我也。我來伐紂。本爲安寧汝。非敵商之百姓也。於是商人稽首至地。如角之崩也。征之爲言正也各欲正己也焉用戰焉於虔反。民爲暴君所虐皆欲仁者來正己之國也。○孟子曰梓匠輪輿能與人規矩不能使人巧尹氏曰。規矩法度可告者也。巧則在其人。雖大匠亦末如之何也已。蓋下學可以言傳。上達必由心悟。莊周所論斲輪之意蓋如此。○孟子曰舜之飯糗茹草也若將終身焉及其爲天子也被袗衣鼓琴二女果若

孟子曰：『吾今而後知殺人親之重也：殺人之父，人亦殺其父；殺人之兄，人亦殺其兄。然則非自殺之也？一間耳。』

孟子曰：『古之爲關也，將以禦暴。

『今之爲關也，將以爲暴。』

固有之。飯上聲。糗去久反。茹音汝。袗之忍反。果說文作婐。烏果反。○飯食也。糗乾糒也。茹亦食也。袗畫衣也。二女堯二女也。果女侍也。言聖人之心不以貧賤而有慕於外不以富貴而有動於中。隨遇而安。無預於己。所性分定故也。○孟子曰吾今而後知殺人親之重也殺人之父人亦殺其父殺人之兄人亦殺其兄然則非自殺之也一間耳。間去聲。○言吾今而後知者。必有所爲而感發也。一間者。我往彼來。間一人耳。其實與自害其親無異也。范氏曰。知此則愛敬人之親。人亦愛敬其親矣。○孟子曰古之爲關也將以禦暴譏察非常。今之爲關也將以爲暴征稅出入。○范氏曰。古之耕者什一。後世或收大半之稅。

孟子曰：『身不行道，不行於妻子；使人不以道，不能行於妻子。』

孟子曰：『周于利者，凶年不能殺；周於德者，邪世不能亂。』

孟子曰：『好名之人，能讓千乘之國。苟非其人，簞食豆羹見於色。』

此以賦斂爲暴也。文王之囿，與民同之；齊宣王之囿，爲阱國中。此以囿囿爲暴也。後世爲暴不止於關。若使孟子用於諸侯，必行文王之政。凡此之類，皆不終日而改也。

○孟子曰：身不行道，不行於妻子；使人不以道，不能行於妻子。身不行道者，以行言之。不行者，道不行也。使人不以道者，以事言之。不能行者，令不行也。

○孟子曰：周于利者，凶年不能殺；周于德者，邪世不能亂。周，足也。言積之厚，則用有餘。

○孟子曰：好名之人，能讓千乘之國；苟非其人，簞食豆羹見於色。好、乘、食，皆去聲。見，音現。○好名之人，矯情干譽，是以能讓千乘之國；然若本非能輕富貴之人，則於得失之小者，反不覺其眞情之發見矣。蓋

孟子曰：『不信仁賢，則國空虛。
無禮義，則上下亂。
『無政事，則財用不足。』

孟子曰：『不仁而得國者有之矣。
不仁而得天下者，未之有也。』

孟子曰：『民爲貴，社稷次之，君
爲輕。

觀人不於其所勉。而於其所忽。然後可以見其所安之實也。○孟子曰不信仁賢則國空虛空虛。言若無人然。無禮義則上下亂禮義。所以辨上下。定民志。無政事則財用不足生之無道。取之無度。用之無節故也。○尹氏曰。三者以仁賢爲本。無仁賢則禮義政事處之皆不以其道矣。○孟子曰不仁而得國者有之矣不仁而得天下未之有也言不仁之人。騁其私智。可以盜千乘之國。而不可以得丘民之心。鄒氏曰。自秦以來。不仁而得天下者有矣。然皆一再傳而失之。猶不得也。所謂得天下者。必如三代而後可。○孟子曰民爲貴社稷次之君爲輕社。土神。稷。穀神。建國則立壇壝以祀之。蓋國以民爲本。社稷亦爲民而立。

『是故得乎丘民而爲天子，得乎天子爲諸侯，得乎諸侯爲大夫。

『諸侯危社稷，則變置。

『犧牲既成，粢盛既潔，祭祀以時，然而旱乾水溢，則變置社稷。』

孟子曰：『聖人，百世之師也，伯夷、柳下惠是也。故聞伯夷之風者，頑

而君之尊，又係於二者之存亡。故其輕重如此。是故得乎丘民而爲天子，得乎天子爲諸侯，得乎諸侯爲大夫。丘民，田野之民，至微賤也。然得其心，則天下歸之。天子至尊貴也，而得其心者，不過爲諸侯耳。是民爲重也。諸侯危社稷，則變置。諸侯無道，將使社稷爲人所滅，則當更立賢君。是君輕於社稷也。犧牲既成，粢盛既潔，祭祀以時，然而旱乾水溢，則變置社稷。盛，音成。祭祀不失禮，而土穀之神不能爲民禦災捍患，則毀其壇壝而更置之，亦年不順成，八蜡不通之意。是社稷雖重於君而輕於民也。○孟子曰：聖人，百世之師也，伯夷柳下惠是也。故聞伯夷之風者，頑夫廉

夫廉，懦夫有立志；聞柳下惠之風者，薄夫敦，鄙夫寬。奮乎百世之上，『百世之下，聞者莫不興起也。非聖人而能若是乎？而況於親炙之者乎？』

孟子曰：『仁也者，人也。合而言之，道也。』

孟子曰：『孔子之去魯，曰「遲遲吾行也」，去父母國之道也；去齊，接淅而行，去他國之道也。』

懦夫有立志。聞柳下惠之風者。薄夫敦。鄙夫寬。奮乎百世之上。句百世之下。聞者莫不興起也。非聖人而能若是乎。而況於親炙之者乎。興起。感動奮發也。親炙。親近而熏炙之也。餘見前篇。○孟子曰。仁也者。人也。合而言之。道也。仁者。人之所以爲人之理也。然仁。理也。人。物也。以仁之理。合於人之身而言之。乃所謂道者也。程子曰。中庸所謂率性之謂道是也。○或曰。外國本。人也之下。有義也者宜也。禮也者履也。智也者知也。信也者實也。凡二十字。今按如此。則理極分明。然未詳其是否也。○孟子曰。孔子之去魯。曰。遲遲吾行也。去父母國之道也。去齊。接

孟子曰：『君子之厄於陳蔡之間，無上下之交也。』

貉稽曰：『稽大不理於口。』

孟子曰：『無傷也。士憎茲多口。『《詩》云「憂心悄悄，慍于羣小」，孔子也；「肆不殄厥慍，亦不隕厥問」，文王也。』

淅而行去他國之道也重出○孟子曰君子之戹於陳蔡之間無上下之交也君子孔子也戹與厄同君臣皆惡無所與交也○貉稽曰稽大不理於口貉音陌○趙氏曰貉姓稽名爲衆口所訕理賴也今按漢書無俚方言亦訓賴孟子曰無傷也士憎茲多口趙氏曰爲士者益多爲衆口所訕按此則憎當從土今本皆從心蓋傳寫之誤詩云憂心悄悄慍于羣小孔子也肆不殄厥慍亦不隕厥問文王也詩邶風柏舟及大雅緜之篇也悄悄憂貌慍怒也本言衛之仁人見怒於羣小孟子以爲孔子之事可以當之肆發語辭隕墜也問聲問也本言大王事昆夷雖不能殄絕其慍怒亦不自墜其聲問之

孟子曰：『賢者以其昭昭，使人昭昭；今以其昏昏，使人昭昭。』

孟子謂高子曰：『山徑之蹊閒，介然用之而成路；爲閒不用，則茅塞之矣。今茅塞子之心矣。』

高子曰：『禹之聲，尚文王之聲。』

孟子曰：『何以言之？』曰：『以追蠡。』

美。孟子以爲文王之事可以當之。○尹氏曰。言人顧自處如何。盡其在我者而已。

孟子曰。賢者以其昭昭。使人昭昭。今以其昏昏。使人昭昭。昭昭。明也。昏昏。闇也。尹氏曰。大學之道。在自昭明德。而施於天下國家。其有不順者寡矣。

○孟子謂高子曰。山徑之蹊閒。句介然用之而成路。句爲閒不用。則茅塞之矣。今茅塞子之心矣。介音戛。○徑。小路也。蹊。人行處也。介然。倏然之頃也。用。由也。路。大路也。爲閒。少頃也。茅塞茅草生而塞之也。言理義之心。不可少有閒斷也。

○高子曰。禹之聲。尚文王之聲。尚。加尚也。豐氏曰。言禹之樂。過於文王之樂。

孟子曰。何以言之。曰。以追蠡。追。音

曰：『是奚足哉？城門之軌，兩馬之力與？』

齊飢。陳臻曰：『國人皆以夫子將復爲發棠，殆不可復。』

堆。蠡音禮。○豐氏曰。追。鐘紐也。周禮所謂旋蟲是也。蠡者。齧木蟲也。言禹時鐘在者。鐘紐如蟲齧而欲絕。蓋用之者多。而文王之鐘不然。是以知禹之樂過於文王之樂也。**曰**

是奚足哉城門之軌兩馬之力與與平聲。○豐氏曰。奚足言此何足以知之也。軌。車轍迹也。兩馬。一車所駕也。城中之涂容九軌。車可散行。故其轍迹淺。城門惟容一車。車皆由之。故其轍迹深。蓋日久車多所致。非一車兩馬之力。能使之然也。言禹在文王前千餘年。故鐘久而紐絕。文王之鐘。則未久而紐全。不可以此而議優劣也。○此章文義本不可曉。舊說相承如此。而豐氏差明白。故今存之。亦未知其是否也。

○齊饑陳臻曰國人皆以夫子將復爲發棠殆不可復復。扶又反。○先時齊國嘗饑。孟子勸王發棠邑之倉。以振貧窮。

孟子曰：『是爲馮婦也。晉人有馮婦者，善搏虎，卒爲善士；則之野，有衆逐虎，虎負嵎，莫之敢攖；望見馮婦，趨而迎之；馮婦攘臂下車，衆皆悅之，其爲士者笑之。』

孟子曰：『口之於味也，目之於色也，耳之於聲也，鼻之於臭也，四肢之於安佚也：性也；有命焉，君子不謂性也。

至此又饑陳臻問言齊人望孟子復勸王發棠而又自言恐其不可也

孟子曰是爲馮婦也晉人有馮婦者善搏虎卒爲善士則之野有衆逐虎虎負嵎莫之敢攖望見馮婦趨而迎之馮婦攘臂下車衆皆悅之其爲士者笑之手執曰搏卒爲善士後能改行爲善也之適也負依也山曲曰嵎攖觸也笑之笑其不知止也疑此時齊王已不能用孟子而孟子亦將去矣故其言如此

○孟子曰口之於味也目之於色也耳之於聲也鼻之於臭也四肢之於安佚也性也有命焉君子不謂性也程子曰五者之欲性也然有分不能皆如

『仁之於父子也，義之於君臣也，禮之於賓主也，知之於賢者也，聖人之於天道也：命也；有性焉，君子不謂命也。』

其願。則是命也。不可謂我性之所有。而求必得之也。愚按不能皆如其願。不止爲貧賤。蓋雖富貴之極。亦有品節限制。則是亦有命也。

仁之於父子也義之於君臣也禮之於賓主也智之於賢者也聖人之於天道也命也有性焉君子不謂命也

程子曰。仁義禮智天道。在人則賦於命者。所稟有厚薄清濁。然而性善可學而盡。故不謂之命也。張子曰。晏嬰智矣。而不知仲尼。是非命邪。愚按所稟者厚而清。則其仁之於父子也至。義之於君臣也盡。禮之於賓主也恭。智之於賢否也哲。聖人之於天道也無不脗合而純亦不已焉。薄而濁。則反是。是皆所謂命也。或曰者當作否。人衍字。更詳之。○愚聞之師曰。此二條者。皆性之所有而命於天者也。然世之人。以前五者爲性。雖有不得而必欲

浩生不害問曰：『樂正子，何人也？』孟子曰：『善人也，信人也。』

『何謂善？何謂信？』

曰：『可欲之謂善，

『有諸己之謂信，

『充實之謂美，

『充實而有光輝之謂大，

求之以後五者爲命一有不至則不復致力故孟子各就其重處言之以伸此而抑彼也張子所謂養則付命於天道則責成於己其言約而盡矣○**浩生不害問曰樂正子何人也孟子曰善人也信人也**趙氏曰浩生姓不害名齊人也**何謂善何謂信**不害問也**曰可欲之謂善**天下之理其善者必可欲其惡者必可惡其爲人也可欲而不可惡則可謂善人矣**有諸己之謂信**凡所謂善皆實有之如惡惡臭如好好色是則可謂信人矣○張子曰志仁無惡之謂善誠善於身之謂信**充實之謂美**力行其善至於充滿而積實則美在其中而無待於外矣**充實而有光輝之謂大**和順積中而英華發外美在其中而暢於四支發於事業則德業至盛而不可

『大而化之之謂聖，』

『聖而不可知之之謂神。』

『樂正子，二之中，四之下也。』

加矣。**大而化之之謂聖。**大而能化。使其大者泯然無復可見之迹。則不思不勉。從容中道。而非人力之所能爲矣。張子曰。大可爲也。化不可爲也。在熟之而已矣。**聖而不可知之之謂神。**程子曰。聖不可知。謂聖之至妙。人所不能測。非聖人之上。又有一等神人也。**樂正子。二之中四之下也。**蓋在善信之間。觀其從於子敖。則其有諸己者或未實也。張子曰。顏淵樂正子皆知好仁矣。樂正子志仁無惡。而不致於學。所以但爲善人信人而已。顏子好學不倦。合仁與智。具體聖人。獨未至聖人之止耳。○程子曰。士之所難者。在有諸己而已。能有諸己。則居之安。資之深。而美且大可以馴致矣。徒知可欲之善。而若存若亡而已。則能不受變於俗者鮮矣。尹氏曰。自可欲之善。至於聖而不可知之神。上下一理。擴充之至於神。則不可得而名

孟子曰：『逃墨必歸於楊，逃楊必歸於儒。歸，斯受之而已矣。』

『今之與楊、墨辯者，如追放豚，既入其苙，又從而招之。』

孟子曰：『有布縷之征，粟米之征，力役之征。君子用其一，緩其二。用其二而民有殍，用其三而父子離。』

矣。○孟子曰。逃墨必歸於楊。逃楊必歸於儒。歸。斯受之而已矣。墨氏務外而不情。楊氏太簡而近實。故其反正之漸大畧如此。歸斯受之者。憫其陷溺之久。而取其悔悟之新也。今之與楊墨辯者。如追放豚。既入其苙。又從而招之。放豚。放逸之豕也。苙。闌也。招。罥也。羈其足也。言彼既來歸。而又追咎其既往之失也。○此章見聖賢之於異端。距之甚嚴。而於其來歸。待之甚恕。距之嚴。故人知彼說之爲邪。待之恕。故人知此道之可反。仁之至。義之盡也。○孟子曰。有布縷之征。粟米之征。力役之征。君子用其一。緩其二。用其二而民有殍。用其三而父子離。征賦之法。歲有常數。然布

孟子曰：『諸侯之寶三：土地、人民、政事。寶珠玉者，殃必及身。』

盆成括仕於齊。孟子曰：『死矣盆成括！』盆成括見殺。門人問曰：『夫子何以知其將見殺？』曰：『其爲人也小有才，未聞君子之大道也，則足以殺其軀而已矣。』

孟子之滕，館於上宮。有業屨於牖上，館人求之弗得。

縷取之於夏粟米取之於秋力役取之於冬
當各以其時若并取之則民力有所不堪矣
今兩稅三限之法亦此意也尹氏曰
言民爲邦本取之無度則其國危矣 ○ 孟子
曰諸侯之寶三土地人民政事寶珠玉者殃
必及身 尹氏曰言寶得其寶 者安寶失其寶者危 ○ 盆成括仕於
齊孟子曰死矣盆成括盆成括見殺門人問
曰夫子何以知其將見殺曰其爲人也小有
才未聞君子之大道也則足以殺其軀而巳
矣 盆成姓括名也恃才妄作所以取禍徐氏 曰君子道其常而巳括有死之道焉設使
幸而獲免孟子 之言猶信也 ○ 孟子之滕館於上宮有業

或問之曰：『若是乎從者之廋也？』曰：『子以是爲竊屨來與？』曰：『殆非也。夫子之設科也，往者不追，來者不拒。苟以是心至，斯受之而已矣。』

孟子曰：『人皆有所不忍，達之於其所忍，仁也；人皆有所不爲，

屨於牖上館人求之弗得。館舍也。上宮別宮名。業屨織之有次業而未成者。蓋館人所作置之牖上而失之也。或問之曰若是乎從者之廋也。曰子以是爲竊屨來與。曰殆非也。夫子之設科也。往者不追。來者不距。苟以是心至。斯受之而已矣。從爲並去聲。與平聲。夫子如字。舊讀爲扶余者非。○或問之者。問於孟子也。廋匿也。言子之從者乃匿人之物如此乎。孟子答之。而或人自悟其失。因言此從者固不爲竊屨而來。但夫子設置科條以待學者。苟以向道之心而來。則受之耳。雖夫子亦不能保其往也。門人取其言有合於聖賢之指。故記之。○孟子曰。人皆有所不忍。達之於其所忍。仁也。人

達之於其所爲，義也。

『人能充「無欲害人」之心，而仁不可勝用也；人能充「無穿踰」之心，而義不可勝用也。

『人能充無受「爾」、「汝」之實，無所往而不爲義也。

皆有所不爲。達之於其所爲。義也。惻隱羞惡之心。人皆有之。故莫不有所不忍不爲。此仁義之端也。然以氣質之偏。物欲之蔽。則於他事或有不能者。但推所能。達之於所不能。則無非仁義矣。人能充無欲害人之心而仁不可勝用也人能充無穿踰之心而義不可勝用也勝平聲。○充。滿也。穿。穿穴。踰。踰牆。皆爲盜之事也。能推所不忍。以達於所忍。則能滿其無欲害人之心。而無不仁矣。能推其所不爲。以達於所爲。則能滿其無穿踰之心。而無不義矣。人能充無受爾汝之實無所往而不爲義也。此申說上文充無穿踰之心之意也。蓋爾汝人所輕賤之稱。人雖或有所貪昧隱忍而甘受之者。然其中心。必有慚忿而不肯受之之實。人能

士未可以言而言，是以言餂之也；可以言而不言，是以不言餂之也。是皆穿踰之類也。』

孟子曰：『言近而指遠者，善言也；守約而施博者，善道也。君子之言也，不下帶而道存焉；君子之守，修其身而天下平。

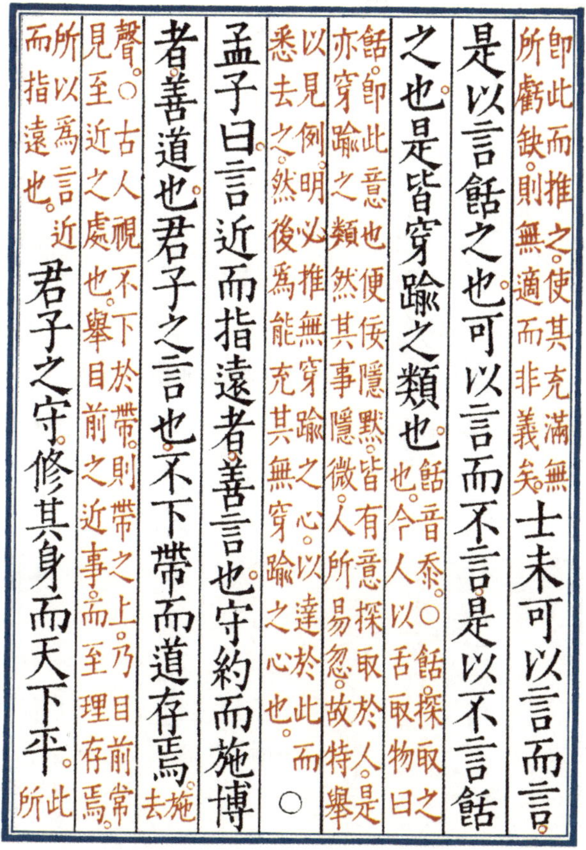
即此而推之。使其充滿無所虧缺。則無適而非義矣。士未可以言而言。是以言餂之也。可以言而不言是以不言餂之也。是皆穿踰之類也。餂音忝。○餂探取之也。令人以舌取物曰餂。即此意也。便佞隱默。皆有意探取於人。是亦穿踰之類。然其事隱微。人所易忽。故特舉以見例。明必推無穿踰之心。以達於此而悉去之。然後爲能充其無穿踰之心也。○孟子曰。言近而指遠者。善言也。守約而施博者。善道也。君子之言也。不下帶而道存焉。施去聲。○古人視不下於帶。則帶之上。乃目前常見至近之處也。舉目前之近事。而至理存焉。所以爲言近而指遠也。君子之守。修其身而天下平。此所

『人病舍其田而芸人之田，所求於人者重，而所以自任者輕。』

孟子曰：『堯、舜，性者也；湯、武，反之也。

『動容周旋中禮者，盛德之至也。哭死而哀，非爲生者也；經德不回，非以干祿也；言語必信，非以正行也。

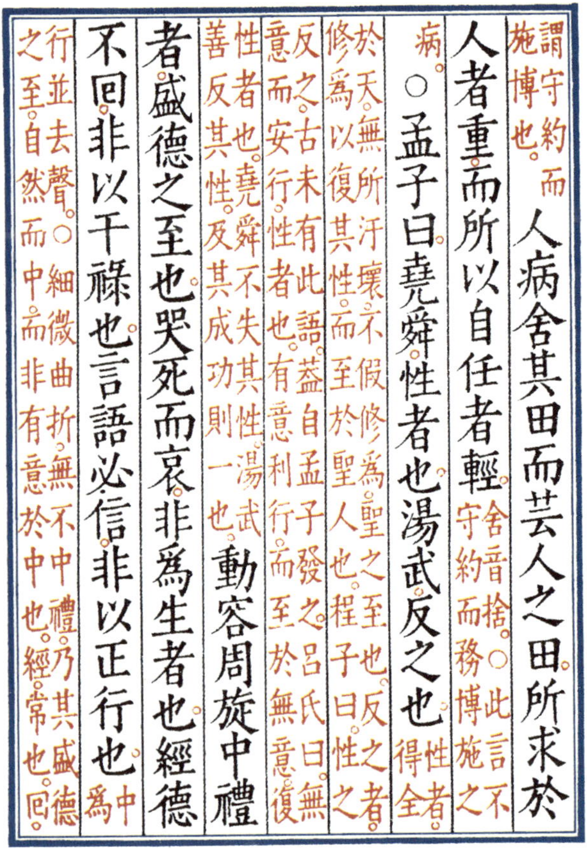
謂守約而施博也。人病舍其田而芸人之田所求於人者重而所以自任者輕。舍音捨。○此言不守約而務博施之病。○孟子曰堯舜性者也湯武反之也。性者，得全於天，無所汙壞，不假修爲，聖之至也。反之者，修爲以復其性，而至於聖人也。程子曰：性之反之，古未有此語，蓋自孟子發之。呂氏曰：無意而安行，性者也。有意利行，而至於無意，復性者也。堯舜不失其性，湯武善反其性，及其成功則一也。動容周旋中禮者盛德之至也哭死而哀非爲生者也經德不回非以干祿也言語必信非以正行也。中爲行，並去聲。○細微曲折，無不中禮，乃其盛德之至。自然而中，而非有意於中也。經，常也。回，

『君子行法，以俟命而已矣。』

孟子曰：『說大人，則藐之，勿視其巍巍然。

『堂高數仞，榱題數尺，我得志弗爲也。食前方丈，侍妾數百人，我得志弗爲也。般樂飲酒，驅騁

曲也。三者亦皆自然而然。非有意而爲之也。皆聖人之事。性之之德也。君子行法。以俟命而已矣。法者。天理之當然者也。君子行之而吉凶禍福。有所不計。蓋雖未至於自然。而已非有所爲而爲矣。此反之之事。董子所謂正其義不謀其利。明其道不計其功。正此意也。○程子曰。動容周旋中禮者。盛德之至。行法以俟命者。朝聞道夕死可矣之意也。呂氏曰。法由此立。命由此出。聖人也。行法以俟命。君子也。聖人性之。君子所以復其性也。○孟子曰。說大人。則藐之。勿視其巍巍然。說音稅。藐音眇。○趙氏曰。大人。當時尊貴者也。藐。輕之也。巍巍。富貴高顯之貌。藐焉而不畏之。則志意舒展。言語得盡也。堂高數仞。榱題數尺。我得志弗爲也。食前方丈。侍妾數百人。我得

田獵，後車千乘，我得志弗爲也。在彼者皆我所不爲也，在我者皆古之制也，吾何畏彼哉？』

孟子曰：『養心莫善於寡欲。其爲人也寡欲，雖有不存焉者寡矣；其爲人也多欲，雖有存焉者寡矣。』

志弗爲也。般樂飲酒，驅騁田獵，後車千乘，我得志弗爲也。在彼者皆我所不爲也。在我者皆古之制也。吾何畏彼哉。榱，楚危反。般，音盤。樂，音洛。乘，去聲。○榱，桷也。題，頭也。食前方丈，饌食列於前者方一丈也。此皆其所謂巍巍然者。我雖得志有所不爲，而所守者皆古聖賢之法，則彼之巍巍者何足道哉。○楊氏曰：孟子此章以己之長方人之短，猶有此等氣象，在孔子則無此矣。

○孟子曰：養心莫善於寡欲。其爲人也寡欲，雖有不存焉者寡矣；其爲人也多欲，雖有存焉者寡矣。欲，如口鼻耳目四支之欲。雖人之所不能無，然多而不節，未有不失其本心者。學者所當深戒也。程子曰：所欲

曾皙耆羊棗，而曾子不忍食羊棗。

公孫丑問曰：『膾炙與羊棗孰美？』孟子曰：『膾炙哉！』公孫丑曰：『然則曾子何爲食膾炙而不食羊棗？』曰：『膾炙所同也，羊棗所獨也。諱名不諱姓，姓所同也，名所獨也。』

萬章問曰：『孔子在陳，曰：「盍歸乎來！吾黨之士狂簡，進取，不忘其初。」孔子在陳，何思魯之狂士？』

不必沉溺只有所向便是欲。○曾皙嗜羊棗而曾子不忍食羊棗。羊棗實小黑而圓，又謂之羊矢棗。曾子以父嗜之，父歿之後，食必思親，故不忍食也。公孫丑問曰膾炙與羊棗孰美孟子曰膾炙哉公孫丑曰然則曾子何爲食膾炙而不食羊棗曰膾炙所同也羊棗所獨也諱名不諱姓姓所同也名所獨也。肉聶而切之爲膾。炙，炙肉也。

○萬章問曰孔子在陳曰盍歸乎來吾黨之士狂簡進取不忘其初孔子在陳何思魯之狂士。盍，何不也。狂簡，謂志大而畧於事。進取，謂求望高遠。不忘其初，謂不能改其舊

孟子曰：『孔子「不得中道而與之，必也狂獧乎！狂者進取，獧者有所不爲也」。孔子豈不欲中道哉？不可必得，故思其次也。』

『敢問何如斯可謂狂矣？』

曰：『如琴張、曾晳、牧皮者，孔子之所謂狂矣。』

『何以謂之狂也？』

也。此語與論語小異。孟子曰孔子不得中道而與之必也狂獧乎狂者進取獧者有所不爲也孔子豈不欲中道哉不可必得故思其次也獧音絹。○不得中道至有所不爲據論語亦孔子之言。然則孔子字下當有曰字。論語道作行，獧作狷。有所不爲者，知恥自好，不爲不善之人也。孔子豈不欲中道以下，孟子言也。敢問何如斯可謂狂矣萬章問。曰如琴張曾晳牧皮者孔子之所謂狂矣琴張，名牢，字子張。子桑戶死，琴張臨其喪而歌。事見莊子。雖未必盡然，要必有近似者。曾晳見前篇。季武子死，曾晳倚其門而歌，事見檀弓。又言志異乎三子者之撰，事見論語。牧皮未詳。何以謂之狂也萬章曰：『其志嘐嘐然，曰：「古之人，古之人」，夷考其行而不掩焉者也。

『狂者又不可得，欲得不屑不潔之士而與之，是獧也，是又其次也。』

『孔子曰：「過我門而不入我室，我不憾焉者，其惟鄉原乎？鄉原，德之賊也。」曰：何如斯可謂之鄉原矣？』

問。曰其志嘐嘐然曰古之人古之人夷考其行而不掩焉者也。嘐火交反行去聲。○嘐嘐，志大言大也。重言古之人。見其動輒稱之，不一稱而已也。夷，平也。掩，覆也。言平考其行，則不能覆其言也。程子曰：曾晳言志，而夫子與之，蓋與聖人之志同，便是堯舜氣象也。特行有不掩焉耳，此所謂狂也。

狂者又不可得，欲得不屑不潔之士而與之，是獧也，是又其次也。此因上文所引，遂解所以思得獧者之意。狂有志者也，獧有守者也。有志者能進於道，有守者不失其身。屑，潔也。

孔子曰過我門而不入我室我不憾焉者其惟鄉原乎鄉原德之賊也曰何如斯可謂之鄉原矣鄉人。

『曰：「何以是嘐嘐也？言不顧行，行不顧言，則曰：古之人古之人。行何爲踽踽涼涼？生斯世也，爲斯世也，善斯可矣。」閹然媚於世也者，是鄉原也。』

非有識者。原與愿同。荀子原愨字皆讀作愿。謂謹愿之人也。故鄉里所謂愿人。謂之鄉原。孔子以其似德而非德。故以爲德之賊。過門不入而不恨之。以其不見親就爲幸。深惡而痛絕之也。萬章又引孔子之言而問也。

曰何以是嘐嘐也言不顧行行不顧言則曰古之人古之人行何爲踽踽涼涼生斯世也爲斯世也善斯可矣閹然媚於世也者是鄉原也

行去聲。踽其禹反。閹音奄。○踽踽獨行不進之貌。涼涼薄也。不見親厚於人也。鄉原譏狂者曰。何用如此嘐嘐然。行不掩其言。而徒每事必稱古人邪。又譏狷者曰。何必如此踽踽涼涼。無所親厚哉。人既生於此世。則但當爲此世之人。使當世之人皆以爲善則可矣。此鄉原之志也。閹。如奄人之奄。閉藏之

萬章曰：『一鄉皆稱原人焉，無所往而不爲原人，孔子以爲德之賊，何哉?』

曰：『非之無舉也，刺之無刺也；同乎流俗，合乎污世；居之似忠信，行之似廉潔；衆皆悅之；自以爲是，而不可與入堯舜之道，故曰「德之賊也」。

『孔子曰：「惡似而非者：惡莠，恐其亂苗也；惡佞，恐其亂義也；

意也。媚求悅於人也。孟子言此深自閉藏。以求親媚於世。是鄉原之行也。萬子曰。一鄉皆稱原人焉。無所往而不爲原人。孔子以爲德之賊。何哉。原亦謹厚之稱。而孔子以爲德之賊。故萬章疑之。曰。非之無舉也。刺之無刺也。同乎流俗。合乎汙世。居之似忠信。行之似廉潔。衆皆悅之。自以爲是。而不可與入堯舜之道。故曰德之賊也。呂侍講曰。言此等之人。欲非之則無可舉。欲刺之則無可刺也。流俗者。風俗頹靡。如水之下流。衆莫不然也。汙。濁也。非忠信而似忠信。非廉潔而似廉潔。孔子曰。惡似而非者。惡莠。恐其亂苗也。惡佞。恐其亂義

惡利口，恐其亂信也；惡鄭聲，恐其亂樂也；惡紫，恐其亂朱也；惡鄉原，恐其亂德也。」

『君子反經而已矣。經正則庶民興；庶民興，斯無邪慝矣。』

也。惡利口，恐其亂信也。惡鄭聲，恐其亂樂也。惡紫恐其亂朱也。惡鄉原恐其亂德也。惡去聲。莠音有。○孟子又引孔子之言以明之。莠似苗之草也。佞才智之稱。其言似義而非義也。利口多言而不實者也。鄭聲淫樂也。樂正樂也。紫間色。朱正色也。鄉原不狂不獧。人皆以爲善。有似乎中道而實非也。故恐其亂德。

君子反經而已矣。經正則庶民興。庶民興斯無邪慝矣。反復也。經常也。萬世不易之常道也。興興起於善也。邪慝如鄉原之屬是也。世衰道微。大經不正。故人人得爲異說以濟其私。而邪慝並起。不可勝正。君子於此。亦復其常道而已。常道既復。則民興於善。而是非明白。無所回互。雖有邪慝。不足以惑之矣。○尹氏曰。君子取夫狂獧者。蓋以狂者志

孟子曰：『由堯舜至於湯，五百有餘歲，若禹、皋陶，則見而知之；若湯則聞而知之。

『由湯至於文王，五百有餘歲，若伊尹、萊朱，則見而知之；若文王則聞而知之。

『由文王至於孔子，五百有餘歲，若大公望、散宜生，則見而知之；若孔子則聞而知之。

大而可與進道。狷者有所不爲，而可與有爲也。所惡於鄉原，而欲痛絕之者，爲其似是而非，惑人之深也。絕之之術無他焉，亦曰反經而已矣。○孟子曰：由堯舜至於湯，五百有餘歲，若禹、皋陶，則見而知之；若湯則聞而知之。趙氏曰：五百歲而聖人出，天道之常；然亦有遲速，不能正五百年，故言有餘也。尹氏曰：知，謂知其道也。由湯至於文王，五百有餘歲，若伊尹、萊朱，則見而知之；若文王則聞而知之。趙氏曰：萊朱，湯賢臣。或曰：卽仲虺也，爲湯左相。由文王至於孔子，五百有餘歲，若大公望、散宜生，則見而知之；若孔子則聞而知之。散，素亶反。○散氏，宜生名。

『由孔子而來至於今，百有餘歲，去聖人之世，若此其未遠也；近聖人之居，若此其甚也，然而無有乎爾，則亦無有乎爾！』

文王賢臣也。子貢曰。文武之道。未墜於地。在人。賢者識其大者。不賢者識其小者。莫不有文武之道焉。夫子焉不學。此所謂聞而知之也。

由孔子而來至於今。百有餘歲。去聖人之世。若此其未遠也。近聖人之居。若此其甚也。然而無有乎爾。則亦無有乎爾。

林氏曰。孟子言孔子至今時未遠。鄒魯相去又近。然而已無有見而知之者矣。則五百餘歲之後。又豈復有聞而知之者乎。愚按此言。雖若不敢自謂已得其傳。而憂後世遂失其傳。然乃所以自見其有不得辭者。而又以見夫天理民彝不可泯滅。百世之下。必將有神會而心得之者耳。故於篇終歷序羣聖之統。而終之以此。所以明其傳之有在。而又以俟後聖於無窮也。其指深哉。○有宋元豐八年。河南程顥伯淳卒。潞公文彥博題其墓曰。明道先生。而其弟頤正叔序之曰。周公歿。聖人之道不行。孟軻死。聖人之學不傳。道不行。百世無善治。學不傳。千載無眞儒。無善治。士猶得以明夫善治之道。以淑諸人。以傳諸後。無眞儒。則天下貿貿焉莫知所之。人欲肆而天理滅矣。先生生乎千四百年之後。得不傳之學於遺經。以興起斯文爲己任。辨異端。闢邪說。使聖人之道渙然復明於世。蓋自孟子之後。一人而已。然學者於道不知所向。則孰知斯人之爲功。不知所至。則孰知斯名之稱情也哉。

孟子集注卷十四

吴縣吴志忠校刊

江寧劉曆友刻